MINERVA
はじめて学ぶ
子どもの福祉

4

倉石哲也/伊藤 嘉余子
[監修]

子ども家庭支援

倉石哲也/大竹 智
[編著]

ミネルヴァ書房

監修者のことば

　本シリーズは、保育者を志す人たちが子どもの福祉を学ぶときに
はじめて手に取ることを想定したテキストです。保育やその関連領
域に関わる新進気鋭の研究者や実践者の参画を得て、このテキスト
はつくられました。

　保育をめぐる現在の情勢はまさに激動期です。2015年4月に「子
ども・子育て支援新制度」がスタートし、保育所と幼稚園の両方の
機能をもつ幼保連携型認定こども園が創設されました。養成校で
は、それに対応した保育士資格と幼稚園教諭免許の取得が必須とな
る「保育教諭」の養成が本格化しています。今後ますます、幼保連
携が進められると、すべての保育者に子どもの福祉に関する知識が
必要となるでしょう。

　また、近年では児童虐待をはじめとした、養育環境に課題を抱え
る子どもと保護者への対応が複雑かつ多様化しています。今春施行
された「保育所保育指針」には、新たに「子育て支援」という章が
設けられました。これからの保育者は、保護者の子育てを支援する
ために、子どもを育てる保護者や家族が直面しやすいニーズについ
て理解するとともに、相談援助に必要な姿勢や視点、知識やスキル
等を身につけていくことがさらに求められます。

　このテキストにおいては、上記で述べたようなこれからの保育に
対応するために必要な知識や制度についてやさしく、わかりやすく
解説しています。また、テキストを読んだあとで、さらに学習を進
めたい人のための参考図書も掲載しています。

　みなさんが卒業し、実際に保育者になってからも、迷いがあった
ときや学びの振り返りとして、このテキストを手元において読まれ
ることを期待しています。

　2018年11月　　　　　　　　　　　　　　　　　　倉石　哲也
　　　　　　　　　　　　　　　　　　　　　　　　　伊藤嘉余子

はじめに

　子ども家庭支援は現代の子育て家庭の社会生活の現状を理解し、子育て家庭に対する支援の考え方、方法、課題について考える科目です。子どもの発達・成長を支援する専門職である保育士として期待される家庭支援に関する専門性について具体的に学びを深めます。

　子ども家庭支援では、子育て家庭が抱える問題、あるいは直面する課題を対象とするため、保育所や子どもが所属する一つの機関のみで対応することは困難で、必然的に関係機関との役割分担などを行いながら支援を進めるという特徴があります。

　2017（平成29）年に改定された「保育所保育指針」では、第4章に「子育て支援」が明示されました。その中で、「子どもの育ちを家庭と連携して支援していくとともに、保護者及び地域が有する子育てを自ら実践する力の向上に資するよう」と、子育て家庭が本来もっている子育てをする力を発揮できるよう、支援することが示されています。また、基本的事項では、「家庭の実態等を踏まえるとともに、保護者の気持ちを受け止め、相互の信頼関係を基本に、保護者の自己決定を尊重すること」を示しています。これらのことは、保育士と家庭（親・保護者）が対等な関係になったことを表しています。保護者に対する子育て支援については、子どもに障害や発達上の課題がみられるときには、市町村や関係機関と連携および協働を図りつつ、保護者に対する個別的支援に努めることと、支援体制をつくることが示されています。

　近年の保育所では、虐待や障害など、子育て・子育ちに課題をもつ家庭への支援が期待されるようになっています。生活困窮に晒されている家庭も少なくありません。複合的な困難を抱える家庭を支援するには、既存の機関にとらわれない社会資源の活用を積極的に行うことも考えられます。ここでいう社会資源とは地域住民やボランティア、NPO団体が主催する活動（子ども食堂やフードバンクなど）を指しますが、地域にどういった資源があるのか、支援者は日常的に把握しておく必要があるでしょう。

　本書の構成は、第1章「子ども家庭支援の意義と役割」、第2章「保育士による子ども家庭支援の基本」、第3章「子育て家庭に対する支援の体制」、第4章「多様な支援の展開と関係機関との連携」の4章立て15のレッスンで構成されています。章の構成からわかるように、子ども家庭支援は直接的な支援と間接的な支援で構成されています。第1章と第2章は、子ども家庭に直接的に関わるための考え方と方法が解説され、第3章と第4章は市町村の子育て支援体制の理解と関係機関や社会資源との協働について理解し、具体的に支援を進める方法について解説がされています。

　本書をとおして、保育士として、発達援助職として、子ども家庭支援の力量が高められることを願っています。

2020年2月

編著者を代表して　倉石　哲也

第3章　子育て家庭に対する支援の体制

第4章　多様な支援の展開と関係機関との連携

第1章

子ども家庭支援の意義と役割

本章では、子ども家庭支援とはどのような子どもと保護者が対象なのか、なぜ必要なのかについて学んでいきます。また、子ども家庭支援において、保育士等がどのような役割を担うのかについて、法的根拠も含めて理解していきましょう。

子ども家庭支援とは何か

このレッスンでは、子ども家庭支援とは何かについて、その対象となる 4 つの分野を踏まえ、考えていきます。また、公的に子ども家庭支援が必要となった背景、および保育ニーズとその解決に向けたわが国の施策の変遷について学びます。さらに、近年の子育ての現状および保育ニーズを把握します。

1. 子ども家庭支援の対象

子ども家庭支援とはどのようなことでしょうか。

山縣は、子ども家庭支援のターゲットとして 4 つをあげています[1]。その内容は、①子育ち支援（子ども自身の成長、発達支援）、②親育ち支援（親になるための支援）、③親子関係の支援（子育て・親育て支援、親子の信頼および愛着関係形成のための支援、子育てをする親を「育てる」支援）、④育む環境の育成支援（地域社会づくり）です。

子ども家庭支援においては、このような 4 つの分野にわたる、トータルな支援が必要です。同時に、図表 1 - 1 に示したように、子どもを中心に据えたとき、その子どもの生活拠点である家庭（保護者・家族）は、重要なポジションに位置づけられます。そのため家庭の生活状況を含めた「子どもと家族全体」を切れ目なく、包括的に支援することも必要です。まさに、**ソーシャルワーク**[*]の視点が求められています。そして、地域内に存在する社会資源がそれぞれの役割を担い、地域全体が子どもと保護者にとってサポーターとなれるような、社会的支援システムを構築することが必要不可欠となっています。このようななかにあって、保育所には、保育の特性と保育士の専門性を生かして保護者への保育相談支援や地域のなかで生じている子育ての問題や諸課題の解決に向けての取り組みが求められています。そして、これらの活動を通じて、子どもと保護者にとって生活しやすい地域社会をつくっていくことが保育所や保育者の役割として求められています。

▶**出典**
†1 柏女霊峰・山縣文治編著『新しい子ども家庭福祉』ミネルヴァ書房、1998年

✳**用語解説**
ソーシャルワーク
社会福祉援助技術ともいう。社会福祉の問題や課題を解決するときに活用する援助技術およびその活動を指す。援助技術には、福祉問題や課題を抱えた個人や家族との面接をとおしてニーズを把握し、社会資源を活用し問題解決を図ったり、グループの力を活用して問題解決するなど、クライエントに直接働きかけをしていくものや、地域社会が抱える福祉問題や課題を対象にしたり、社会福祉施設の管理運営など、直接クライエントには関わらないが、それらの環境が改善することによって、地域住民や利用者の生活の質が高まるようなものもあり、これらを含めてソーシャルワークといわれている。

図表 1-1　子ども家庭支援における分野

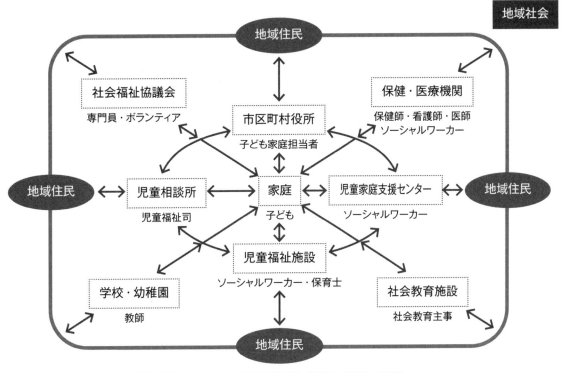

出典：黒木保博・山辺朗子・倉石哲也編著『ソーシャルワーク』中央法規出版、2002年、153頁を一部改変

2.　公的な子ども家庭支援が求められる背景

　なぜ公的（社会的）な子育て支援が求められているのでしょうか。

　昔は「親はなくとも子は育つ」と世間ではいわれていました。しかし近年は、**児童虐待の増加**にみられるように「親はいても子は育たない」といわれる時代になっています。この背景にはいったい何があるのでしょうか。

　昔の子育て環境をみてみると、地縁・血縁関係による相互扶助の伝統的な子育て文化がありました。たとえば、乳幼児がいる母親が病気で緊急入院となったような場合、近所に住んでいるおばなどがその家に通いながら母親代わりとなって養育したり、ときには自分の家で預かったりしました。また、隣近所の人たちも、手料理を差し入れたりしてサポートをしていました。

　しかし、現代においては産業構造や就労形態が変化し、生活の場と就労の場が異なるようになってきました。さらに転勤などにより、生まれ

◆補足
児童虐待の増加
厚生労働省「福祉行政報告例」各年版によると、児童相談所での虐待相談の対応件数は、1990（平成2）年が1,101件であった。その後前年を下回ることはなく、右肩上がりで増加し、2017（平成29）年には13万3,778件となった。

✲ 用語解説
フォーマル、インフォーマル
フォーマルとは、どこでも誰でも受けられる公的な制度やサービスなどを指す。インフォーマルは、親戚や友人など個人的（私的）な関係のものを指す。

◆ 補足
民俗の知恵
実親だけでは、子どもを産み育てることが難しい時代に生きていた人々は、実親に代わる大人の存在として、多くの親（仮親・養育者）がわが子に迎え入れることを考え、それが日本の子育て文化となっていった。

✲ 用語解説
保育ニーズ
近年の核家族化の進行、就労形態の多様化などといった社会的背景により、児童とその家族を取り巻く環境が大きく変化しているなかで、子育てにおける負担の軽減や仕事と子育ての両立支援など、安心して子育てができるために必要なこと。たとえば、休日・夜間保育や病児・病後児保育、延長保育など。

育った土地から離れ、知り合いも親戚もいない土地で生活をする家庭が増えるなど、近隣関係・親族関係の希薄化や崩壊が起こってきました。つまり、**インフォーマル**＊（私的）な支援関係が崩壊・喪失したのです。

　一方で、わが国の子育て文化の歴史をみると、江戸時代の「仮親」制度というものがあります。これは**民俗の知恵**といわれています。この仮親とは、実の親以外の大人と義理の親子関係を結ぶということです。それは、妊娠中に岩田帯を贈る帯親など子どもの誕生前から始まり、出産時および乳幼児期の取り上げ親、抱き親、乳づけ親、名づけ親、守親など、さまざまな儀礼が行われる7歳ごろまでは特に多く、そのつど仮親と親子関係が結ばれたといいます。それ以降も青年期の烏帽子親、腰親や婚姻時の仲人親など、実親以外に多くの仮親をもったといいます。

　これは、子どもが大人になるまで実親が生存することが厳しい時代背景のなか、子どもの生命を守り、成長を確実なものにする必要があったからだといわれています。したがって、「親はなくとも子は育つ」の親とは「実親」を指し、その代理である仮親が多数存在していたためにそのようなことがいわれ、子育てが成り立っていたということです。まさに「親身」になって一人の子どもの育ちに関わるインフォーマルなネットワークが存在し、地域のなかに子育て力があったことがわかります。

　しかし、現代社会においては、医療の進歩や産業構造、就業構造、価値観の変化とともに、このような民俗の知恵を失ったことが、子育てを難しくしてきたといえます。このようなことから、今日の子育ての問題はけっして保護者個人の問題ではなく、インフォーマルな支援関係が喪失し、それに代わる社会的支援システムの不在による孤立した生活のなかで生じてきた問題ととらえることができます。

3. 保育ニーズと子ども家庭支援に関する社会的な動向

　わが国の**保育ニーズ**＊と子ども家庭支援に関する社会的な動向を、少子化対策の変遷からみていきましょう。それぞれの時代に打ち出された特別保育事業などの事業やプランから、その時代の保育ニーズがみえてきます。

　わが国の少子化対策は、1990（平成2）年に発表された「1.57ショック」を受けて1994（平成6）年に策定された「エンゼルプラン」（「今後の子育てのための施策の基本的方向について」）から始まり、それぞれの時代の保育ニーズに対応する形でその対策がなされてきました。その変

遷は、7つの時期に区分できます。

1 第Ⅰ期（1991年）

　1989（平成元）年にわが国の合計特殊出生率は1.57になりました。これは、1966（昭和41）年の「丙午*」の1.58を下回ったことから、大きな衝撃を与えることになり、「1.57ショック」とよばれています。これを受けてわが国では、1994（平成6）年に「エンゼルプラン」を公表しました。あわせて「緊急保育対策等5か年事業」として保育所における低年齢児保育の促進、延長保育、一時保育などの特別保育事業などが展開されました。その後、各自治体で「エンゼルプラン」を実施するため、「地方版エンゼルプラン」が策定されました。

2 第Ⅱ期（1997年）

　1997（平成9）年に設置された厚生省人口問題審議会は、少子化問題に関する報告書をはじめて取りまとめ、少子化への対応と必要性に基づく対策を打ち出しました。その前年の1996（平成8）年には、中央児童福祉審議会(当時)から「少子社会にふさわしい保育システムについて」と題する報告書がまとめられ、保育所の措置制度の見直しなど、1997年の「児童福祉法」の改正につながりました。

3 第Ⅲ期（1999年）

　総合的な少子化対策の指針として、1999（平成11）年に「少子化対策推進基本方針」が決定され、その具体的実施計画としての「新エンゼルプラン」（「重点的に推進すべき少子化対策の具体的実施計画について」）が策定されました。これは「エンゼルプラン」と「緊急保育対策等5か年事業」を見直したもので、①低年齢児の受け入れ枠の拡大、②多様な需要にこたえる保育サービスの推進、③在宅児も含めた子育て支援の推進（地域子育て支援センターの整備など）、④放課後児童クラブの推進などがあります。

　さらに、必要なときに利用できる多様な保育サービスの整備および在宅の乳幼児も含めた子育て支援の充実など、施策の総合的な展開を図る観点から、「特別保育事業実施要綱」が定められました。この要綱では、仕事などの社会的活動と子育てなどの家庭生活との両立を容易にするとともに、子育ての負担感を緩和し、安心して子育てができるような環境整備を総合的に推進するため、延長保育、一時保育、地域の子育て支援等の13事業を実施しました。

✳ 用語解説
丙午
この年に生まれた女性は馬のように気性が荒々しいという言い伝え（迷信）があり、出産を避ける夫婦が多かった。

　また、2001（平成13）年には「仕事と子育ての両立支援策の方針について」が閣議決定され、そのなかで「待機児童ゼロ作戦」として、保育所、保育ママ、自治体単独施策、幼稚園預かり保育等を活用し、待機児童数の減少を目指しました。

4 ▶ 第IV期（2002年）

　「少子化の流れを変える」ための次世代育成支援対策として、2002（平成14）年に「少子化対策プラスワン」が発表されました。安心して子どもを生み育て、意欲をもって働ける社会環境の整備を進めるために、これまでの「子育てと仕事の両立支援」に加え、①男性を含めた働き方の見直し、②地域における子育て支援、③社会保障における次世代支援、④子どもの社会性の向上や自立の促進の対策を推進しました。その一環として、2003（平成15）年に「次世代育成支援対策推進法」が成立しました。また、少子化社会において講ぜられる施策の基本理念を明らかにし、少子化に対処するための施策を総合的に推進するための法律として、「少子化社会対策基本法」が成立しました。

　一方、2003年の「児童福祉法の一部を改正する法律」では、これまでの要保護児童や保育に欠ける児童を主とした児童福祉法から子どもと親・家庭のための児童福祉法へと改められました。これは、専業主婦家庭を中心とした子育て家庭の孤立や負担感の増大および地域の子育て機能の低下などに対応するものです。

　さらに2004（平成16）年には「子ども・子育て応援プラン」が策定され、4つの重点課題に沿って2009（平成21）年度までの具体的な施策と目標を掲げ、おおむね10年後の「目指すべき社会の姿」を提示しました。4つの重点課題は、①若者の自立とたくましい子どもの育ち、②仕事と家庭の両立支援と働き方の見直し、③生命の大切さ、家庭の役割等についての理解、④子育ての新たな支え合いと連帯となります。

5 ▶ 第V期（2010年）

　2010（平成22）年、「子ども・子育て支援」として「子ども・子育てビジョン～子どもの笑顔があふれる社会のために～」が策定されました。これは、子どもと子育てを応援する社会に向けて、社会全体で子育てを支え、個人の希望がかなえられることを基本的な考え方として示したものです。スローガンは「子どもが主人公（チルドレン・ファースト）」「少子化対策から『子ども・子育て支援』へ」「生活と仕事と子育ての調和」です。

またこのビジョンでは、①子どもの育ちを支え、若者が安心して成長できる社会へ、②妊娠、出産、子育ての希望が実現できる社会へ、③多様なネットワークで子育て力のある地域社会へ、④男性も女性も仕事と生活が調和する社会へ（ワーク・ライフ・バランスの実現）という「目指すべき社会への政策4本柱」を掲げました。

6 第Ⅵ期（2012年）

「子ども・子育て支援システム」および「子ども・子育て支援新制度」の取り組みが始まりました。子ども・子育て支援システムは、子ども・子育てを社会全体で支援し、子どもや子育て家庭の利用者本位を基本として、すべての子ども・子育て家庭に必要な良質なサービスの提供、および地域主権を前提とした多様なニーズにこたえるサービスの実現を目指したものです。

そして、2012（平成24）年に、すべての子どもへの良質な成育環境を保障し、子ども・子育て家庭を社会全体で支援することを目的として、子ども・子育て支援関連の制度、財源を一元化して新しいしくみを構築し、質の高い学校教育・保育の一体的な提供、保育の量的拡充、家庭における養育支援の充実を図るとして、以下の3つの法律が交付されました。「子ども・子育て支援法」「就学前の子どもに関する教育、保育等の総合的な提供の推進に関する法律の一部を改正する法律」（「認定こども園法」の一部改正法）「子ども・子育て支援法及び就学前の子どもに関する教育、保育等の総合的な提供の推進に関する法律の一部を改正する法律の施行に伴う関係法律の整備等に関する法律」（「子ども・子育て関連3法」）です。

この3法の趣旨は、保護者が子育てについての第一義的責任を有するという基本的認識のもとに、幼児期の学校教育・保育、地域の子ども・子育て支援を総合的に推進するものです。主なポイントは、①認定こども園制度の改善（**幼保連携型認定こども園***について、認可・指導監督の一本化、学校および児童福祉施設としての法的位置づけ等）、②認定こども園、幼稚園、保育所を通じた共通の給付（「施設型給付」）および小規模保育等への給付（「地域型保育給付」）の創設、③地域の実情に応じた子ども・子育て支援の充実（利用者支援事業、地域子育て支援拠点事業、一時預かり事業、乳児家庭全戸訪問事業、延長保育事業、病児保育事業、放課後児童健全育成事業、妊婦健康診査などの「**地域子ども・子育て支援事業**（13事業）」）などです。

このように、子ども・子育て支援新制度は、地域主権（市区町村を基

✴ 用語解説
幼保連携型認定こども園
「就学前の子どもに関する教育、保育等の総合的な提供の推進に関する法律」第2条第7項では、「義務教育及びその後の教育の基礎を培うものとしての満3歳以上の子どもに対する教育並びに保育を必要とする子どもに対する保育を一体的に行い、これらの子どもの健やかな成長が図られるよう適当な環境を与えて、その心身の発達を助長するとともに、保護者に対する子育ての支援を行うことを目的として、この法律の定めるところにより設置される施設をいう」と規定されている。これらは、幼稚園および保育所等の施設・設備が一体的に設置・運営されているものを指す。

参照
地域子ども・子育て支援事業
→レッスン10

7

礎自治体）を前提とし、すべての子どもへの良質な成育環境を保障し、子どもを大切にする社会、出産・子育て・就労の希望がかなう社会、仕事と家庭の両立を支援することにより充実した生活ができる社会、新しい雇用の創出と、女性の就業促進で活力ある社会を目指すものです。

7 ▶ 第Ⅶ期（2015年）

2015（平成27）年には、少子化対策として「少子化社会対策大綱～結婚、妊娠、子供・子育てに温かい社会の実現をめざして～」が閣議決定され、新たな局面を迎えました。個々人が希望する時期に結婚でき、かつ、希望する子どもの数と生まれる子どもの数との乖離（かいり）をなくしていくための環境を整備し、国民が希望を実現できる社会をつくることを目標に掲げ、主な施策の数値目標（2020年）を定めました。また、子育て支援施策の一層の充実、若年齢での結婚・出産の希望の実現、多子世帯への一層の配慮、男女の働き方改革、地域の実情に即した取組強化の5つの重点課題を設けました。

そして、子ども・子育て支援新制度は、これまで「医療」「年金」「介護」の3分野で成り立っていたわが国の社会保障経費に、はじめて「少子化対策・子育て支援対策」として位置づけられました。このことからも、わが国にとって新制度は大きな意義を有していることが理解できます。

4．社会的支援システムの動向

仮親（インフォーマルな子育て支援）制度に代わる現代版の民俗の知恵となるものが、地域のなかにおける「フォーマルな子育て支援システム」ということになります。いかに、切れ目のないサポートネットワークを構築するかということが求められています。

このような時代背景のなかで、2016（平成28）年に改正された「児童福祉法」では、妊娠期から子育て期にわたる切れ目のない支援等を通じて、妊娠や子育ての不安、孤立などに対応し、児童虐待のリスクを早期に発見・逓減（ていげん）することを目的とした「母子健康包括支援センター」（子育て世代包括支援センター）を市区町村に設置するという施策を打ち出しました。これは、切れ目のないサポートネットワークを構築するための社会的支援システムの一つです。

また既存の施設としては、地域住民に身近な存在として、「保育所」「認定こども園」や、子どもの成長を長く見守りサポートすることができる

「児童館」があります。さらに、地域子育て支援センターや児童委員（主任児童委員）、子育てに関するNPO法人、放課後児童クラブなど、地域内には掘り起こせば多数の社会資源が存在しています。これらの社会資源が有機的に連携することで、子どもと保護者にとって、物理的にも精神的にも仮親的な存在となれる可能性があります。

　このように、社会的（公的）な機関や民間団体を含め、社会全体で子ども・保護者および子育て家庭を支援する、いわゆる「子育ての社会化」が求められてきています。この中心となる機関として「保育所」はその役割を地域社会から期待されています。

5.　子育て環境の現状と求められる支援

　児童相談所が、全国の児童虐待に関する相談対応件数を公表したのが1990（平成2）年度で、そのときの数字が年間で1,101件でした。その後の推移をみると、前年度を下回った年度はなく、2017（平成29）年度では13万3,778件となっています。また、虐待の種類も当初は身体的虐待が多かったものが、現在では心理的虐待がおよそ半数を占めるようになりました。それは夫婦間暴力による**面前DV**[*]での通告が増加したことによります。また、虐待を受けた子どもの年齢構成（2017年度調査）をみると、「0〜3歳未満」が20.2%、「3歳〜学齢前児童」が25.5%で、小学校入学前の子どもの合計では45.7%となり、およそ半数が乳幼児期の子どもたちです。さらに、虐待死では49人（心中以外）の子どもが亡くなっていますが、その年齢をみると0か月が50.0%、0歳以下では65.3%、3歳以下では80%となっています[†2]。

　一方、子どもの貧困（17歳以下）では、子どもの**相対的貧困率**[*]（2015年）は13.9%で[†3]、およそ7人に1人ということになります。また、わが国の貧困の特徴として、若い子育て世帯（20〜24歳）が30%、ひとり親世帯が50%を超えていることなどがあげられます。そのなかでも、母子世帯のおよそ60%が相対的貧困世帯となっています。また、わが国のひとり親世帯は12%であり、そのなかで母子世帯がおよそ87%を占めています。さらに母子世帯の母親の81.8%は就労しており[†4]、それにもかかわらず相対的貧困率が高いのは、まさしく「**ワーキングプア**[*]」という状況を表しています。

　また上記以外にも、今日の地域のなかに存在するニーズとして、①障害等をもつ子ども、②不登校の子ども、③学習支援の必要な子ども、④

＊ 用語解説
面前DV
子どもの目の前で行われる夫婦間暴力をいう。

▶ 出典
†2　厚生労働省「子ども虐待による死亡事例等の検証結果等について（第14次報告）」2018年

＊ 用語解説
相対的貧困率
全国民の等価可処分所得（手取り収入）を順番に並べて、その中央値の半分以下の国民の割合。2015（平成27）年では、中央値が244万円のため、貧困ラインは122万円となり、月収（手取り）に換算すると10.2万円である。子どもがいる現役世代の相対的貧困率は12.9%である。

▶ 出典
†3　厚生労働省「平成28年　国民生活基礎調査の概況」2017年

†4　†3と同じ

＊ 用語解説
ワーキングプア
正社員なみに働いても生活保護の水準に満たない収入しか得られない就業者をいう。一般的に年収200万円以下の収入の就業者をいう。

非行傾向のある子ども、⑤異文化（外国籍）家庭、⑥ひとり親家庭に対するニーズが掲げられています。

　このように、多様化するニーズに応じた保育や特別なニーズを有する家庭への支援、児童虐待の発生予防および発生時の迅速かつ的確な対応など、保育所の担う子育て支援の役割はより重要性が増しています。さらに、「保育所保育指針」では、保育所は、保護者と連携して子どもの育ちを支える視点をもち、子どもの育ちを保護者とともに喜び合うことを重視して支援を行うこととしています。同時に、地域で子育て支援に携わるほかの機関や団体など、さまざまな社会資源との連携や協働を強めていくことが求められています。

　　演｜習｜課｜題

①子ども家庭支援の対象とその内容についてまとめてみましょう。
②公的に子ども家庭支援が必要となった背景、および保育ニーズとその解決に向けたわが国の施策の変遷についてまとめてみましょう。
③近年の子育ての現状および保育ニーズについてまとめてみましょう。

子ども家庭支援の目標と機能

このレッスンでは、子ども家庭支援の目標と機能について、「児童福祉法」および「保育所保育指針」でどのように規定され、位置づけられているのかを理解していきましょう。さらに、子ども家庭支援の意義や保育所と保育士の役割を学び、支援の原則について理解を深めていきましょう。

1.　子ども家庭支援の意義と目標

　1947（昭和22）年に制定、2016（平成28）年に改正された「児童福祉法」には、児童福祉の理念、児童の成育責任について、以下のように記されています[†1]。

> 第1条　全て児童は、児童の権利に関する条約の精神にのつとり、適切に養育されること、その生活を保障されること、愛され、保護されること、その心身の健やかな成長及び発達並びにその自立が図られることその他の福祉を等しく保障される権利を有する。
>
> 第2条　全て国民は、児童が良好な環境において生まれ、かつ、社会のあらゆる分野において、児童の年齢及び発達の程度に応じて、その意見が尊重され、その最善の利益が優先して考慮され、心身ともに健やかに育成されるよう努めなければならない。
>
> 2　児童の保護者は、児童を心身ともに健やかに育成することについて第一義的責任を負う。
>
> 3　国及び地方公共団体は、児童の保護者とともに、児童を心身ともに健やかに育成する責任を負う。

　この「児童福祉法」にうたわれた「**児童の権利に関する条約**＊」は、子どもの最善の利益を保障することを理念の基本に据えているものです。また、「児童福祉法」第2条では、子どもの育成責任について、保護者が第一義的責任を負うとし、国と地方公共団体は、保護者とともに育成

▶ 出典
†1　「児童福祉法」第1条、第2条

✴ 用語解説
児童の権利に関する条約
1989年に国際連合により採択された条文は、前文と54か条からなり、児童（18歳未満）の権利を包括的に定めている。子どもたちは意見を表明する権利（第12条）、表現の自由（第13条）、思想、良心及び宗教の自由（第14条）などの基本的権利を有すると定められている。

の責任を負うとしています。これらのことから、子どもを支援するとは、その保護者をも支援することを意味しています。

　また、2012（平成24）年に制定された「子ども・子育て支援法」には、「基本理念」として以下のように規定されています[2]。

▶出典
†2　「子ども・子育て支援法」第2条

> 　子ども・子育て支援は、父母その他の保護者が子育てについての第一義的責任を有するという基本的認識の下に、家庭、学校、地域、職域その他の社会のあらゆる分野における全ての構成員が、各々の役割を果たすとともに、相互に協力して行われなければならない。

　このことは、2006（平成18）年に制定された「就学前の子どもに関する教育、保育等の総合的な提供の推進に関する法律」にもうたわれています[3]。

▶出典
†3　「就学前の子どもに関する教育、保育等の総合的な提供の推進に関する法律」第1条

> 　この法律は、幼児期の教育及び保育が生涯にわたる人格形成の基礎を培う重要なものであること並びに我が国における急速な少子化の進行並びに家庭及び地域を取り巻く環境の変化に伴い小学校就学前の子どもの教育及び保育に対する需要が多様なものとなっていることに鑑み、地域における創意工夫を生かしつつ、小学校就学前の子どもに対する教育及び保育並びに保護者に対する子育て支援の総合的な提供を推進するための措置を講じ、もって地域において子どもが健やかに育成される環境の整備に資することを目的とする。

　就学前の子どもの育ちは、家庭と地域、そして保育・教育施設が一体となって支えていかなければいけないことを示しています。そのために地域社会は住民、ボランティアそしてNPO団体などによる子どもの健全育成に資するようなプログラムを展開します。保育・教育施設は地域に開かれた施設として、多様な地域活動やプログラムと連動しつつ子どもの育ちを支えることを示しています。

2.　子ども家庭支援の機能

■1　法令および指針で定められている保育所の役割

　保育所の役割について、「保育所保育指針」では次のように定められています[†4]。

▶出典
†4　「保育所保育指針」
第1章1（1）「保育所の
役割」

> ア　保育所は、児童福祉法第39条の規定に基づき、保育を必要とする子どもの保育を行い、その健全な心身の発達を図ることを目的とする児童福祉施設であり、入所する子どもの最善の利益を考慮し、その福祉を積極的に増進することに最もふさわしい生活の場でなければならない。
>
> イ　保育所は、その目的を達成するために、保育に関する専門性を有する職員が、家庭との緊密な連携の下に、子どもの状況や発達過程を踏まえ、保育所における環境を通して、養護及び教育を一体的に行うことを特性としている。
>
> ウ　保育所は、入所する子どもを保育するとともに、家庭や地域の様々な社会資源との連携を図りながら、入所する子どもの保護者に対する支援及び地域の子育て家庭に対する支援等を行う役割を担うものである。

　また、保育とは何かについて、近藤は「保育とは、人間が人間を育てる営みで、その内容はとても豊かである。保育のあり方は、制度の制約を受け、社会の需要によっても変化する。しかし、時代が変わっても、保育を成りたたせる理念には普遍性がある。保育の基本的な役割とは、子どもの成長・発達を保障すること、親が働くことを支えること、地域社会の子育てを応援することなどである[†5]」としています。
　さらに「児童福祉法」では、以下のように規定されています[†6]。

▶出典
†5　近藤幹生『保育とは何か』岩波書店、2014年

†6　「児童福祉法」第48条の4

> 　保育所は、当該保育所が主として利用される地域の住民に対してその行う保育に関し情報の提供を行い、並びにその行う保育に支障がない限りにおいて、乳児、幼児等の保育に関する相談に応じ、及び助言を行うよう努めなければならない。

> 2　保育所に勤務する保育士は、乳児、幼児等の保育に関する相談に応じ、及び助言を行うために必要な知識及び技能の修得、維持及び向上に努めなければならない。

2 ▶ 法令および指針で定められている保育士の役割

　「児童福祉法」第18条の4では、「この法律で、保育士とは、第18条の18第1項の登録を受け、保育士の名称を用いて、専門的知識及び技術をもって、児童の保育及び児童の保護者に対する保育に関する指導を行うことを業とする者をいう」と規定されています。

　また、「保育所保育指針」では、保育士の役割について次のように定められています[7]。

▶ 出典
† 7　「保育所保育指針」
第1章1（1）「保育所の役割」エ

> 　保育所における保育士は、児童福祉法第18条の4の規定を踏まえ、保育所の役割及び機能が適切に発揮されるように、倫理観に裏付けられた専門的知識、技術及び判断をもって、子どもを保育するとともに、子どもの保護者に対する保育に関する指導を行うものであり、その職責を遂行するための専門性の向上に絶えず努めなければならない。

▶ 補足
子どもの保護者に対する保育に関する指導
「保育所保育指針解説」第4章では、「子どもの保護者に対する保育に関する指導とは、保護者が支援を求めている子育ての問題や課題に対して、保護者の気持ちを受け止めつつ行われる、子育てに関する相談、助言、行動見本の提示その他の援助業務の総体を指す。子どもの保育に関する専門性を有する保育士が、各家庭において安定した親子関係が築かれ、保護者の養育力の向上につながることを目指して、保育の専門的知識・技術を背景としながら行うものである」と解説されている。

　保育士の重要な仕事の一つが、子どもの心身ともに健やかな成長を支援すること（**子どもの保護者に対する保育に関する指導**）であることはいうまでもありません。このことを実践するためには、保護者の生活や就労の様子など、子どもを取り巻く家庭の状況を保育士が把握しておくことが大切です。なぜならば、保育所における子どもの姿の変化と、家庭における保護者の状況は関係が深く、保護者の心身の状態が不安定な場合、それが子どもの姿（言動）に反映されることが少なくないためです。また、保育士が子どもに対して毎日行っている「おむつ替え」や食事の場面など、日常の保育のなかに家庭での子どもの姿や子育ての様子をつかむうえでのさまざまなヒントや気づきのポイントが含まれていることも忘れてはなりません。

3 ▶ 子育て支援における保育士の役割

　また、保護者や子どもとのコミュニケーションを考えると、言語的コ

ミュニケーションと非言語的コミュニケーション（表情、服装、顔色、口調、態度、距離感等）があり、特に日常生活において感情に関わる伝達では非言語的コミュニケーションが93％を占めているといわれています。さらに表情分析学の研究では、周囲の人に伝えるサインの一つとして情（感情が外にでる）があり、大別すると7つの表情（感情）があるといいます。その7つの表情（感情）とは、①喜び、②驚き、③恐怖、④怒り、⑤悲しみ、⑥嫌悪、⑦軽蔑というものです。これらのことを踏まえ、保護者や子どもからのサインをキャッチできる、感度のよいアンテナをもつことが保育士には求められています。

さらに、保育士にとっては当たり前にできること、子育て経験が豊富な人であれば普通にできることでも、子育てに不慣れな保護者にとっては難しいこともあります。かつては地域や家庭のなかで子育ての知恵が伝承されてきましたが、現代では地縁・血縁関係が希薄化し、**インフォーマルな子育て支援**が難しくなってきています。そのため、今日では子育ての知恵を次世代に伝承することも、保育士にとっては重要な仕事の一つでもあります。

2018（平成30）年4月現在、保育所等（認定こども園等を含む）の数はおよそ3万4,800か所、利用児童数はおよそ261万人、そして保育所等で働く保育士（保育教諭を含む）の常勤換算従事者数はおよそ40万人です[8]。保育所および保育士が子育て支援に関して意識を高めることにより、多くの保護者（親）と子どもが生活しやすい環境をつくることができます。これらの視点を踏まえ、子ども家庭支援に取り組むことが求められています。

参照
インフォーマルな子育て
支援
→レッスン1

▶ 出典
†8 厚生労働省「保育
所等関連状況取りまとめ
（平成29年4月1日）」2018
年

3. 子ども家庭支援の原則

ここでは、「保育所保育指針」を踏まえた、子ども家庭支援の原則について考えていきたいと思います。

まず子ども家庭支援にあたっては、子どもの最善の利益を念頭に置きながら、保護者と子どもの育ちを支える視点をもつことです。そして、子どもの育ちの姿とその意味を保護者にていねいに伝え、子どもの育ちを保護者とともに喜び合うことを大切にします。また、保護者の養育する姿勢や力の発揮を支えるためにも、保護者自身の主体性、自己決定を尊重することが基本となります。これらの原則を踏まえ、子どもと保護者の関係、保護者同士の関係、子どもや保護者と地域との関係を把握し、

それぞれの関係性を高めることが、保護者の子育てや子どもの成長を支える大きな力になることを理解して、保護者に働きかけていくことが大切です。

「保育所保育指針」第4章は、「1　保育所における子育て支援に関する基本的事項」「2　保育所を利用している保護者に対する子育て支援」「3　地域の保護者等に対する子育て支援」というように構成されており、それぞれ次のようなことが述べられています。

1　保育所における子育て支援に関する基本的事項

（1）保育所の特性を生かした子育て支援

ア　保護者に対する子育て支援を行う際には、各地域や家庭の実態等を踏まえるとともに、保護者の気持ちを受け止め、相互の信頼関係を基本に、保護者の自己決定を尊重すること。

イ　保育及び子育てに関する知識や技術など、保育士等の専門性や、子どもが常に存在する環境など、保育所の特性を生かし、保護者が子どもの成長に気付き子育ての喜びを感じられるように努めること。

（2）子育て支援に関して留意すべき事項

ア　保護者に対する子育て支援における地域の関係機関等との連携及び協働を図り、保育所全体の体制構築に努めること。

イ　子どもの利益に反しない限りにおいて、保護者や子どものプライバシーを保護し、知り得た事柄の秘密を保持すること。

2　保育所を利用している保護者に対する子育て支援

（1）保護者との相互理解

ア　日常の保育に関連した様々な機会を活用し子どもの日々の様子の伝達や収集、保育所保育の意図の説明などを通じて、保護者との相互理解を図るよう努めること。

イ　保育の活動に対する保護者の積極的な参加は、保護者の子育てを自ら実践する力の向上に寄与することから、これを促すこと。

（2）保護者の状況に配慮した個別の支援

ア　保護者の就労と子育ての両立等を支援するため、保護者の多様化した保育の需要に応じ、病児保育事業など多様な事業を実施する場合には、保護者の状況に配慮するとともに、子どもの福祉が尊重されるよう努め、子どもの生活の連続性を

考慮すること。

イ　子どもに障害や発達上の課題が見られる場合には、市町村や関係機関と連携及び協力を図りつつ、保護者に対する個別の支援を行うよう努めること。

ウ　外国籍家庭など、特別な配慮を必要とする家庭の場合には、状況等に応じて個別の支援を行うよう努めること。

（3）不適切な養育等が疑われる家庭への支援

ア　保護者に育児不安等が見られる場合には、保護者の希望に応じて個別の支援を行うよう努めること。

イ　保護者に不適切な養育等が疑われる場合には、市町村や関係機関と連携し、要保護児童対策地域協議会で検討するなど適切な対応を図ること。また、虐待が疑われる場合には、速やかに市町村又は児童相談所に通告し、適切な対応を図ること。

3　地域の保護者等に対する子育て支援

（1）地域に開かれた子育て支援

ア　保育所は、児童福祉法第48条の4の規定に基づき、その行う保育に支障がない限りにおいて、地域の実情や当該保育所の体制等を踏まえ、地域の保護者等に対して、保育所保育の専門性を生かした子育て支援を積極的に行うよう努めること。

イ　地域の子どもに対する一時預かり事業などの活動を行う際には、一人一人の子どもの心身の状態などを考慮するとともに、日常の保育との関連に配慮するなど、柔軟に活動を展開できるようにすること。

（2）地域の関係機関等との連携

ア　市町村の支援を得て、地域の関係機関等との積極的な連携及び協働を図るとともに、子育て支援に関する地域の人材と積極的に連携を図るよう努めること。

イ　地域の要保護児童への対応など、地域の子どもを巡る諸課題に対し、要保護児童対策地域協議会など関係機関等と連携及び協力して取り組むよう努めること。

　このなかで、たとえば2の（3）にあげられている不適切な養育等（虐待）の発生要因から支援の原則を考えたいと思います。

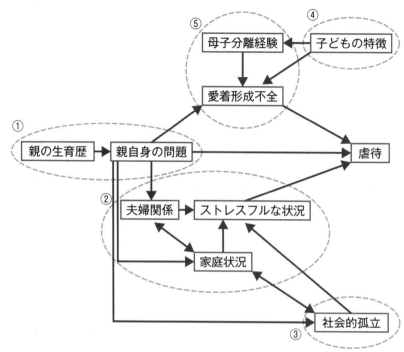

図表 2-1 子ども虐待の発生要因

出典：厚生省児童家庭局企画課監修、子ども虐待防止の手引き編集委員会編『子ども虐待防止の手引き』日本総合愛育研究所、1997年、14頁

　子ども虐待にはいろいろなタイプがあり、その要因もさまざまです。また、単一な要因で虐待が起こるというよりは、いくつかの要因が絡み合っていることが多いといえます。図表 2-1 に示したように子ども虐待の発生要因として、①親自身の要因（心理的に親になりきれていない、社会人［大人］になりきれていない、親自身が被虐待児であった、またきょうだいに対して行われているのを見ていたなど）、②家庭の状況（夫婦関係が支配服従関係にあり、経済的にも不安定というような、家庭生活そのものがストレスになっているなど）、③社会からの孤立（親自身の人格や言動の問題から近隣や親族との関係が希薄）、④児童自身の要因（育てにくい子、手のかかる子など）、⑤親とその児童との関係（親自身の問題または子ども自身の問題のどちらかを抱え、乳児期に母子分離体験があるなど）が考えられています。しかし、これらの要因があるからといって、すべての家庭で虐待が発生するということではなく、家族メンバー間の相互作用のなかで、いくつかの要因が絡み合ったときに発生すると考えられています。このような要因が考えられるなかで、今日の貧困問題や孤立の問題は、発生要因のなかでも重要な問題としてとらえることができます。

　子育て家庭支援の視点としては、保育士は警察官でもなければ、裁判官でもありません。苦しんでいる保護者、悩んでいる保護者に寄り添い、ときには関係機関と連携して、または**社会資源***を活用して保護者をサポートし、保護者の自己実現（自分らしい生き方）を支えていくことが、保育士の役割です。

　さらに、支援するということは、保育士が主体となって課題（問題）を解決するのではなく、保護者を主人公として、保護者自身が課題解決に向けて取り組むものでなければなりません。そのときには保護者自身の希望や意向を「聞き出す」のではなく、「一緒に見つける」ための協働作業というプロセスが大切になります。また、子どもの成長・発達や子育ての喜びを保護者に伝えることで、保護者が子育てへの興味・関心をもつきっかけともなっていきます。このことは、保護者が子どもに向き合い、子どもの成長とともに親になっていくプロセス（親育ち支援）でもあります。

演 習 課 題

①子ども家庭支援の法的根拠および「保育所保育指針」で示されている内容をまとめてみましょう。
②子ども家庭支援について、保育所および保育士の役割と内容についてまとめてみましょう。
③子ども家庭支援の原則およびその視点についてまとめてみましょう。

✴ 用語解説
社会資源
（social resources）
社会福祉の分野では、社会福祉の問題や課題を解決するときに活用する法律・制度（経済的支援、社会福祉施設など）やボランティア団体など、公私の事業・組織・団体、およびソーシャルワーカー、ボランティア、家族、友人など人的な資源など、ニーズを充足し問題や課題を解決するために社会のなかに存在する資源全般を指す。一般的に福祉問題や課題を解決するために活用する「人・物・金」を社会資源という。

子ども家庭支援における保育者の役割

保護者から家庭での子育てについて相談を受けたとき、保育士は保護者の気持ちを受け止め、その話をよく聴いたうえで、家庭での保育に関する助言や指導を行います。本レッスンでは、こうした保育士にとって重要な役割の一つである「保育指導」について、特に相談対応を中心に学びます。

1. 保育に関する保護者の指導の意味を理解する

1 保育に関する指導とは

「児童福祉法」第18条の 4 において、保育士は「保育士の名称を用いて、専門的知識及び技術をもつて、児童の保育及び児童の保護者に対する保育に関する指導を行うことを業とする者をいう」と位置づけられています。保育という枠組みのなかで、保育士が関わる対象は、子どもだけではなく保護者も含まれると明記されているわけですが、ここで期待されている「保育に関する指導」とはいったいどのようなものなのでしょうか。

まず、2017（平成29）年改定の「保育所保育指針」（以下「指針」とする）を手がかりにして、保育士の役割の前提となる「保育所の役割」を確認してみます。「指針」の第 1 章「総則」の 1「保育所保育に関する基本原則」（1）に「保育所の役割」が記載されています。

このうちの「ア」は、保育所保育のあり方（入所児童の最善の利益を考慮し、その福祉を積極的に増進できる場とすること）が書かれており、この目的を実現するための役割が「イ」〜「エ」で規定されています。「イ」は入所児童に対して、養護と教育（合わせて保育という）を一体的に行う、「ウ」は入所児童の保護者に対する支援と非入所児童の保護者に対する支援（地域の子育て家庭）、「エ」は倫理観に裏付けられた専門的知識・技術・判断に基づく、入所児童の保育とその保護者に対する保育に関する指導となっています。

一般的に、保育士の役割は、「イ」の「子どもの保育」と「ウ」の「保護者の支援」だと考えられていますが、それに加えて「エ」では、「保護者に対する保育に関する指導」が重視されていることがわかります。つまり、保護者への支援のなかでも、保護者への（子育てに関わる）指

導は、保育所の重要な役割であるととらえられています。この「エ」の「（入所児童の）保護者に対する保育に関する指導」、略して「保育指導」が、このレッスンで扱う保育士の役割です。入所児童の送り迎え（特にお迎え）のときに、保育士が保護者から相談を受けることは、日常茶飯といっても過言ではありません。この際に展開されることが比較的多いのが、保護者への保育に関する指導です。そこで、保育指導をどのようにとらえたらよいのかを考えてみたいと思います。

2　保育指導の「指導」の意味

「指針」内の「保育所の役割」の一つとして紹介した「保護者に対する保育に関する指導」という文言の「指導」という表現に違和感をもった人がいたかもしれません。

『広辞苑』によれば「指導」は「目的に向かって教えみちびくこと[1]」とありますので、「保育指導」という言葉は「専門性をもった保育士が、子どもの養育について経験の浅い保護者に向けて、自分の知識や技能を一方的に授ける」というイメージを与えかねません。そこで、この保育指導が何を意味するのかを、まずは明らかにしておく必要があります。

2008（平成20）年改定の「保育所保育指針解説書」第6章【保護者支援の原則】内には、以下のようなコラムが記されています。

▶出典
†1　新村出編『広辞苑（第7版）』岩波書店、2018年、1314頁

> コラム：「保育指導」の意味
>
> 　子どもの保育の専門性を有する保育士が、保育に関する専門的知識・技術を背景としながら、保護者が支援を求めている子育ての問題や課題に対して、保護者の気持ちを受け止めつつ、安定した親子関係や養育力の向上をめざして行う子どもの養育（保育）に関する相談、助言、行動見本の提示その他の援助業務の総体をいいます。

ここから、保育指導とは、子育てに関わる何らかの問題や課題を解決したいとする保護者の気持ちを受け止めながら、保護者自身が自らの養育力向上をとおして安定した親子関係を築いていくことを目標とした支援であり、相談・助言・モデル提示などを含む広範な援助業務を指しているということがわかります。つまり、保育指導は決して保育士から保護者への一方向的な知識・技能の伝達ではないのです。そこで次の節では、保護者が抱える悩みや不安にはどのようなものがあるのかを紹介します。

2. 子育て家庭が抱える悩みを理解する

　現在、子どもを育てている家庭がもつ悩みや不安は多様化していると いわれています。そこで、この節ではまず、保護者がそうした多様な内 容について悩むことの背景を分析しておきたいと思います。なぜなら、 保護者の不安や子どもの問題が生じる背景を知ることで、保育指導を行 う際の保護者理解が深まり、より適切な相談・助言につながると考えら れるからです。

1 ▶ 養育上の悩み：不安感

　現代の保護者が抱える悩みとしてまずあげられるのが、生活環境の変 化による養育上の不安です。わが国では第二次世界大戦以降、わが国は 経済的に豊かになりましたが、その過程でさまざまな課題が生み出され ました。たとえば、都市部の人口過密状態に対応するために次々と建設 された集合住宅の生活では、プライバシーが優先されるようになり、そ の結果、戦前の町や村という生活共同体でみられていた相互扶助の姿が 消滅しました。その一例が、自治会や子ども会などといった地域活動へ の住民参加の減少です。このように、住民同士の交流を体験しないまま、 コミュニケーション技能獲得の機会を奪われた世代が、子育てを担うよ うになってきました。

　育児で困ったときに近隣の子育て経験者に援助を求めることができ ず[2]、あるいは、結婚や妊娠・出産を契機に転居したが地縁がないため に孤立して[3]、大きな不安感を抱えながら子どもと 2 人だけで過ごす 母親が増えました。また、（特に年齢の離れた）きょうだい数が減少し たこと[4]、子どもたちが異年齢集団で遊ぶ機会が減少したこと[5]などが、 成人になるまでの養育に関する技能獲得の機会を奪ってしまいました。 したがって、いざ育児を開始したとき、自分の養育技能に対する自信の 欠如から、子どもを養育するうえでの不安感を強く感じる保護者が増え ているのです。

2 ▶ 養育上の悩み：負担感や疎外感

　経済活動と養育活動をめぐる男女間の不均衡によって、育児に関して 女性が抱える負担感や疎外感は大きいと思われます。わが国が経済活動 を優先し豊かな生活を実現できたのは、その根底に「男性（父親）は家 庭外で働き、女性（母親）は家庭内で家事・育児を担う」といった性役

▶出典

†2　原田正文『子育て の変貌と次世代育成支援』 名古屋大学出版会、2006 年、181-182頁

†3　寺村ゆかの・伊藤 篤「妊娠期から出産後まで の女性のエンパワーメン トを目指した実践的研究」 『神戸大学大学院人間発達 環境学研究科研究紀要』2 （1）、2008年、121頁

†4　藤見純子・西野理 子編『現代日本人の家族』 有斐閣、2009年、26-30頁

†5　仙田満『子どもと 遊び――環境建築家の眼』 岩波書店、1992年、150- 152頁

割分業があったからだといわれています。

　最近、ワークライフバランスという理念に基づいた諸制度の導入がなされていますが、依然として、養育活動としての家事・育児は女性（母親）が担うべき役割だと多くの人々が認識したままです。これに、保育所などの待機児童問題が解消しないことも加わり、結果的に養育活動における男女間の不均衡は継続してしまっています。

　「働いているのに、育児も自分一人でしなくてはならないから大変」といった負担感、「働きたいのに子どもを預けるところがなくて働けない」といった社会からの疎外感をもちながら子どもを養育している女性（母親）が増加しています[†6]。

3　子どもの生活習慣上の問題

　生活環境の変化によって、子どもと保護者がともに生活習慣上の問題を抱えるようになりました。先に述べた経済発展による生活環境の変化は、子どもの成長・発達にも大きな影響を与えてきました。テレビ、ビデオ、テレビゲーム（コンピュータゲーム）などの浸透が子どもたちの外遊びを減少させ、その結果、子どもの運動能力や体力が低下しています[†7]。テレビやコンピュータなどのメディアへの長時間の曝露は、就寝時刻を遅らせたり睡眠時間を短縮させたりすることにつながり、そのような状況は、「神経発達や精神発達、認知機能や情動機能の障害をもたらすこと、将来的に引きこもり・不登校などの問題行動や学業成績低下、肥満のリスクを高めること[†8]」など、多岐にわたる問題を引き起こす可能性が示唆されています。また、この不規則な生活リズムは朝食抜きなどに代表される栄養摂取の不安定さにもつながっています。

　憂慮されるのは、このような問題を抱えて育った世代がやがては成人し、次の世代の子育てを担っていくという点です。現在すでに、乳幼児の保護者のなかには、幼少期から形成された自らの問題に気づかないままに（すなわち、自分たちの子どもの問題にも気づかないままに）子育てをしている人たちもいます。たとえば、「外食などで子どもを夜遅くまで外出させている保護者が増え、そのため子どもが寝不足になって保育所でもぼんやりしている」「起床時刻が遅いので朝食を食べない日が多い」「お菓子や果物を好むので食事の量は少ない」などは、よく指摘される問題点です。

4　保護者の抱える悩みの具体的内容：育児相談の記録より

　ここでは「悩みの背景」に加えて、具体的な「悩みの内容」をカテゴ

▶出典
†6　大日向雅美「発達心理学の立場から」『こころの科学』103（5）、2002年、11頁

▶出典
†7　全国体力・運動能力、運動習慣等調査検討委員会編『子どもの体力向上のための取組ハンドブック——全国体力・運動能力、運動習慣等調査から』文部科学省、2012年、16-28頁

†8　岡田（有竹）清夏「乳幼児の睡眠と発達」『心理学評論』60（3）、2017年、216-229頁

リ化された資料をもとに紹介します。悩みの具体的内容を知っておくことも、保育指導の質を高めることにつながると思われます。

　紹介する資料は、筆者が所属する大学が2005年9月から運営している地域子育て支援拠点「のびやかスペース　あーち」において、配置された相談員が対応した相談内容（2007〜2014年度の8年間分、総相談件数は2,209、総相談内容数は4,140）を**整理・分析した結果**（図表3-1）です。表内の「　」で示した部分は「上位カテゴリ」、【　】で示した部分は「中位カテゴリ」、〔　〕で示した部分は「下位カテゴリ」と3層に分類されています。相談者は主に母親ですが、祖母や父親からの相談も少数ながら含まれます。

図表3-1　地域子育て支援拠点における育児にかかわる相談内容の分析結果（3層カテゴリ）

「子どもに関する相談」2,661件（64.3%）		
【身体面】	〔発育〕	体重　身長　体格など
	〔発達〕	首のすわり　おすわり　はいはい　つかまり立ち　歩行など
	〔病気・予防〕	発熱　湿疹　アトピー　予防接種　乳幼児健診　歯みがきの方法など
【精神面・行動面】	〔ことば〕	ことばが遅い・出ない　吃音など
	〔行動〕	落ち着きがない　ものを投げる　友だちを叩く　噛むなど
	〔情緒〕	すぐに泣く　大声を出す　後追いが激しい　怒りっぽいなど
	〔その他〕	極端な人見知り　こだわりなど
【発達障害（診断あり）】		診断名がついた子どもに関する相談すべて
【基本的生活習慣】	〔授乳・離乳食〕	授乳リズム　卒乳・断乳のタイミング　偏食　離乳食を食べない　ムラ食い　落ち着いて食べないなど
	〔睡眠〕	生活リズム　昼寝をしない　夜中に起きる　寝つきが悪いなど
	〔排泄〕	便秘　下痢　トイレトレーニングなど
	〔その他〕	入浴　外出　衣服　ベビーカーの選択など
「親自身に関する相談」1,479件（35.7%）		
【家族関係・家族問題】		夫の態度　実母や義母との関係など
【育児方法・しつけなどの知識】		子どもの発達に関する理解・知識　第一次反抗期への対応　早期教育の是非　きょうだいに対する対応など
【育児不安・負担・困難感】		このままでよいのか不安　自分ひとりだけの育児（協力者がいない）　ストレスを強く感じる　イライラする　他の子どもと比較して焦るなど
【子育て支援リソース】		保育所　幼稚園　児童館　小児科　子育てサークルなど
【その他（母親の心身・社会的状況など）】		うつ状態　体調不良　就職・キャリアなど

出典：寺村ゆかの「子育て支援における相談援助」『平成27年度兵庫県専門人材育成・資質向上事業　子育て支援者ステップアップセミナー　テキスト』2015年、23-25頁

　この表を見てわかるように、育児に関わる悩みの種類は非常に多岐にわたっています。また、2つの上位カテゴリの比率を比較してみると、保護者は相対的に「自分のこと」よりも「わが子のこと」を心配し、それを優先させて相談員に相談をもちかけている様子がうかがえます。また、上位カテゴリ「子どもに関する相談」のなかで最も相談内容数が多かった下位カテゴリ（全相談内容数の10％以上）は〔行動〕〔授乳・離乳食〕であり、上位カテゴリ「親自身に関する相談」のなかで最も相談内容数が多かった中位カテゴリ（全相談内容数の10％以上／下位カテゴリは「なし」）は【育児不安・負担・困難感】【子育て支援リソース】となっていました。

　この表を時間をかけて読み込むと、徐々にわかってくることがあります。それは、どの保護者も「わが子が健康な状態にあること、心身の健全な発育・発達を遂げること、安定した情緒や行動を示すこと、言葉を介して楽しくコミュニケーションすることを心から願っている」ということです。また、そうした願いがあるからこそ、「それをうまく導けないかもしれない自分の側の課題を一日も早く解決したいという気持ちが強い」ことがみえてきます。このような、わが子の育児にかける保護者の切実な思いに、ていねいに真摯（しんし）に寄り添うことから得られる喜びが、保育指導（相談対応）の醍醐味といえるでしょう。

　では、実際の保育の現場では、どのような子育て相談が行われているのでしょうか。ここでは、牧野による調査結果[9]を紹介します。現場の保育者（保育心理士の養成講座などに参加した保育士や保育所に勤務する保育士241人）に対して、それぞれの園でこれまで行ってきた「保護者支援の内容」を自由記述（記述数の限定はなし）によって回答を求めた結果をカテゴリに分けて整理したものが、以下の①～⑳です。

▶出典
[9] 牧野桂一「保育現場における子育て相談と保護者支援のあり方」『筑紫女学園大学・筑紫女学園大学短期大学部紀要』7、2012年、179-180頁

①子育て一般に関わる相談

②子どもの障害に関わる相談

③子どもの発達のつまずきに関わる相談

④子どもの言葉のつまずきに関わる相談

⑤子どもの病気に関わる相談

⑥保護者の養育に対する指導

⑦ひとり親家庭の養育に関わる問題

⑧子どもの障害の現状を受け入れない保護者

⑨子どもに対する虐待に関わる問題（ネグレクト）

⑩犯罪に巻き込まれている保護者

⑪激しいクレームへの対応

⑫保育に対する要望や抗議する保護者

⑬保護者自身の悩み相談

⑭離婚など家庭内不和の問題

⑮保護者の精神的疾患による問題（医師の診断あり）

⑯保護者の障害への対応

⑰約束事を守らない保護者

⑱保護者間のトラブルに関する対応

⑲経済的に困難が起こっている保護者

⑳連絡がとれない保護者への対応

　牧野自身はこの結果を受けて、保育現場における保護者支援は大きく2つに分けて考えることができるとしています。1つ目は、従来からよく行われている①のような「子育て相談」的な内容です。このなかには②のような障害のある子どもの養育に関する相談や、③〜⑦のような子育てのなかで生じてくるさまざまな問題に対して、保育の専門職としての助言を求めてくるものが含まれます。2つ目は、「気になる保護者」への対応です。その内容としては、⑧のような子どもの現状拒否から起こる問題、⑨⑩のような社会的支援を必要とする問題、⑪⑫⑰のような園全体を巻き込む**危機管理の問題**、⑬〜⑳のような保護者自身の問題などが含まれます。これらのうち、危機管理の問題は保護者の抱えている悩みへの対応とは異なりますが、それ以外はすべてこのレッスンで扱う相談対応の範疇（はんちゅう）に入るものだと考えられます。

　これらを概観すると、保護者支援の内容は幅広く、またその緊急性や重篤度もまちまちです。たとえば、子育て一般に関するもの、子どもの発達や言葉のつまずき、子どもの病気や障害に関するものといった内容です。一方、子どもへの虐待やネグレクトに関するもの、激しいクレーム、生活状況などが原因で起こる重大な問題（離婚、経済的困窮、犯罪）などについても保護者対応が求められています。ここでは、後者に関する保護者支援については取り上げませんが、実際の現場にいる保育士は多様な保護者対応をしていることがわかります。相談内容に限定すると、この調査からは大きく分けて①〜⑤の「子ども自身に関するもの」、⑥〜⑬の「保護者自身に関するもの」に大別されますが、これは先述した地域子育て支援拠点で行われる相談分類と共通しています。

3.　保育士の役割の実際から考える

　前節では未就学の子どもをもつ保護者（主に母親）からの相談内容の一例と保育現場で行われている保護者支援における相談内容の一例を紹介しましたが、ここでは、実際の場面で保護者から保育士に期待される役割とはどのようなものなのかを、「指針」の第 4 章「子育て支援」を参考にしながら考えてみます。

1　子育て支援として保育士に求められる基本事項

　「指針」の第 4 章 1 には「保育所における子育て支援に関する基本的事項」として、以下のように定められています。

（1）保育所の特性を生かした子育て支援
ア　保護者に対する子育て支援を行う際には、各地域や家庭の実態等を踏まえるとともに、保護者の気持ちを受け止め、相互の信頼関係を基本に、保護者の自己決定を尊重すること。
イ　保育及び子育てに関する知識や技術など、保育士等の専門性や、子どもが常に存在する環境など、保育所の特性を生かし、保護者が子どもの成長に気付き子育ての喜びを感じられるように努めること。
（2）子育て支援に関して留意すべき事項
ア　保護者に対する子育て支援における地域の関係機関等との連携及び協働を図り、保育所全体の体制構築に努めること。
イ　子どもの利益に反しない限りにおいて、保護者や子どものプライバシーを保護し、知り得た事柄の秘密を保持すること。

　これらはいずれも、保育所を利用している・利用していないにかかわらず、その保護者に対する保育士（保育所）の支援にかかる基本的な事項を定めたものですが、全国社会福祉協議会の解説書[10]も参考にしながら、相談・助言が中心となる保育指導のあり方の基盤を、ここから抽出してみたいと思います。
　子どもの最善の利益を最優先することは、子どもの福祉を維持・増進させることにつながるのはいうまでもありません。保育士には、自分が行っている支援が「子どもの最善の利益、すなわち子どもの福祉」に適っ

▶出典
†10　全国社会福祉協議会編『新保育所保育指針を読む［解説・資料・実践］』全国社会福祉協議会、2008年、126-129頁

27

ているのかどうか、具体的な姿としては「親子関係の安定性」「子どもの生活の安全性やその発達の健全さ」につながっているかどうかを、常に、振り返り、吟味する態度が必要です。

　次に、保護者との信頼関係の構築を重視することです。具体的には、保護者との対等な関係性（気持ちの受容・尊重、保護者への共感）に留意し、保護者の潜在能力への信頼（自己決定の尊重、資質向上の後押し）をもち続けながら継続的に支援を展開することが保育士に求められます。さらに、必要に応じて地域資源の活用（保護者を地域の関係機関や団体などにつなぐこと）を視野に入れることも、支援の選択肢として意識しておくことが重要です。

　以上のように整理すると、こうした原則は、社会福祉の分野で実践されてきたソーシャルワークの考え方・手法（保護者との直接的な関わりに限定すればケースワークの考え方・手法）と重なっています。社会福祉士としての介入において、実際に活用されている**ケースワークの原則**を、金子の著書[†11]を参考にしながらまとめると以下のようになります。

◆補足
ケースワークの原則
ここで紹介するのは、ケースワークの考え方・手法としてよく知られ、活用されている「バイステックの7原則」である。

▶出典
†11　金子恵美『増補　保育所における家庭支援──新保育所保育指針の理論と実践』全国社会福祉協議会、2010年、63-68頁

- ・傾聴・共感をとおして対象者を受け入れる
- ・対象者を責めない（非難・否定しない）ことが基本だが、対象者の不適切な言動は安易に認めない
  - → 善悪の判断をしない
- ・対象者の資質成長の契機として、その自己決定を促し・尊重する
- ・対象者を一般化されたイメージ（たとえば、依存性の高い親は〜の傾向あり）でとらえず、一人ひとり個別の存在であることを前提に関わる
- ・どのような感情であっても、対象者がそれを率直に表出できるような関わりを心がける
- ・支援者が自分自身の特性を十分に意識（自己覚知）し、その特性に留意したり、それを生かしたりしながら援助する
- ・援助のなかで知り得た対象者の個人情報・プライバシーにかかる内容は他言しない
  - → こうした秘密保持によって、対象者が守られるとともに支援者は対象者からの信頼を得る

　以上のようなケースワークの原則のすべてを、保育士が実際の保育の

なかで満たすことは難しいものの、それらは、保育士が保育指導を展開する際の指針となります。その指針とは、すなわち保護者に寄り添う（傾聴・受容）、保護者の置かれている状況を理解したうえで保護者の悩みを分かち合う（共感）、保護者を尊重し、何をどうすすめていけばよいのかを自己決定できるよう後押しする（**エンパワメント**）、必要に応じて適切な情報を提供する（情報提供・助言）、必要に応じて関係機関につなぐ（リファー）ことだといえるでしょう。

参照
エンパワメント
→レッスン 6

2 保育所を利用している保護者に対する子育て支援

　「指針」の第 4 章 2 では、「保育所を利用している保護者に対する子育て支援」のあり方が規定されていますが、これらのうち、保育指導と関連が深い項目を取り上げながら、保育士の保育指導の実際について検討します。

①保護者との相互理解

　まず、保育所を利用している保護者に対する支援の前提として、2（1）に「保護者との相互理解」が重要とあります。保育士が保護者と相互理解を深めるためには、まずは保護者からの信頼を得ることが前提になることはいうまでもありません。

　保育所では、ほぼ毎日保育士が保育所を利用する子どもの保護者と接することができますが、これが保育所の大きな特徴であり強みです。頻繁に保育士が関わっているということは、保護者にとっては、保育所は単に子どもを預けている場所というだけでなく、第二の実家のように感じられる可能性もあります。

　たとえば、保育士から「お母さん、たまには息抜きしてくださいね」「いつでも相談にのりますから」「一緒に○○ちゃんを見守りさせてくださいね」などと優しく声をかけられると、日頃、仕事や育児などで時間に追われている保護者は、自分があたたかく受け止めてもらっている、自分は一人ではないのだという安心感を得ることができるでしょう。保育所が安全で安心な場所であるということが保護者にしっかりと伝われば、保育者との信頼関係や相互理解が深まることはいうまでもありません。

②保護者の状況に配慮した個別の支援

　次に、2（2）「保護者の状況に配慮した個別の支援」があげられています。最近では、子どもや家庭の状況が多様化しているといわれています。特に、育てにくさがあったり発達に何らかの困難を抱えたりしている子どもがいると、保護者は気が休まることはありません。家族や知人に親身に相談にのってくれる人がいればよいのですが、いない場合は、

どこに相談に行けばよいのか迷うこともでてきます。

　以下、具体的な保護者の状況をあげながら、それぞれのケースにおける保育士の保育指導のあり方を示していきます。

【子どもの発達に不安のある保護者の場合】

　前節の相談分類の箇所で紹介したような子どもの身体面・精神面の発達については、保護者も不安を感じることが多く、より親身な保育指導（相談対応）が求められます。障害や発達上の課題を抱える子どもの保護者に対しては、保育所での子どもの様子をていねいかつ正確（客観的）に伝えること、保育所で（集団との関係、個人の特性に応じた関わり）においてどのように保育を展開していく予定なのかを「**個別の指導計画***」などを提示しながら説明すること、家庭やほかの専門機関でどのように過ごしたらよいのかを、専門機関の意見も取り入れながら保護者と一緒に考えて実行できるよう後押しすることなどが、保育指導上の留意点となるでしょう。

【病弱な子どもを育てている保護者の場合】

　保護者はわが子の体調に常に気を配り、病状が不安定になれば大いに心配するのですが、家で子どもの世話をしてくれる人がいないと非常に困ります。勤め先に理解があれば仕事を休んで子どもの世話をすることも可能ですが、周囲に支援してくれる人がいなければまさに「子どもか仕事か」という状況に追い込まれ、泣く泣く仕事を辞めざるを得ないという事態も生じてきます。このような相談にのる場合は、事前に地域で病児保育事業を行う施設などの情報を伝えられるよう準備しておくことも必要です。

【育児不安などを感じている保護者の場合】

　どのようなことに不安を感じているのか、そうした不安をもたらしている要因は何であるのかなどを探るところから、保育指導が始まります。要因だと思われるものは、子どもに関わるもの（多胎、低体重、慢性疾患、言葉の遅れ、食べない・眠らない、素直でない性格、乱暴な行動など）、保護者自身に関わるもの（心身の不調、知識・自信のなさ、友人の少なさなど）、家庭がおかれた状況や家族関係に関わるもの（配偶者や祖父母との関係の悪さ、孤立無援の育児、ドメスティックバイオレンスなど）と非常に多様です。

【特別な配慮を必要とする保護者の場合】

　特別な配慮を必要とする保護者の家庭としては、経済的に困窮している、ひとり親である、不適切な養育が疑われる、外国籍であるなどがあげられます。保育所では、これらの家庭から多様で複雑な相談を受ける

✳ 用語解説
個別の指導計画
「保育所保育指針」第1章3（2）「指導計画の作成」キのなかに「家庭や関係機関と連携した支援のための計画を個別に作成するなど適切な対応を図ること」と定められている。

可能性もあります。不適切な養育等（いわゆる虐待やネグレクト）が疑われる保護者への支援は、そうした行為が生じないよう、育児不安等の段階で支援が始められ、家庭での養育（保育）の改善に結びつくことが望ましいことはいうまでもありません。このような予防的支援として保育指導を積極的に位置づけておくことが求められます。しかし、すでに虐待やネグレクトが生じていることが確認できた場合には、**法律に規定されている通告**を行うとともに、児童相談所など専門の関係機関と連携する段階に入りますので、保育指導の限界を超えたものとなります。この段階では、保育士一人ではなく保育所長を中心とした所全体で対応をすすめていくことが大切です。

　上記3つのケースの保育指導においても、「子どもの最善の利益・福祉」を最優先にして援助を考え、展開しなくてはならないことを、ここで再度、強調しておきます。なお、こうした保育指導を展開するうえで、保育所であるからこその強みを、友川[†12]を参考にしながら整理しておきたいと思います。

　強みの1つ目は、毎日の保育を通じて、入所児や保護者の様子を継続的に観察できることから、その変化に気づく機会が多く、ニーズの早期発見や予防的支援が行いやすい点です。2つ目は、保護者を適切な専門機関や支援者につなごうとする際、多様な機会や手段（送迎時、行事、連絡帳・お便り、電話、家庭訪問など）をとおして継続的に働きかけられる点です。3つ目は、子どもや保護者が緊急の状況にあっても、自ら専門機関につながることを躊躇している場合、子ども・保護者の状態を最もよく把握している保育所が、彼らの援助ニーズを代弁できるという点です。こうした保育所の強みを意識しながら保育指導を展開することが重要です。

3 地域の保護者等に対する子育て支援

　「指針」の第4章3には「地域の保護者等に対する子育て支援」のあり方が規定されていますが、それらのうち、保育指導と関連が深い項目を取り上げながら、保育士の保育指導の実際について検討します。

　「指針」では、「保育所は、児童福祉法第48条の4の規定に基づき、その行う保育に支障がない限りにおいて、地域の実情や当該保育所の体制等を踏まえ、地域の保護者等に対して、保育所保育の専門性を生かした子育て支援を積極的に行うよう努めること[†13]」とされています。

　地域における子育て支援が求められるようになって久しいですが、現在では、多くの保育所が園庭開放や体験保育などをとおして地域に住む

◆ 補足
虐待やネグレクトに関する通告規定
「児童虐待の防止等に関する法律」第6条第1項には、「児童虐待を受けたと思われる児童を発見した者は、速やかに、これを市町村、都道府県の設置する福祉事務所若しくは児童相談所又は児童委員を介して市町村、都道府県の設置する福祉事務所若しくは児童相談所に通告しなければならない」と規定されている。

▶ 出典
†12　友川礼「保育とソーシャルワーク」公益財団法人児童育成協会監修、松原康雄・村田典子・南野奈津子編集『相談援助』中央法規出版、2015年、52頁

▶ 出典
†13　「保育所保育指針」第4章3「地域の保護者等に対する子育て支援」（1）ア

子育て家庭との交流を深めています。その際に、保育指導（相談対応）が求められることがあります。また、保育所から地域にある子育て関連施設へとアウトリーチし、そこで保育指導（相談対応）を行っているケースもあります。こうした場合にも、入所児の保護者に対する保育指導と同じていねいさや熱心さでもって対応することが必要です。

　保育指導の主たる目的は、保護者の家庭における養育（保育）の改善・向上にあるので、関連が深いのは子ども側の要因ですが、問題・課題が単独で生じていることはまれで、保護者の要因・家庭の要因などと相互に関連し合っています。したがって、保護者とそれを取り巻く人々も含む環境を見極め、総合的な見地から、具体的な援助を考えていくことが大切となります。

演 習 課 題

①30頁の用語解説にある「個別の指導計画」は、保育所だけでなく幼稚園でも一定の条件に該当する子どもに関して義務づけられています。この一定の条件も含めて、「個別の指導計画」とは何かをくわしく調べてみましょう。

②2012（平成24）年の文部科学省による調査報告によると、子どもの体力・運動能力は低下していたということですが、現在はどうなっているのでしょう。調べてみましょう。

③子どもの睡眠障害の原因、病状、治療法などについて調べてみましょう。

参考文献‥‥‥‥‥‥‥‥‥‥‥‥‥‥‥‥‥‥‥‥‥‥‥‥‥‥‥‥‥‥‥‥‥‥‥‥
レッスン 1
　柏女霊峰・山縣文治編著　『新しい子ども家庭福祉』ミネルヴァ書房　1998年
　厚生労働省　「厚生労働省白書（平成30年版）」　2018年
　千田有紀　『日本型近代家族』　勁草書房　2011年
　内閣府　「少子化社会対策白書（平成30年版）」　2018年
レッスン 2
　倉石哲也・小崎恭弘編著　『社会福祉』ミネルヴァ書房　2017年
　厚生労働省　「保育所保育指針解説」　2018年
　汐見稔幸・無藤隆監修『〈平成30年施行〉保育所保育指針 幼稚園教育要領 幼保連携型
　　認定こども園教育・保育要領 解説とポイント』ミネルヴァ書房　2018年
レッスン 3
　汐見稔幸・無藤隆監修『〈平成30年施行〉保育所保育指針 幼稚園教育要領 幼保連携型

認定こども園教育・保育要領 解説とポイント』ミネルヴァ書房　2018年
名須川知子・大方美香監修、伊藤篤編著『子育て支援』ミネルヴァ書房　2018年

おすすめの1冊

秋田喜代美・小西祐馬・菅原ますみ編著　『貧困と保育』かもがわ出版　2016年

現代社会のなかで、経済的な困難を抱えながら小さな子どもを育てている家庭。彼らは助けを求めずにひっそりと暮らしているかもしれない。そのようなときに、「困ったときには、保育所がある」と伝えることができればどんなによいだろうか。この本は、特に、貧困家庭への支援を考えるうえで大きなヒントを私たちに与えてくれるだろう。

事例

■学童クラブ設置に関する事例

参照レッスン　レッスン 2　子ども家庭支援の目標と機能

インテーク

　農村地帯にある全児童数60名ほどの保育所において、年長児クラスのある保護者から、保育所長に次のような相談が寄せられました。「先日、近くに住む祖父母から、『私らの生活もあるのでＡ君が小学校に入学しても、放課後の面倒はみないよ』といわれてしまいました。今は保育所で午後 6 時まで保育してもらっているので問題はないけれども、小学 1 年生は午後 3 時には授業も終わり、帰宅時間となってしまう。しかし、この小学校区には学童クラブがないので、どうしたらよいのか困ってしまった」ということでした。

アセスメント

　保育所長も、これまでこのような相談はなかったので、卒園児がどのように放課後を過ごしているのか気に留めていませんでした。そこで、Ａ君が進学する予定の小学校の校長に、1 年生が放課後どうしているのか尋ねてみました。

　すると、「ここは農村地帯で、祖父母と同居している子どもが多く、祖父母がみているようだ。数人ではあるが、祖父母の協力が得られない（祖父母に協力を求めたくない）、または祖父母が遠方のため、誰も面倒をみてくれる人がいないという保護者は、学区外にある送迎つきの学童クラブを探してきて利用しているようだ」ということでした。

　そこで、保育所長はすべての在園児の保護者宛てに、小学校入学後の放課後の過ごし方について、アンケートを取りました。すると、年長児では相談をしてきた保護者を含め 4 人の保護者から学童クラブの希望がありました。さらに、ほかのクラスでも同じような数の希望があることがわかりました。この結果に小学校の校長も関心を示し、1 ～ 3 年生の保護者にアンケートを取ると、「今は利用していないが、もし学区内に学童クラブがあれば利用したい」という希望者が、各学年 5 名ほどいることが把握できました。

プランニング

　このような結果を踏まえ、保育所長から、保育所の保護者会役員と小学校のPTA役員とが話し合う場をつくることを校長に提案し、了解が得られ、その後集まることになりました。また、保育所長は市役所の学童クラブ担当課にも、設置に向けた情報収集（設置基準や補助金など）をしました。話し合いの結果、「学区内に学童クラブをつくりたい」ということになりました。そこで、校長が教育委員会に校舎内に設置できるかどうか確認しましたが、その許可は得られませんでした。そのため、各町内会にある集会所が利用できればということで、自治会長に相談したところ、一つの集会所の利用が認められました。そこで、学童クラブ設置のための保護者会が結成され、学区外で実施している学童クラブの視察に行き、運営のノウハウを聞いてきました。運営に関する補助金も市から支給され、利用料を月5,000円にすることで、保育士の人件費もまかなえるということがわかり、次年度から保護者会運営による学童クラブが開設されることになりました。

　新年度を迎える 2 月、6 年生の保護者のなかに保育士資格をもっているが、現在は仕事をしていない人がおり、声かけしたところ、職員として働いてくれることになりました。この人を中心に現場を切り盛りしてもらい、そのほかの職員は保護者のつてやハローワークに求人を出し、最終的に 4 名の職員が確保できました。この 4 名には、始めるにあたって学区外の学童クラブに研修に行ってもらいました。また、申し込みの受付を始めたところ、これまで学区外の学童クラブを利用していた児

童も手続きをし、最終的に15名の児童から申し込みがあり、保護者・児童と面談をしました。そして、開所時間は午後2〜6時でスタートすることになりました。

インターベンション

新年度になり、活動が始まりました。小さな小学校でもあり、子どもたちもお互いによく知っているため、トラブルもなく順調にスタートしました。

モニタリング

7月、夏休みを迎える時期となり、これまでの活動の振り返りと夏休みの過ごし方を聞くために、保護者面談と合わせてニーズ調査（アンケート）を実施しました。子どもたちとも個人面談を実施しました。

その結果、アンケート調査の結果は良好でした。また夏休みについては、開所時間を午前8時〜午後6時としました。夏期休暇中の職員も増やすことになり、大学生（3名）のアルバイト雇用もすることになりました。

エバリュエーション

子どもと保護者のアンケート結果や面談の結果、そして職員からのヒアリングを含め、順調な運営がされていることが確認され、当初の計画を継続していくことになりました。

フォローアップ

10月、夏休み中の経過も含め、新たな問題が発生していないかどうか、確認したところ問題はなく、次年度も継続していくことが確認されました。

この事例は一人の保護者からの相談からニーズ調査をした結果、潜在的ニーズが判明しました。これらのニーズに対して、解決するために保育所長がリーダーシップを取り、当事者である保護者を組織化し、保護者が主体となって問題解決に動いていったことは、まさにソーシャルワークの実践事例としてとらえることができます。

第2章

保育士による
子ども家庭支援の基本

本章では、保育士が子どもと保護者をどのように支援すればよいのかについて学んでいきます。保育士は専門職として倫理観をもって支援にあたらなければなりません。また、保護者との信頼関係を築くことが大切です。保育士だけでは問題解決にあたることが難しいケースについては、地域の関係機関と連携して、対処にあたっていきます。

保育士に求められる基本的態度

このレッスンのテーマは「保育士として求められる基本的態度」です。子ども・家庭・地域を支える保育士がもつべき専門職としての倫理、取り結ぶべき信頼関係のあり方、保護者を支援する基本的姿勢などについて理解を図りましょう。

1. 保育士の倫理を理解する

1 保育士の倫理と「保育所保育指針」

　保育士の倫理について、「保育所保育指針」では、次のように規定しています（下線部は筆者）。

> 　保育所における保育士は、児童福祉法第18条の4の規定を踏まえ、保育所の役割及び機能が適切に発揮されるように、倫理観に裏付けられた専門的知識、技術及び判断をもって、子どもを保育するとともに、子どもの保護者に対する保育に関する指導を行うものであり、その職責を遂行するための専門性の向上に絶えず努めなければならない[1]。
>
> 　子どもの最善の利益を考慮し、人権に配慮した保育を行うためには、職員一人一人の倫理観、人間性並びに保育所職員としての職務及び責任の理解と自覚が基盤となる。
> 　各職員は、自己評価に基づく課題等を踏まえ、保育所内外の研修等を通じて、保育士・看護師・調理員・栄養士等、それぞれの職務内容に応じた専門性を高めるため、必要な知識及び技術の修得、維持及び向上に努めなければならない[2]。

▶出典
[1]「保育所保育指針」第1章1（1）「保育所の役割」エ

▶出典
[2]「保育所保育指針」第5章1（1）「保育所職員に求められる専門性」

　以上のように、「保育所保育指針」では、「倫理観に裏付けられた専門的知識、技術及び判断をもって、子どもを保育する」ことや、「職員一人一人の倫理観、人間性並びに保育所職員としての職務及び責任の理解と自覚」が、「子どもの最善の利益を考慮し、人権に配慮した保育を行

うため」の基盤となっていることが述べられていますが、保育者として
求められる「倫理観」とは何でしょうか。

「倫理」の意味を辞書で見ると「人として守り行うべき道。善悪・正
邪の判断において普遍的な規準となるもの。道徳。モラル†3」とあります。
倫理観の「観」とは、物事に対する見方といった意味合いですので、倫
理観は、「人として守り行うべき道に対するその人なりの見方」という
ことになります。しかし、「保育所保育指針」でいう「倫理観」は、こ
のような一般的な意味を指すものではなく、「専門職である保育士とし
ての倫理観」を意味しています。

▶ 出典
†3 松村明編『デジタ
ル大辞泉』小学館(https://
dictionary.goo.ne.jp/
jn/233447/meaning/
m0u/ 2019年11月21日確
認)

2 専門職としての保育士の倫理と倫理綱領

保育士は、保護者が行う子育てや家庭教育等とは異なり、子ども・子
育て支援、幼児教育等の専門職としての活躍が期待されています。たと
えば、保育士については、「児童福祉法」第18条の4において「保育士
の名称を用いて、専門的知識及び技術をもって、児童の保育及び児童の
保護者に対する保育に関する指導を行うことを業とする者をいう」と規
定されています。

専門職を英語では、「プロフェッショナル(professional)」といいます。
professional は profess(自認する、公言する)という語に関連してい
ます。すなわち、専門職は、自らの仕事が専門的な知識・技術・価値に
根ざしたものであることを、自ら深く理解し(自認し)、社会に広く宣
言した(公言した)人のことを指しているのです。

保育士が仕事のうえで大切にしなければならないこと、つまり目標や
役割・機能等を文章化し、「職業倫理」としてまとめたものの一つとし
て、「全国保育士会倫理綱領」があります。同綱領では、倫理綱領に「示
された内容・意義について、一人ひとりの適切な認識のもとに、意識に
深く根ざし、それが行動となって現れることが必要」であり、「行動規
範とし、常に自らの人間性と専門性を見つめ直す姿勢と向上心を持つこ
とによって、日々の保育をよりよくしていく」ことが「一人ひとりの子
どもの最善の利益を実現していくことにつながる」としています。

同綱領では、前文に加え、具体的な項目として、①子どもの最善の利
益の尊重、②子どもの発達保障、③保護者との協力、④プライバシーの
保護、⑤チームワークと自己評価、⑥利用者の代弁、⑦地域の子育て支
援、⑧専門職としての責務があげられています。

全国保育士会倫理綱領

　すべての子どもは、豊かな愛情のなかで心身ともに健やかに育てられ、自ら伸びていく無限の可能性を持っています。

　私たちは、子どもが現在（いま）を幸せに生活し、未来（あす）を生きる力を育てる保育の仕事に誇りと責任をもって、自らの人間性と専門性の向上に努め、一人ひとりの子どもを心から尊重し、次のことを行います。

　　私たちは、子どもの育ちを支えます。
　　私たちは、保護者の子育てを支えます。
　　私たちは、子どもと子育てにやさしい社会をつくります。

（子どもの最善の利益の尊重）

1．私たちは、一人ひとりの子どもの最善の利益を第一に考え、保育を通してその福祉を積極的に増進するよう努めます。

（子どもの発達保障）

2．私たちは、養護と教育が一体となった保育を通して、一人ひとりの子どもが心身ともに健康、安全で情緒の安定した生活ができる環境を用意し、生きる喜びと力を育むことを基本として、その健やかな育ちを支えます。

（保護者との協力）

3．私たちは、子どもと保護者のおかれた状況や意向を受けとめ、保護者とより良い協力関係を築きながら、子どもの育ちや子育てを支えます。

（プライバシーの保護）

4．私たちは、一人ひとりのプライバシーを保護するため、保育を通して知り得た個人の情報や秘密を守ります。

（チームワークと自己評価）

5．私たちは、職場におけるチームワークや、関係する他の専門機関との連携を大切にします。

　また、自らの行う保育について、常に子どもの視点に立って自己評価を行い、保育の質の向上を図ります。

（利用者の代弁）

6．私たちは、日々の保育や子育て支援の活動を通して子どものニーズを受けとめ、子どもの立場に立ってそれを代弁しま

　す。

　　また、子育てをしているすべての保護者のニーズを受けとめ、それを代弁していくことも重要な役割と考え、行動します。

（地域の子育て支援）

7．私たちは、地域の人々や関係機関とともに子育てを支援し、そのネットワークにより、地域で子どもを育てる環境づくりに努めます。

（専門職としての責務）

8．私たちは、研修や自己研鑽を通して、常に自らの人間性と専門性の向上に努め、専門職としての責務を果たします。

社会福祉法人 全国社会福祉協議会

全国保育協議会

全国保育士会

3　子どもの最善の利益の尊重

　先にふれた、「全国保育士会倫理綱領」には、その第一の項目に「子どもの最善の利益の尊重」があげられており、子どもの最善の利益の尊重が、保育者にとって最も大切にすべき点であることがわかります。

　「子どもの最善の利益」とは、子どもにとって最もよいことを常に社会が意識し、実行していくことにほかなりません。「児童福祉法」第1条では、「児童の権利に関する条約」を基盤として子ども自身が「権利の主体」であることが明確にされ、すべての子どもの権利が守られることをうたっています（下線部は筆者）。

　また、第2条では、社会のあらゆる分野において、子どもの意見が尊重され、子どもの最善の利益が優先して考慮されるべきことが明示されています。子どもの育成にあたっては、第一義的な責任を保護者が負い、国や地方公共団体も保護者とともにその責任を負っていることも示されています（下線部は筆者）。

　第1条　全て児童は、児童の権利に関する条約の精神にのっとり、適切に養育されること、その生活を保障されること、愛され、保護されること、その心身の健やかな成長及び発

> 達並びにその自立が図られることその他の福祉を等しく保障
> される権利を有する。
> 第2条　全て国民は、児童が良好な環境において生まれ、かつ、
> 社会のあらゆる分野において、児童の年齢及び発達の程度
> に応じて、その意見が尊重され、その最善の利益が優先し
> て考慮され、心身ともに健やかに育成されるよう努めなけ
> ればならない。
> 2　児童の保護者は、児童を心身ともに健やかに育成すること
> について第一義的責任を負う。
> 3　国及び地方公共団体は、児童の保護者とともに、児童を心
> 身ともに健やかに育成する責任を負う。

「子どもの最善の利益」を社会的に支える場の一つが、保育所、幼稚園、認定こども園等です。これらの場では、常に「子どもの最善の利益」を尊重し、子どもの保育・教育にあたる必要があります。このことは、「保育所保育指針」第1章1（1）「**保育所の役割**」アや「幼保連携型認定こども園教育・保育要領[†4]」にも示されています（下線部は筆者）。

参照
保育所の役割
→レッスン2

▶**出典**
†4　「幼保連携型認定こども園教育・保育要領」第1章第1節2「幼保連携型認定こども園における教育及び保育の目標」

> （前略）幼保連携型認定こども園は、このこと（認定こども
> 園法第9条に規定する幼保連携型認定こども園の教育及び保
> 育の目標の達成に努めること）により、義務教育及びその後の
> 教育の基礎を培うとともに、子どもの最善の利益を考慮しつつ、
> その生活を保障し、保護者と共に園児を心身ともに健やかに育
> 成するものとする。

なお、「保育所保育指針解説」では、保育所が「子どもの福祉を積極的に増進することに『最もふさわしい生活の場』であることが求められる」として、「一人一人の心身共に健やかな成長と発達を保障する観点から、保育所における環境や一日の生活の流れなどを捉え、子どもが様々な人と出会い、関わり、心を通わせる経験を重ねることができるよう、乳幼児期にふさわしい生活の場を豊かにつくり上げていくことが重要である」ことが述べられています。

こうした考え方は、保育所のみに限ったことではなく、子どもの保育・教育などに関わるすべての場で尊重されるべきであり、「子どもの最善

の利益」を支える人々が共有する必要があります。

　子どもの最善の利益を尊重した保育・教育は、特別な行為ではなく、日々の実践のあらゆる場面のなかにあることがわかります。子どもにとって最もよいものを示すことができる保育士の役割とは何か、問い続けながら保育・教育に臨みたいものです。

2.　信頼関係について学ぶ

1　保護者にとっての子育て

　少子化を迎えた現代では、子どもと接する経験が少ないまま親になるのは珍しいことではありません。出産する年齢も多様で、10代で親になる人も、40代以上ではじめて子育てを経験する人もいます。また、待ち望んで子どもを授かった人もいれば、思いがけず子どもを授かり仕事や夢を先延ばしにしたり、諦めたりする人もいます。また、さまざまな事情から一人で育てる決意をする人もいます。

　保育者が出会う子どもたちの個性が多様であるように、保護者の個性も実に多様で、ときには理解が難しいと感じる保護者と出会うこともあるでしょう。多様な個性をもつ保護者と、どのように信頼関係を築いていけばよいのでしょうか。

　現代の親が抱える育児の悩みについて、子どもが0歳から2歳になるまで継続して調査した結果を図表4-1に示しました。あてはまると思う複数の項目に回答しているので、回答の数値が高いほど多くの人が悩んでいることを示します。同じ項目で0歳、1歳、2歳の数値を見比べると、同じ項目でも年齢によって数値が異なることがわかります。このことは、子どもの年齢とともに、悩みが変わることを意味しています。

　たとえば、0歳のときは「生活リズム」や「離乳食の与え方」について悩む親が多いのですが、1歳になると「トイレトレーニング」「言葉の遅れ」について悩むことが増え、2歳になると再度「生活リズム」、そして子どもの「性質や性格」について悩むことがわかります。この悩みの変化の背景には、どのような原因があると考えられるでしょうか。

　子育ての悩みの多くは、子どもの成長とともに解決することが多いのですが、成長にともなって新しい悩みが生まれることもあります。たとえば、0歳に多い「離乳食の与え方がわからない」という悩みは、最初は与える食材や量、アレルギーの心配などから起こると考えられます

参照

子育ての悩み
→レッスン 3

図表 4-1　子どもの年齢別にみた子育ての悩み

(%)

悩み項目	0歳 (872名)	1歳 (568名)	2歳 (403名)
トイレトレーニングの時期・やり方がわからない	10.8	46.3	40.9
生活リズムが規則的にならない （起床、就寝、睡眠リズムなど）	30.4	21.7	35.0
○○ちゃんの性質や性格が気になる	17.0	25.2	27.8
テレビやビデオの見せ方がわからない	16.2	14.6	9.4
言葉の遅れが心配だ	1.1	16.4	8.7
体重が増えない	10.9	10.9	7.9
安全な外遊びの場所がない	9.6	7.2	7.9
アレルギー（アトピーやぜんそく）のことで困っている	8.8	9.3	6.7
おもちゃや絵本の与え方がわからない	14.9	7.7	5.5
体重が多すぎる	6.3	4.4	4.0
離乳食・幼児食の与え方がわからない	27.5	6.2	2.5
紙おむつか布おむつかで迷っている	0.8	0.4	0.2
母乳の出が悪い	6.9	0.2	0.0
その他	12.3	13.9	14.4

出典：ベネッセ教育総合研究所「第 3 回子育て生活基本調査（幼児版）」2008年をもとに作成

が、しだいに慣れますし、やがて離乳食が完了すると、その悩み自体がなくなります（偏食など、悩みの内容が変化することはあります）。それに代わって「言葉の遅れ」などの悩みが登場しますが、特に 1 歳のころは発達の個人差が大きいため、周囲の子どもと比較して親は不安になると考えられます。

そして、2 歳になると「子どもの性質や性格」といった、より子どもの内面に関する悩みへと移行していきます。発達的には、このころに「**第一次反抗期***」という重要な発達の節目を迎えることが多く、親は子どもの「いや！」「じぶんで！」といった自己主張への対応にとまどい、それを子どもの性質や性格と混同してとらえるケースもあると考えられます。

このように、子育ての悩みは子どもの成長と深い関わりがありますが、保護者はときとしてそれに気づくのが難しく、成長と喜びは必ずしも結びつかないことがあります。「保育所保育指針」には、保護者に対する支援の基本として「保護者が子どもの成長に気付き子育ての喜びを感じられるように努めること[5]」と示されています。

保育士は日々の保育で子どもの成長を感じると、保護者に伝えて喜ぶ顔を思い浮かべることでしょう。保育者からの一言が、保護者が子どもの成長に気づいたり注目したりするきっかけにもなります。

用語解説

第一次反抗期

養育者や保育者の援助を嫌がったり、何でも自分でやりたがったりするなど、1 歳半から 2 ～ 3 歳ごろにかけてみられる自己主張のこと。大人はその時期の育児について悩まされることが多いが、子どもの自己意識の芽生えによるものと考えられており、自分の意思が尊重される体験がその後の自立性などにつながる。

出典

†5　「保育所保育指針」第 4 章 1（1）「保育所の特性を生かした子育て支援」イ

2　伝え方の工夫

　保育所の乳児クラスを担当すると、子どもがはじめて何かをできた場面に出あうことがあります。はじめて立ったり、言葉を発したり、成長を目の当たりにできることは保育士の喜びでもあります。

　しかし乳児クラスを担当する保育士は、子どもがはじめてできたことについてはそのまま保護者には伝えず、たとえば「一人で立とうとがんばっていました」といった伝え方にとどめることがあります。保護者自身がわが子の「はじめて」に立ち会ったと思えるほうが、保護者が子の成長を実感でき、その分喜びも倍増するからです。

エピソード　「ママ」って言った!?（1歳児クラス）

　1歳児クラスのAちゃんは言葉が少しずつでてきました。まだ意味のある言葉にはなりませんが、「マー」や「パー」と言っているので、もうすぐママと言うだろうかと、家庭でも心待ちにしているようです。

　ある日、お昼寝から起きて機嫌よく遊んでいたときに「マーマー」と聞こえました。担任は「ママ」と言ったように聞こえたので、母親が喜ぶ顔が目に浮かび、母親に報告しなければと思いました。しかし、母親の前ではじめて「ママ」と言ったときが、本当の意味でママを呼んだときなのではないだろうか、今のは偶然聞こえただけかもしれないと考え、母親には「"マー"という響きが好きみたいで、何回か言っていましたよ」と報告しました。

　翌日、母親から「家に帰ってから遊んでいたときに、マーマーって言いました！　ママを呼んでくれたようです！」と報告がありました。

　このエピソードでは、Aちゃんは「ママ」と言ったように聞こえたけれど、保育士はあえて報告をしていません。親が子どもの「はじめて」に出あう感動は、母親（保護者）にとって子どもの成長が実感できる大きな喜びです。そのため、子どもの成長をただ伝えるのではなく、伝えられる母親（保護者）の気持ちを考えて伝え方を工夫すれば、より大きな喜びを生むことができるといえるでしょう。

3.　保護者支援の基本的姿勢を理解する

▌1 ▶ 物事を肯定的にとらえる

　保育士が子どもの日々の様子や成長に注目するとき、そこには保育士自身の主観が入ります。たとえば、砂場遊びが好きで、園庭にでるといつも砂場で遊んでいる子どもを「興味の範囲が狭い子」ととらえるか、「好きなことに夢中になれる子」ととらえるかによって、その子の遊びの変化や成長に対する見方が異なってくるでしょう。

　「興味の範囲が狭い子」ととらえたら、その否定的な側面に注目して、「今日"も"砂場で遊んでいました」と保護者に伝え、ほかの遊びに興味をもつことがその子の成長につながると考えるかもしれません。「好きなことに夢中になれる子」ととらえたら、その肯定的な側面に注目し、砂場での遊び方の変化に気づき、その子なりに達成しようとしていることや、探求していることを成長とみることができるかもしれません。

　物事のとらえ方に正解はありませんが、保育士はできるだけ肯定的な側面に目を向け、それを保護者と共有してほしいと思います。保育者は、日頃から自身が物事をどうとらえる傾向があるのかを振り返り、肯定的な側面に注目するようにすると、子どもや保護者のことも肯定的にとらえやすくなるでしょう。

▌2 ▶ **カウンセリングマインドとは**

　保護者を支援する保育士には、相手を尊重し、受け入れる姿勢が求められます。これはカウンセラーに似た働きといえます。青木は、保育では保護者と保育士の間に「小さなやりとりが毎日あることが強み」とし、日々のちょっとしたやりとりのなかで、保育士が保護者の気持ちを受け止めていることが伝わるような応答や、毎日のあいさつが信頼関係につながるとしています[6]。つまり、より生活に近いところで保護者を支える重要な役割を担っているのです。

　ロジャーズ*は、「来談者中心療法」というカウンセリングの技法において、カウンセラーに求められる基本姿勢として「カウンセリングマインド」とよばれる以下の 3 つの姿勢を提示しました。これらはカウンセリングに限らず、対人援助に共通して重要な姿勢です。

①**自己一致（congruence）**

　カウンセラー（保育士）がクライエント（相談者のこと：この場合は保護者）の話を聞いて、了解できる範囲の内容を受け止めることです。

▶**出典**
†6　馬場禮子・青木紀久代編『保育に生かす心理臨床』ミネルヴァ書房、2002年、169頁

👤**人物**
ロジャーズ
（Rogers, C. R.）
1902〜1987年
カウンセリングの手法の一つである来談者中心療法（person centered approach）を展開した研究者。治療者の権威性を否定し、来談者（クライエント）を中心と考える援助技法は、以後の心理療法の研究と実践の目覚ましい発展の契機となった（氏原寛・小川捷之・近藤邦夫ほか編『カウンセリング辞典』ミネルヴァ書房、1999年、632頁）。

保護者はときとして話を誇張したり、嘘をついたりすることがあるかもしれません。受容するというのは、保護者の話のすべてを「真実」として受け止めることではなく、保護者自身の「価値観や判断基準を大切にする」ということです。

　保護者の話のなかで違和感を覚える部分は、保護者の強いこだわりや偏りが表現されているかもしれませんが、保育士自身の偏りかもしれません。この違和感を覚える部分に、問題解決につながる本質が隠れている場合がありますので、慎重に解釈する必要があります。

②共感的理解（empathic understanding）

　相手の立場に立って相手の話を理解することです。むやみに批判したり、意見を押しつけたりしないというのは、この考えに基づいています。

　保護者は、自分の考えが否定されたり理解されないのではないかと不安に思っていることでしょう。たとえば「子どもがかわいいと思えない」と口にするのはとても勇気がいることです。そのようなとき、「子どもがかわいいと思えないのですね」と言葉を返してもらうと、自分の意見が非難されずに受け入れられていると感じて、安心して次の言葉を語ることができます。

　また、自分の発した言葉が繰り返されることで、保護者は自分が語ったことを振り返ることもできます。ほかにもあいづちを打つなど、話を聞いていることを保護者に伝える方法はいくつかありますが、そのことは保護者の考えがよいとか悪いとか判断して助言することではなく、保護者の思いをいったん受け止めることなのです。そのような態度を「共感」とよびます。

③無条件の肯定的配慮（unconditional positive regard）

　誠意をもって相手の話に耳を傾けることです。支援をするといっても人間同士の関わりですから、相互の価値観の違いも存在します。しかし、自分と異なる価値観や意見であっても、きちんと受け止めることがカウンセリングの姿勢です。さまざまな考えをもつ保護者との出会いは、きっと保育者としての視野を広げてくれるでしょう。

　カウンセリングマインドはこのような相談場面に限らず、子どもの理解を深める場面でも共通する姿勢です。関わりに難しさを感じる子どもと出会ったときにも、「自己一致」「共感的理解」「無条件の肯定的配慮」の姿勢で接してほしいと思います。

3　保護者をどこまで受け入れるか

　保護者のさまざまな悩みを受け入れるのは大切なことですが、どこま

で受け入れたらよいのでしょうか。一般的なカウンセリングと、保育所で保育士が行う相談支援で大きく異なるのは、クライエント（相談者）に対する「枠組み（治療構造）」が存在するかどうかです。

　カウンセリングでは、クライエントは最初にカウンセラーに予約をとり、始まりと終わりの時間が決められていることが多く、予約時間以外に会うことは原則としてありません。一方、保護者が保育士に相談するのは送迎時の立ち話や連絡帳など、予約や時間の制限がない状況で、しかも頻繁に顔を合わせることになります。保育士にとっては、予期しないタイミングで保護者から相談をもちかけられることもあります。

　この「枠組み（治療構造）」が存在しない関わりでは、たとえば勤務時間を過ぎても保護者の話を聞くなど、保育士一人が際限なく保護者を受け入れてしまう危険性をはらんでいます。保育士一人ががんばるのではなく、園長や主任に相談したり、状況によっては専門機関に支援を求めることで役割分担をして、それぞれの専門性が発揮されることが必要です。保育士は、自分が抱えられる範囲を把握しておくことが大切です。

　とはいっても実際の保育現場では、悩みを抱える保護者以上に、前向きな気持ちで子育てを楽しんでいる保護者と多く出会うことでしょう。保育士は、日々子どもと向き合っていることを共通項として、積極的に保護者との会話を楽しみ、さまざまな価値観にふれてほしいと思います。

演 習 課 題

①図表 4-1「子どもの年齢別にみた子育ての悩み」を見て、現代の子育ての悩みについて感じたこと、考えたことを意見交換しましょう。

②日ごろの会話で、「聞いてもらえていると感じるとき」や「聞いてもらえていないと感じるとき」の聞き手の反応、仕草はそれぞれどのようなのものか書き出し、違いを比較しましょう。

③2人1組となり、1人がカウンセラー役、もう1人がクライエント（相談者）役になります。クライエント役は、カウンセラー役に「私の将来の夢（別のテーマでも可）」を話してください。カウンセラー役は、②で書き出した「聞いてもらえていると感じるとき」の反応や、「あいづち（うなずく）」「繰り返し（相手の言葉を繰り返す）」といった応答を心がけてクライエントの話を聞きます。1分ほど話したところで役割を交代します。両方の役割を体験したあと、共感的に聞いてもらうとどのような気持ちになるのか話し合いましょう。

保育の特性と保育士の専門性を生かした子ども家庭支援

保育の場で行われる連絡帳の交換や面談などは、すべての家庭に対する支援の機会になります。そして、日常生活をともに過ごす保育士の専門性が生かされる支援でもあります。このレッスンでは、保育の場における子ども家庭支援と、相談援助の観点から見た保育士の専門性を考えます。

1. 保育を通じて子どもの成長を支える

1 保護者との信頼関係を深める連絡帳（乳児クラス）

保育所の乳児クラスの多くでは、連絡帳を用いて子どもの様子を共有しています。連絡帳には睡眠、排泄、体温、食事などの生活に関する情報を記入します（図表 5-1）。

家庭からの連絡は、日中の子どもの様子を理解するときに役立ちます。たとえば、保育所でいつもより機嫌が悪いと感じた場合、前日の睡眠時間が短かったら、眠くて機嫌が悪いのかもしれませんし、家庭で記入した体温が高めであれば体調がすぐれないのかもしれません。また、食事に関する情報は、家庭の様子を知る手がかりにもなります。

連絡帳にはこれらの項目と、自由に書き込める欄が設けられていることが多く、この欄には家庭や保育所での様子を記入します。どんな休みを過ごしたかや、ときには保護者の悩みが記されることもあります。

図表 5-1 連絡帳の例

年 月 日 曜日 児童氏名（ ）							
家庭から（記入者： ）				保育所から（記入者： ）			
夕食		排泄		食事			
朝食		体温					
睡眠		入浴	有・無	睡眠		排泄	
家庭での様子				保育所での様子			

インシデント①　哺乳瓶はもう卒業？（0歳児クラス）

家庭から：フォローアップミルクや哺乳瓶もそろそろ卒業かなと思い、ストローマグに入れて試してみたら、抵抗なく飲んでいました。コップ飲みの練習を始めつつ、哺乳瓶を減らしていくのがよいでしょうか？

保育所の担任から：ストローが上手なんですね。同じミルクでも飲み方が変わると、不思議な感覚かもしれませんね。1歳を過ぎると、徐々にミルクより食事が中心になりますが、足りないときはミルクを加えてみてください。コップ飲みは保育所でも少しずつ始めていきます。焦る必要はありません。

　このインシデントでは、保護者がミルクの量やコップ飲みへの移行について質問しています。それに対して保育所の担任は、ミルクもコップも急いで変えようとせず、少しずつで大丈夫だと返事をしています。0歳児クラスのころは、離乳食や睡眠、夜泣きなど、子育てに関する具体的な質問が寄せられることがあります。このようなときは、質問に的確に答えることが保護者の安心につながります。

インシデント②　公園にて（1歳児クラス）

家庭から：週末に出かけた公園で、自分のものや場所をとられないように、お友だちをつかむ場面があり、ハラハラしました。本人なりに理由があるのはわかるのですが、やはりいけないことだと、叱ってしまいました。

保育所の担任から：まだ言葉がでないぶん、行動で表してしまうのかもしれませんね。保育所では「かして」「まっててね」と、言葉で伝えるよう声かけをしています。今日は園庭でシャボン玉をしました。〇〇ちゃんと一緒にシャボン玉を追いかけ、ジャンプしてつかまえようとしたりして、大喜びでした。

　このインシデントでは、自己主張が強くなった子どもにとまどう保護者の思いがつづられています。それに対して保育所の担任は、言葉でうまく伝えられないからではないかという背景を説明し、保育所での声かけの様子を伝えています。同じような状況で保育者ならどう対応するのか、具体的な声かけの内容を伝えると、家庭でも実践しやすくなります。また、最後には、日中お友だちと楽しく遊んでいた様子を書き加えています。お友だちと楽しく過ごしている姿を思い浮かべ、保護者も安心す

るでしょう。

　このように、連絡帳は子どもの状態を伝え合うだけでなく、相談機能ももっています。そして、連絡帳は子どもの成長記録としても残ります。保育士は、保育所で子どもが楽しんでいた場面や発した言葉などを中心に、肯定的な内容を記述します。記述が難しい内容は、できるだけ保護者に直接伝えたほうがよいでしょう。保護者にどう受け止められたのか反応が気になり、保育士自身が不安になってしまうことがあるからです。

　保護者と会う機会がなく、どうしても連絡帳に記述しなければいけない場合は、別の保育士に内容を見てもらい、きちんと伝わるかどうか確認するのも一つの方法です。

2　保護者との信頼関係を深める連絡帳（幼児クラス）

　2歳児クラス、あるいは3歳児クラスを過ぎると、保育所によっては連絡帳の記入が毎日ではなくなります。内容も送迎者や送迎時刻の変更などの連絡に変わっていきます。

　その一方で、連絡帳を必要とする家庭もあります。たとえば、①子どもの発達状況について何らかの支援が必要と思われるケース、②保育士が家庭の状況をもっと把握する必要があると判断したケース、③家庭が連絡帳の交換を希望しているケースなどです。以下、それぞれについてみていきましょう。

①子どもの発達状況について何らかの支援が必要と思われるケース

　たとえば、子どもに発達の個人差の範囲を超えた何らかの課題があり、支援が必要だと感じる、いわゆる保育士にとって「気になる子ども」などの場合です。家庭と保育所での状況が共有されれば、その子とほかの子どもとの過ごし方の違いやその背景などをもっと理解できますし、保護者のさまざまな思いを受け止めることも可能になります。

　保育士が「気になる子ども」として直観的にとらえる子は、必ずしも障害や専門的な支援と結びつくわけではありませんが、やはり何らかの支援を必要としていることが多く、なぜ気になるのか、どのような支援が必要なのかを見極めることが大切です。そうすることで、その子が過ごしやすくなり、大人も関わりやすくなることがあります。そのうえで、さらに専門的な支援が必要かどうかを見極めます。

②保育士が家庭の状況をもっと把握する必要があると判断したケース

　祖父母など、保護者（親）以外の家族の送迎が多く、保護者と直接話す機会が少ない場合、口頭でのやりとりが苦手と思われる保護者の場合、家庭環境が気になる場合などがこのケースです。毎日の事務的な連絡で

は、家庭の話題があまりでてこないこともあります。そのため、連絡帳の交換を保護者へ提案する前に、なぜ家庭の状況を把握する必要があるのか、何を把握したいのかなど、連絡帳を活用する目的を明確に伝えることが大切です。

③家庭が連絡帳の交換を希望しているケース

このケースの場合は、なぜ希望しているのかを最初に確認する必要があります。保育所での子どもの様子をくわしく知りたい、保護者自身の不安を受け止めてほしいなど、さまざまな思いがあると考えられます。保護者の悩みが、保育士の応じるべき範囲を超えるような深いものであるなど、連絡帳の本来の目的を超える可能性がある場合は、連絡帳以外での支援の可能性も検討しましょう。

幼児クラス以降の連絡帳は、乳児クラスのように決まった書式がないこともあります。そうすると、保護者が何ページにもわたってその思いを書いてきて、保育士が返事に困ってしまうこともあります。このような場合、ノートの半分のところに線を 1 本引くだけで、上半分を保護者が、下半分を保育者が記述する欄という枠組みが出来上がります[1]。

書き込みすぎると相手の反応が気になったり、あまり意識していなかった思いが表現されてしまったりすることがありますから、この枠組みは保護者と保育士の両方を守る役割を果たします。保育士も返事の量を一定に保つことができ、毎日やりとりを続ける負担が軽減されるので、結果として、その後の信頼関係につながります。

▶ 出典
†1　馬場禮子・青木紀久代編『保育に生かす心理臨床』ミネルヴァ書房、2002年、178頁

インシデント③　小学校への就学をめぐって（4・5歳児クラス）

乳幼児健診のときから、発達の遅れを指摘されていたＡくん。4歳児クラスのときから療育機関へ通うようになりました。担任は、療育の内容を保護者から教えてもらい、保育にも生かすことができればＡくんの成長につながるだろうと考え、連絡帳を使って情報を共有したいと申し出ました。

保護者は快く応じてくれましたが、連絡帳の内容は、療育機関へ通うことへのとまどい、療育を受けることでＡくんがまわりに追いつくのではないかという期待、小学校は普通学級に通わせたいという思いなどでした。両親は療育を受けることに納得していると考えていましたが、そうではなかったのです。そこで担任は、保護者のとまどいに共感し、療育機関の助言を保育で実践したらうまくいったことなど、療育の効果を口頭でも伝えていきました。

療育機関へ通い始めて数か月がたったころ、「Ａは文字を読むこ

とは得意だけど、聞くだけではわかりづらいんですね。何度同じことを言わせるのかとイライラして怒ってきましたが、Aは、なんで自分がわからないことをわかってもらえないんだと思っていただろう、伝えられなくてつらかっただろうと感じました。Aのしんどさが少しわかった気がします」という保護者からの記述がありました。

　その後、連絡帳の内容には療育でのAくんの楽しそうな様子や、保護者が療育や小学校について調べたことの報告などが増えました。5歳児クラスに進級してから教育委員会の**就学相談***を申し込み、**特別支援学級***や**通級指導教室***へ見学に行きました。ときどき周囲と比較して気持ちが揺れ動きましたが、見学に行ったときにAくんが一番楽しそうだった通級指導教室がある小学校への入学を決めました。

　このインシデントでは、療育機関へ通うことをきっかけに、連絡帳の交換を始めました。療育の内容は保育にも役立つことが多いですし、療育と保育の関わりが一貫すると子どもの安心感につながるので、連絡帳の必要性を伝えるよいきっかけになります。このインシデントでは、保育士と保護者の情報交換が目的だったはずですが、保護者のとまどいなどが語られる内容になりました。背景には、保育士との信頼関係が確立していたことが考えられます。保護者にとっては、療育を受けることが必要だと頭ではわかっていても、気持ちが追いつかないというのは予想される反応です。保育士との信頼関係が育っていたからこそ、保護者はその気持ちを正直に打ち明けられたのだと思います。担任保育士は、保護者の気持ちを受け止めながら、療育がAくんの成長に役立っていると思う点などを伝えていきました。保護者はきっと、自分の思いが否定されず安心したことでしょう。そして、とまどいの気持ちを経て、Aくんが感じている困難を理解し、何が必要なのかを見極めることができるようになりました。送迎時の会話では、このような気持ちの変化まで語られることは少ないので、誰にも聞かれない（見られない）、そして記録に残るという連絡帳の特性が、この変化を支えたといえます。

3 　個人面談

　個人面談は、保護者とじっくり話せるよい機会です。保育所によっては、すべての保護者との面談を実施しているところもありますし、必要と判断したときに面談を実施するところもあるでしょう。

　面談で子どもの様子を伝える場合も、連絡帳と同様に、肯定的な内容

✳ 用語解説

就学相談
子ども一人ひとりの教育的ニーズに応じた支援を保障するために、子どもと保護者、市区町村教育委員会と学校等が適切な支援や就学先をともに考える相談のしくみ。医師の診察や心理検査、幼稚園・保育所での子どもの様子などを総合して、子どもに適した環境を決定するが、最終的には保護者の希望により決定する。

特別支援学級
教育上特別な支援を要する児童、生徒のために設置された学級。知的障害や、肢体不自由の児童・生徒が主な対象であるが、発達障害の児童・生徒も受け入れている。

通級指導教室
比較的軽度な障害のある児童、生徒が通常の学級に籍をおいて、障害に適合する特別な指導を受ける学級。通常の学級にも籍を置くことから希望する保護者も多いが、あくまで子どもにとって適切な学びの環境という視点で選択することが大切である。

であることを心がけましょう。ただし、保護者に伝えるべきことが伝えられないと表面的な面談になってしまいますから、保育のなかで難しさを感じていることはしっかりと伝える必要があります。その場合も、最初に本題を伝え、最後は肯定的な話題で終えることが大切です。子どもの立場に立った前向きな面談であることを意識することが大切です。

　面談にあたっては、話す内容や順序、保護者に聞きたいことなどをまとめ、準備しておくとよいでしょう。

インシデント④　話す順序が大事！（3歳児クラス）

　3歳児クラスから入所してきたBちゃんは、初日から保育室へ入るのを嫌がり、ようやく保育室に入ることができるようになったあとも集団に入るのは難しく、補助の職員が個別について日中を過ごしています。

　それでも入所して1か月が過ぎたころ、Bちゃんはまわりの子どもたちに興味をもち始めたようで、朝の集まりなどでは、子どもたちの様子をじっくり見るようになりました。

　このころ、希望する保護者に対して個人面談を行う期間に入り、Bちゃんの保護者からも面談の申し込みがありました。面談の際に、担任はBちゃんの様子について次のように伝えました。

　「最近、まわりの子どもたちが遊んでいるところや、朝の集まりなどの様子もよく見ているんですよ。でも、まだ集団に入るのは難しいようで、補助の職員と一緒に過ごすことが多いです。」すると、保護者は「結局、補助の先生と一緒にいるということですよね。保育所に慣れるのはまだ時間がかかるということですか」と、がっかりした様子でした。

　担任は、Bちゃんの成長を伝えたつもりでしたが、思ったように保護者に伝わりませんでした。

　このインシデントから、伝え方によって相手の受け止め方が変わることがわかります。「まわりに興味をもち始めた」ことも、「補助の職員と一緒に過ごす時間が長い」ことも事実ですが、後半に伝えられる内容のほうが印象に残るので、保護者は「補助の先生と一緒に過ごす時間が長い」のがBちゃんの姿だと受け止めたようです。

　「補助の先生と一緒に過ごすことも多いですが、まわりの子どもたちが遊んでいるところや、朝の集まりなどもよく見ているんですよ」と順序を変えたら、まわりに興味をもち始めたというBちゃんの成長の様子

が伝えやすかったかもしれません。

　また、Bちゃんは補助の職員と一緒に過ごす安心感に守られているからこそ、周囲に興味をもち始めていることなど、保育所のBちゃんへの対応には意味があることも伝えると、保護者も安心できるでしょう。

4　保育所の行事

　保育所で行われる行事は、保護者がわが子の成長を実感する機会です。1年前のお遊戯会では保育士に抱っこされて泣いていたけど、今年のお遊戯会ではお友だちと楽しそうにステージに立っていたなど、1年という少し長いスパンでの成長を振り返ることも多いのではないでしょうか。そして、来年はどうなっているのかと、これからの成長を楽しみにするひとときにもなります。

　また保育士にとっては、行事当日の成果だけでなく、準備の過程や終わったあとの様子で、子どもたちの成長を感じることもあります。行事に向けてがんばる子どもたちの姿などを、送迎時やクラスだよりなどで保護者に伝えるのも一つの方法です。

5　保育者も守られるために

　ここまでにあげた連絡帳や面談は、主に保育所の担任が中心となって保護者と関わる手段です。では、関わりが難しい家庭と出会ったときに、担任1人ががんばればよいのでしょうか。

　黒川は、対応が困難なケースにおいて保育者の**燃え尽き症候群（バーンアウト）**[*]を回避するためには、「1人の保育者だけで対応するというよりも複数の職員が連携し、保育所全体で抱えられている」ことが必要だと述べています[†2]。また、職場の仲間や上司の精神的な支えも、保育士のバーンアウトを防ぐ効果があるとされています。保護者へのきめ細やかな支援が求められている今、保育士が一人で問題を抱えるのではなく、保育士同士が支え合う環境づくりや、外部機関の協力などによる問題共有のもとに、保育士が守られることが大切です。

2.　家庭を支えることで子どもを支える

1　現代の保護者が抱えるストレス

　現代はストレス社会といわれるように、私たちの身の回りには多くのストレスの要因があります。子育て中の保護者はどのようなことをスト

✴ 用語解説

燃え尽き症候群（バーンアウト）
（burnout）
保育や福祉、看護など共感が求められる職種に多く、心身の極度の疲労から燃え尽きたように仕事への意欲を失ってしまう状態を指す。離職せざるを得ない状況になることもあるので、予防するには当該職種にたずさわる人自身の情緒のコントロールが大切である。

▶ 出典
†2　黒川祐貴子・青木紀久代・山﨑玲奈「関わりの難しい保護者像と保育者のバーンアウトの実態——保育者へのサポート要因を探る」『小児保健研究』73（4）、2014年、539-546頁

▶出典

†3　高山恵子監修『育てにくい子に悩む保護者サポートブック──保育者にできること』学習研究社、2007年、72-73頁

レスに感じているのでしょうか。高山が育児中の母親にストレスに感じることを尋ねたところ、「時間に追われている」「誰にも認めてもらえない」「経済的に不安がある」「子どもが言うことを聞かない」など、多岐にわたる回答があがりました†3。子育てとは無関係に思えるようなストレス（たとえば仕事のストレス）が根底にあって、子どもにイライラしてしまうなど、さまざまな要因が影響し合っていることもあります。

　保育者が接するのは子どもの保護者としての側面ですが、それぞれの保護者は社会人や妻・夫など、多様な役割をもっていることを心にとめて接してほしいと思います。

2　保護者の思いを受け止める

　保護者は、子育ての悩みを誰に相談しているのでしょうか。ある調査によると、配偶者や自分の親に相談している割合が最も高いのですが、仕事をしている母親の5割は、保育士・幼稚園教諭に子育ての悩みを相談しています（図表5-2）。それだけ、保育士は保護者にとって身近な存在といえます。

　保護者を支援することは、保護者を励ますことだと考える人がいるかもしれません。しかし、元気になってほしい、子育てを楽しんでほしいという思いから、むやみに励ましたり勇気づけたりしても、空回りしてしまうことがあります。

　また保護者自身は、自分がどうしたいのかわかっているのに、それが

図表 5-2　子育ての相談相手（母親の就業形態別）

(%)

相談相手	全体 （1,843名）	仕事をしている 母親（453名）	仕事をしていない 母親（1,379名）
配偶者（夫、パートナー）	94.5	90.3	95.9
あなたの親	88.3	87.7	88.7
あなたの友人・知人	82.0	81.4	82.3
あなたのきょうだいや親戚	50.3	48.3	50.9
配偶者の親	46.8	44.8	47.4
子育てサークルの仲間	31.9	20.7	35.6
保育士・幼稚園教諭	22.4	52.7	12.6
保健師	12.6	7.7	14.3
インターネットのメーリングリストなどの仲間	7.9	5.5	8.8
市区町村・民間の子育てサービス窓口の人	6.9	3.3	8.2

出典：ベネッセ教育総合研究所「第3回子育て生活基本調査（幼児版）」2008年をもとに、一部項目を抜粋して作成

できないという葛藤を抱えている場合もあります。では、どのような支援方法があるのでしょうか。

インシデント⑤　母親を支えるとは

　Cちゃん（1歳2か月）は、生まれたときからよく泣く子だったようです。ある朝、激しく泣いているCちゃんを保育所の担任に放り出すように預けたあと、母親が涙ながらに「自分は母親に向いていないんだと責められているようでつらくなります」と話しました。担任は母親の大変さをねぎらい、泣きやすい子は誰があやしても泣きやまない（母親のせいではない）こと、保育所で子どもが泣いたときの対応などを説明し、つらいときにはいつでも話してほしいと伝えました。その後も「昨日も夜泣きがひどくてほとんど寝ていません」など、連絡帳や送迎時の会話で、今自身がおかれている状況を担任に伝えるようになりました。加えて、母親の希望で、園長にもときどき話を聞いてもらうことにして、保育所としてこの母親の大変さを受け止めようということになりました。

　最初は、子育てやCちゃんに対する否定的な態度がみられましたが、しばらくすると「昨日、音楽に合わせて身体を動かしている様子がかわいくて、一緒に身体を動かしたらCも楽しそうで、なんてかわいいんだろう！　と思いました」など、Cちゃんをいとおしく思う気持ちが表現されるようになりました。

　そして「Cの夜泣きで、夫に迷惑をかけてはいけないと別室で寝ていましたが、週末に夫に寝かしつけを頼んだら、Cは意外とすんなり寝て、私だと焦りが伝わってうまく寝られなくなるのかなと思いました」と、それまであまり話題にでなかった父親のことも話にでるようになりました。

　母親の笑顔が増えるのに呼応するように、Cちゃんもよく笑うようになり、また言葉も増え、母親もCちゃんとのコミュニケーションを楽しむようになりました。

　このインシデントでは、園長も交えて母親の大変さを受け止めています。母親は、最初はCちゃんに対して否定的な感情を抱いていたようですが、しだいにCちゃんのかわいらしさに注目するようになりました。

　養育者と子どもの情緒的なやりとりの大切さを示す実験に「**スティル・フェイス実験***」というものがあります。生後数か月の乳児に対して、最初は養育者に笑顔であやしてもらいます。すると、乳児も笑顔で応じ

* 用語解説
スティル・フェイス実験
スティル・フェイス（still face）とは、無表情や静止した顔を意味する。養育者が無表情になると、乳児も無表情になることがこの実験から明らかになった。つまり、乳児は表情から相手の情緒を感じ取っていると考えられる。このことは、乳児と大人との応答的で情緒的なやりとりが愛着（アタッチメント）の形成においても重要であることを示している。

ます。次に実験者の指示で、養育者に無表情になってもらいます。それでも乳児は、最初のうちは笑いかけたりして養育者の笑顔を引き出そうとするのですが、しだいに養育者と同じように無表情になったり、目をそらしたりする様子が観察されます。

　言葉でのやりとりがまだできない乳児だからこそ、その愛着の対象である養育者に、笑顔で自分の気持ちを受け止めてもらい、同じような笑顔を返してもらうことは、大きな安心感を得る体験となります。

　Cちゃんの場合、母親はCちゃんが敏感に感じている不快な気持ちを受け止めきれなかったことから、母親とCちゃんの間での情緒的なやりとりが十分にできない状況が続いていたと考えられます。その不安感を保育者に受け止めてもらったことで、母親に少しゆとりができ、子育ての楽しい一面に気づくことができたのではないでしょうか。

　Cちゃんがリズムに合わせて身体を動かしている様子を見て、母親も一緒に身体を動かし、楽しい気持ちになったことから、自分の焦りが子どもにも伝わっていたのではないかと感じ、これを機に母親とCちゃんの間にコミュニケーションが生まれました。

　子育てへの不安が強い保護者については、「産後うつ*」など専門的な治療が必要なこともありますから、専門機関との連携も視野に入れながら支えていきましょう。また、話を聞く際には、根掘り葉掘り聞き出すのではなく、本人が語れる範囲の悩みを受け止めることがポイントです。親子関係の変化は、親と子の間での相乗効果がみられることが多いので、保護者を支えることが、結果として子どもの支えにもなることを理解しておきましょう。

3　生活面の育ちを支援する

　子どもの育ちのなかでは、2～3歳ごろまでは食事や睡眠、排泄など身辺自立が大きな課題となります。かつてはトイレトレーニングなど早いほうがよいという風潮がありましたが、近年は個人差を尊重する考えから、身辺自立をあまり急がなくなっています。保育のなかでも、一人ひとりに合わせたタイミングで紙パンツから布パンツへ挑戦したり、食事の量を調節するなど、個々の子どもに合わせた対応を行っています。

　しかし家庭では、どのように自立を促したらよいのか、そのタイミングや方法にとまどう保護者は少なくありません。また、身辺自立に失敗はつきもので、根気よく付き合うことが求められますが、そこに難しさを感じる保護者もいます。

✤ 用語解説
産後うつ（産褥期うつ病）
出産後2～3週目から数か月続くうつ病で、「赤ちゃんが泣きやまないのは、何か子どもに障害があるからだ」「私のような母親では赤ちゃんに申し訳ない。一緒に死んでしまおう」など、訴えの内容が育児に関連した内容が多い（福島哲夫編集責任者、尾久裕紀・山蔦圭輔・本田周二ほか編『公認心理師必携テキスト』学研メディカル秀潤社、2018年、493頁）。

インシデント⑥　紙パンツではだめですか？

　Dくん（2歳10か月）は最近、保育所にいるときは布パンツで過ごすようになりました。家庭から持参した布パンツを「お兄さんパンツ」と喜び、トイレへ行くことにも意欲的です。もちろん、失敗してしまうこともあります。ある日、保護者から「毎日パンツで失敗しているようなのですが、あまり失敗すると、本人が自信をなくさないでしょうか？」と質問がありました。

　家庭での様子を聞いたところ「失敗すると、後片付けや洗濯が大変なこともあって……。また、私がDを怒ってしまいそうなので、紙パンツで過ごしています。Dも家では紙パンツと思っているようです」とのことでした。

　担任は「子どもってでかける間際などに失敗したりするんですよね。また、失敗のない紙パンツのほうがお互い気持ちよく、怒らず過ごせるというのもよくわかります。ご家庭で布パンツにするのは、もう少し失敗が少なくなってからでいいかもしれませんね。園では、Dくんは失敗しても迷わずまたお兄さんパンツに履き替えると言い、自分で引き出しからパンツを選んできます。とてもがんばり屋さんですよ」と答えました。

　このインシデントでは、保育士はDくんの前向きな姿勢を尊重しています。けれども、保護者は、できるだけDくんが失敗しないほうがよいと考えているようです。失敗したら洗濯が大変とか、保護者がDくんを怒ってしまいそうだという大人の都合もみえ隠れします。

　確かに家庭では、子どものペースに合わせたり、待ったりすることが難しいときがあります。子どもが自ら育つ力を信じて「待つ」ことはとても重要な意味をもつのですが、つい子どもをせかしたり、大人のペースに合わせようとしたりしてしまいがちです。また、保護者は「Dを怒ってしまいそう」という言い方から、負の感情に流されるような状況はできるだけ避けたいと考えているようです。子どもの身辺自立においては、自立そのものよりも、自立にともなう達成感や自信を得る体験が大切なので、このような保護者の思いも尊重したいものです。

　身辺自立に関しては、保護者はとかく「できた」「できない」で周囲と比較して競争的になることもあります。保育士は「○○ちゃんは、いまこれくらいの段階」と、身辺自立というものは個々の子どもに合わせた対応であることを、折にふれて保護者に伝えることが大切です。

　また、保育所と家庭で身辺自立への対応が異なることもあります。保

育所でははしを使って食べているのに、家では遊び食べで悩んでいるなどです。子どもは、場所や相手を選んで異なる表情を見せますから、家庭では甘えていると考えることもできますし、保育所ではがんばりすぎているのかもしれません。そのがんばりを少しゆるめるような対応を考えるのも一つの方法といえるでしょう。

▌4▐ 地域に根ざした子育ての専門機関として

　「保育所保育指針」と「幼稚園教育要領」「幼保連携型認定こども園教育・保育要領」では、保育所、幼稚園、認定こども園のいずれも地域に根ざした子育ての専門機関と位置づけられています。

　「保育所保育指針」では「地域の保護者等に対して、保育所保育の専門性を生かした子育て支援を積極的に行うよう努めること[4]」と記されています。具体的には、一時保育などがあげられています。「幼稚園教育要領」では「子育ての支援のために保護者や地域の人々に機能や施設を開放して、園内体制の整備や関係機関との連携及び協力に配慮しつつ、幼児期の教育に関する相談に応じたり、情報を提供したり、幼児と保護者との登園を受け入れたり、保護者同士の交流の機会を提供したりするなど、幼稚園と家庭が一体となって幼児と関わる取組を進め、地域における幼児期の教育のセンターとしての役割を果たすよう努めるものとする[5]」と記されています。

　これらに基づき、各園の実情に合わせて一時保育や園庭開放、子育てひろば、未就園児クラスなどを行い、地域の子育て家庭を対象とした保育を展開しています。いずれも通常の保育と大きく異なるのは、参加する子どもや家庭に変動があるということです。一時保育の目的も、仕事やリフレッシュなどさまざまですし、親同士のつながりを求めて子育てひろばを利用する人も少なくありません。

　地域の家庭が保育所や幼稚園を利用する目的はさまざまですが、保護者は何らかの支えや助言を必要としていて、支援を求めていることがあります。必要とする支援が明確でなくても、親子を受け入れ尊重する雰囲気があれば、それだけで支援につながることもあります。このような関わりの基本的な姿勢は、どの保護者に対しても同様で、子どもの姿を肯定的に受け止め、保護者の話にしっかりと耳を傾けることが大切です。

▶出典
†4 「保育所保育指針」第4章3（1）「地域に開かれた子育て支援」ア

▶出典
†5 「幼稚園教育要領」第3章2

演 習 課 題

①連絡帳に、子どもの様子がいきいきと伝わるように記述するには、次の表現にどのような情報を書き足したらよいか考え、意見交換をしましょう。

・砂場で遊んでいました。

・お散歩で電車を見に行き、大喜びでした。

・給食は残さず全部食べました。

②以下の伝え方Aと伝え方Bを比較し、保護者の受け止め方の違いを話し合ってみましょう。

・伝え方A：思い通りにいかない場面で、自分の思いを言葉で伝えようと考えている姿がみられますが、ときどきお友だちを叩いたり、乱暴になってしまうことがあります。

・伝え方B：ときどきお友だちを叩いたり、乱暴になってしまうことがありますが、思い通りにいかない場面で自分の思いを言葉で伝えようと考えている姿がみられます。

③性格の短所としてよくあげられる次の3つの表現を、長所に書き換えてみましょう。また、まわりの人はどのような長所に書き換えたのか比較して意見交換をしましょう。

　　　短所　　　　　　　　　　　長所

例）優柔不断 →　いろいろな可能性を考えることができる
　　　　　　　　　物事を慎重に進めることができる　など

短気　　　　→　_____

心配性　　　→　_____

頑固　　　　→　_____

保護者との相互理解と信頼関係の形成

このレッスンでは、まず保護者との相互理解について「保育所保育指針」をもとに考え、そのうえで、受容的関わり、自己決定、秘密保持の原則について学びます。これらは保育士が子どもや保護者と関わるうえで土台となるものです。しっかりとした土台を築き、相談支援を展開することが重要です。

1. 保護者との相互理解

1 共通の子ども理解

　保育という営みにおいて、子ども・保育士・保護者という三者の関係性は大変重要です。ここでは特に保育士と保護者の相互理解について学びます。「保育所保育指針」第4章2（1）「保護者との相互理解」アでは、保護者との相互理解が示されています。

> 　日常の保育に関連した様々な機会を活用し子どもの日々の様子の伝達や収集、保育所保育の意図の説明などを通じて、保護者との相互理解を図るよう努めること。

　上記について、3つの観点から考えていきます。

①情報の伝達・収集

　まず1つ目は「情報の伝達・収集」です。

　乳幼児期の子どもの1日の生活における居場所を想像してみましょう。なかには習い事の場所などが入るかもしれませんが、おおむね、家庭－園－家庭ではないでしょうか。つまり、家庭と園との生活の連続性が欠かせないのです。登園時、その日の体調がどうかや前日夜から当日朝までの間に家庭で何かがあれば、保護者はそれを伝え保育士は情報を収集します。そして降園時、保育士は園での子どもの様子を伝えます。その繰り返しは、単純なように思えますが、決してないがしろにしてはならないものです。保護者と保育士間の情報共有のため、そして何よりも子どもの安心・安全、最善の利益のために重要です。

　そのために、保育士と保護者との間に良好な関係性を築くことが欠か

せません。まずは保育士が日頃から明るくていねいにあいさつや声かけをすることが大事です。短くても子どもについて言葉を交わし、必要に応じて細やかにくわしく伝えましょう。連絡帳や保護者へのお便りなども大切ですが、まずはフェイストゥフェイスでコミュニケーションすることを基本にしたいものです。保育士のそのような姿勢は、保護者の緊張を和らげ、両者の間にある心理的なハードルを低くします。

②説明

２つ目は「説明」です。

保育の意図の説明、質問に対する答えとしての説明、何かの出来事に応じた説明など、保育士は保護者にきちんとわかりやすく説明する責任があります。

私たちは病気にかかったり、けがをしたりしたときは医療機関で受診します。患者は自分の疾病が何で、今後どのように治療していくのか、完治するまでどのくらいの期間を要するのかなどを医師から正しくわかりやすく説明されると安心します。同じように、保護者には、この活動は何を目的としているのか、この保育実践はどのようなことを意図したものか、今後どのように保育をすすめていく方針なのかなどをわかりやすく説明することが、保育の専門家である保育者に求められるのです。誰がみてもおかしいと感じられない、疑問に感じる人がいてもしっかりと意図を説明できる保育、透明性のある保育が求められています。

また、保護者の疑問や要望が保育者に伝えられることがあるでしょう。それらには対話をとおして誠実に対応することが求められます。先ほども述べたように、両者の間に良好な関係性があれば、多くの場合疑問や要望に適切に応答し説明することができます。

そして、園で何かあったときの説明はていねいかつ慎重に行うべきです。たとえば、園内でけがをした子どもがいたとします。保護者には当然、いつ、どこで、どのような状況で、どのようなけがをしてしまい、どのような手当てをしたのかなどを詳しく説明しましょう。ただし、別の子どもにかまれたなど相手のある出来事は、保護者同士の関係も考慮し慎重な対応が求められます。園の方針や上司の判断などを踏まえて適切な対応を心がけましょう。いずれにしても園内で何かがあったときは、保護者にていねいに説明し、必要があればしっかりとおわびをしましょう。隠したり、あいまいに知らせたりすると疑心暗鬼が生まれ信頼を損ねてしまいかねません。

③相互理解

　3つ目は相互理解です。

　一人の子どもの生活面、健康面、運動面、ほかの子どもとの関係性、得意なことや苦手なことなどを、保育士と保護者が共有していることは重要です。その共有ができていると家庭での生活と保育所生活に連続性が生まれ、連携しているという意識が醸成されます。自分のことを同じようにわかってくれている大人たちの間で安心して暮らすことは、子どもの豊かな人間性を育んでいきます。保育士と保護者は協働でこれからの子どもの育ちをともに考えていくことができます。そして成長と発達をともに喜び合うことができます。

　逆に、子どもに対する見方が、保育士と保護者で大きく異なる状況はとても困ります。たとえば保護者が、わが子は発達に遅れがあるのではないかと思っており、一方保育士はまったくそう思っていなかったとします。保護者が保育士に心配な思いを伝えても、保育士が「そのようなことはありません。心配しすぎですよ」と取り合おうとしなかったら、一人の子どもをめぐる大人たちの見方に大きなずれが生じます。このような場合、互いの関係性も悪くなることが多く、そのことによって混乱し一番困るのは子どもではないでしょうか。

　保護者の思いをまずは受け止めて保育士が理解すること。保育士の保育の意図を保護者が理解すること。同じような子ども理解のもとで家庭と園が連携すること。その相互理解が不可欠です。その土台に立って、子どもの特長や特徴を共有していくことは、子育て支援で欠かせません。

2 保護者の保育参加の促進

　「保育所保育指針」第 4 章 2（1）「保護者との相互理解」イを考えていきましょう。

> 　保育の活動に対する保護者の積極的な参加は、保護者の子育てを自ら実践する力の向上に寄与することから、これを促すこと。

　保育は園がするもの。子育ては家庭がするもの。確かにその色合いは濃いですが、だからといってそれぞれを相手任せにしてまったく関与しないというのでは、家と園の連続性は生まれません。それでは、相互理解を深めるためにはどのような取り組みが必要なのでしょうか。家庭は

それぞれの家族が形成するプライベートエリアです。園は多くの子どもと保護者に開放され、地域とのつながりも多いオープンエリアです。そのような区分けをしてみると、当然連携や相互理解のために活用されるべきなのは園です。

　園には多くの専門職がいて保育の活動を展開しています。保護者に働きかけて、その保育の活動に参加してもらうのです。これは子育て支援の一環です。保育への参加は保護者に次の 4 つの気づきをもたらすことが期待できるからです。

　まず 1 つ目は、子どもの遊びを見てもらったり入ってもらったりすることで、子どもの世界や言動の意味を保護者が気づく機会を提供します。子どもたち同士の遊びや関わりを垣間見ることや体感することで、わが子の家庭での過ごし方を振り返ることや、工夫を取り入れることにつながるでしょう。

　2 つ目に、保育士の専門性に基づく子どもたちへの関わりや配慮を見ることは、わが子への接し方や関わり方への新たな気づきをもたらします。それらは保護者が家庭での子育てを振り返ることへとつながり、わが子に思いやりと愛情を改めて注ぎ直すきっかけとなるかもしれません。子どもにとっても家庭と園での大人の関わりのギャップが少なくなり安心感が生まれます。

　3 つ目に、保護者がほかの子どもを観察したりほかの子どもと遊んだりすることで、客観的な子ども観からの気づきが期待できます。親はどうしてもわが子中心に、もっといえばわが子のことばかりをみてしまいがちです。しかし保育活動に参加すると、必然的に子どもにはさまざまな個性があることを知るようになります。それはわが子の個性を再確認することにもなります。また、年齢が上の子どもの様子をみることで発達の見通しがもてるようになります。人は先の見通しがもてないと不安を感じるものですが、見通しがある程度でももてると安心できます。わが子のこの先にある程度見通しがもてることは、今後の子育てに対する不安を軽くします。

　4 つ目に、保育士とともに活動するなかで、自分の有用感に気づくことができます。むろんそのためには保育士の励ましや褒め言葉や、保護者の得意なことを称賛する姿勢が必要です。子育てや仕事で張りつめやすい気分を、保育活動をとおして解放でき、保育士からの働きかけによって自己肯定感が高まれば、一人の親としての自信をもてたり回復できたりします。

　ただし、保護者の仕事や生活や健康状態は多様です。保育活動への参

加を一律に求めるのではなく、状況に応じたフレキシブルさや、参加できる時間帯の工夫、参加できない保護者を責めない姿勢などが必要であることには留意すべきです。

2.　保育における相談支援

1 相談支援の前提

　保育における相談支援（以下、相談支援）には重要な前提が2つあります。1つ目は、相談支援が、課題や問題に直面して、自分や自分たちだけではその解決をしにくい人と、保育者や保育に関係する専門職とのやりとりをとおして実践されるものだということです。相談支援を考えるとき、その保護者やその親子は、何らかの課題や問題を抱えています。しかし自分たちだけでは問題解決できないため、保育者に相談したり、支援を求めてきたりするのです。

　そして2つ目は、**エンパワメント**[*]を目的として、本人や本人たちが自分の力で課題や問題解決をできるようにサポートすることです。相談支援は、その課題や問題を保育者が保護者や親子に成り代わって解決するものではありません。また、自分で解決しなさいと突き放すことでもありません。つまり、その人の状況を理解し、受け止めたうえで、その人がもっている力を信頼して解決に向けて支えることが重要なのです。

2 専門的信頼関係＝ラポール

　あなたが「この人とは信頼関係がある」と感じている人を思い浮かべてみてください。その人はあなたにとってどのような存在ですか。信頼関係には、仲がよい、頼りになる、信用できるといったニュアンスがあるのではないでしょうか。他者との間で信頼関係を築くことは人として生きていくうえでとても重要なことです。

　それでは、専門的信頼関係とはどのようなものでしょう。保育にあたって、保護者や子どもからさまざまな相談を受けたり支援を求められたりすることがあります。その保護者や子どもから単にフレンドリーで、任せられると思われるということは、専門的信頼関係があることを意味するものではありません。相談支援は、「課題や問題を抱えている保護者や子ども」と「専門職である保育者」の間で、専門的信頼関係に基づいて展開されるものです。この専門的信頼関係を**ラポール**[*]といいます。私たちは、信頼できない人に自分の悩みや秘密を打ち明けられるでしょ

✳ 用語解説
エンパワメント
人や集団がもともともっている力を引き出して、課題や問題の解決ができるようサポートすること。エンパワメント・アプローチともいう。

✳ 用語解説
ラポール
ソーシャルワークの面接などさまざまな場面を支える専門的信頼関係。クライエントと専門職との間で、生活課題や問題の解決に向けて形成されていく。

うか。ともに問題解決に向けて歩んでいこうと思うことができるでしょうか。相談支援には、このラポールがことのほか重要なのです。

3 ▶ バイステックの 7 原則

　それでは、課題や問題を抱える保護者や親子と保育士の間にラポールを築くためにはどのようなことが求められるのでしょうか。**バイステック**＊は、支援を必要としている人（**クライエント**＊）のさまざまな**ニーズ**＊をあげ、それらに対応するための原則として、いわゆる「バイステックの 7 原則」を示しました。先ほどの 2 つの前提を踏まえて相談支援を展開していくうえで、保育者がもつべき基本姿勢がこの 7 原則に凝縮されているといえます。支援する側と支援を必要としている人との間にラポールを築くために、今日もさまざまな対人支援における行動規範として生かされています。

3.　受容的関わり

1 ▶ 受容とは

　受容という言葉はそのまま読むと、「受け容れる（受け入れる）」ということです。それでは、私たちはどのようなときに「受け入れられた」と感じるでしょう。それは、特定の相手から自分の存在を認められたときかもしれませんし、特定の集団に加えられたときかもしれませんし、自分の言い分を誰かに承認してもらったときかもしれません。その反対に、自分を認められなかったり、特定の集団から距離を置かれたり、誰かに言い分を却下されたりしたときには、私たちは「受け入れられなかった」と感じることが多いと思います。

　バイステックの 7 原則の一つに受容（acceptance）があります（図表 6-1）。なぜ受容すべきなのでしょう。それは、支援を必要として

図表 6-1　バイステックの 7 原則

①個別化：クライエントを個人としてとらえる
②意図的な感情表出：クライエントの感情表現を大切にする
③統制された情緒的関与：援助者は自分の感情を自覚して吟味する
④受容：受け止める
⑤非審判的態度：クライエントを一方的に非難しない
⑥自己決定：クライエントの自己決定を促して尊重する
⑦秘密保持：秘密を保持して信頼感を醸成する

出典：バイステック，F．P．／尾崎新・福田俊子・原田和幸訳『ケースワークの原則——援助関係を形成する技法（新訳改訂版）』誠信書房、2006年をもとに作成

人物
バイステック
（Biestek, F. P.）
1912～1994年
アメリカ人の牧師でソーシャルワーカー。著書に *The Casework Relationship*（1957年）がある。同書は、わが国でも『ケースワークの原則——援助関係を形成する技法』（誠信書房、1996年）として翻訳、出版されている。同書には「バイステックの 7 原則」が示されている。

用語解説
クライエント
幅広い領域で用いられているが、社会福祉領域では相談者、支援を求めに来談した人のことを指す。

ニーズ
社会生活を営むうえで、欠かすことができない基本的要求や解決すべき課題のこと。支援する側は、一人ひとりのニーズを相手と共通理解を図りながら把握していくことが重要である。

いる人には、何かに依存しなければならない状態に陥ったり、弱さや欠点をもっていたりしても、あるいは失敗を経験していたりしても、一人の価値ある人間として、あるいは生まれながらに尊厳をもつ人間として受け止められたいというニーズがあるからです。

2　受容の留意点

　それでは、支援を必要としている人の要求や態度などを、そのまま受け入れることが必要なのでしょうか。決してそうではありません。たとえば、支援を必要としている人の要求がきわめて理不尽だった場合を考えてみましょう。保護者が、「うちの子どもと関係がしっくりいかないあの子どもを退園させてください」などと訴えてきた際に、その通り受け入れて、「そうですね。わかりました」とはいえません。できないことはできないと毅然とした態度で伝えるべきです。

　また、支援を必要としている人が反社会的な手段を用いている場合はどうでしょうか。たとえば、ある保護者がありもしないことをSNSで発信し、園の信用を損ねているとします。それを受け入れるべきかと考えると、決してそうではないことは自明のことです。そのような行為はやめるよう責任者が伝えるべきです。バイステックは、受容とは「逸脱した態度や行動を許容あるいは容認することではない」と明確に述べています。この受容の原則は、ともすればおおげさにとらえられたり、曲解されたりすることがあるので注意が必要です。受容は、何もかも受け入れることでは決してありません。

　一方で、「この人の言い分は受け入れる。あの人の言い分は受け入れない」というように、何らかの線引きをするべきではありません。もし保育士が一方的に人を区別して、「受け入れる—受け入れない」の判断をした場合、後者の「受け入れられない」側の人はどのように感じるかを考える必要があります。疎外感を感じた保護者が、「この保育士は私のことを嫌っている」とか、「あの保育士に相談しても相手にしてくれない」というように感じたら、ラポールが築けず、問題解決には決して至りません。受容は、線引きによる区別によって限定的になされるものでもありません。

3　受容を保育相談支援に生かすために

　私たち自身が生活していくうえで、悩みや解決できない問題を抱えていたらどのような気持ちになりやすいでしょうか。事柄にもよりますが、イライラしたり、ちょっとしたことに敏感に反応したりすることが起き

やすいかもしれません。課題や問題をもつ人は、ときには保育者から見て好ましくない態度や言動を示すことがあります。それは、その人が今置かれている状況の困難さが影響していることが少なくないのです。それに対して、「そのような考え方をしてはだめですよ」とか「それでも親ですか」などと非難したらラポールは形成されません。

　バイステックは、受容すべき対象は「好ましいもの（the good）」ではなく、「真なるもの（the real）」だと述べています[1]。事柄の本質を理解し、その人が置かれている現状をありのましっかりと理解することが重要なのです。相談場面で現れるさまざまな感情を受け止め、「今、この親子はこのような課題を抱えているのだな」「このように思っているのだな」と、まずは理解するよう努めたいものです。それがとるに足らないようなことであっても、また保育士とは異なる考え方であっても、穏やかに、裁かないで、受容的に関わっていくことが求められているのです。

▶出典
†1　バイステック, F. P. ／尾崎新・福田俊子・原田和幸訳『ケースワークの原則──援助関係を形成する技法（新訳改訂版）』誠信書房、2006年、114頁

4. 自己決定

1 ▶ 対人関係における相談

以下を読み、想像力を働かせてみてください。

・あなたは友人から悩みごとを相談されました。
・相談を受けたあなたは、その友人のためと思って一緒に悩みましたが、結論がでなかったので、家に帰ってからもじっくり考えてみました。
・翌日、友人に対して「昨日あれから考えてみたのだけど、こうするべきだと思う」とアドバイスしましたが、友人はあなたの意見とは違う決断をすでにしていました。

　さて、あなたはどのような気持ちになるでしょう。相談を受けた側の心情としては、あまりよい思いがしないかもしれません。「せっかく相談にのってあげたのに、あなたのために考えてあげたのに」と感じるのではないでしょうか。

　ではなぜこのような感情の動きが起こるのでしょう。友人は確かにあなたに相談をしましたが、あなたに決めてもらうことまでは求めていな

かったからではないでしょうか。相談をしてきた本人もその後じっくり考えて（あるいは家族など別の人に相談して）、最終的に自分で決めたのです。その友人が自分でした決断を尊重すること、「そう決めたんだね」と受け止めることは重要です。

立場を逆にして考えてみましょう。

- ・あなたは、AかBどちらにしようか決めかねていることがありました。
- ・自分としてはAがいいと思っているのですが、なかなか決断できなかったので、仲のよい友人に相談してみました。
- ・すると友人は親身になって聞いてくれましたが結論はでませんでした。
- ・家に帰り、改めてそのことについて考えてみた結果、やはりAにしようと決断することができました。
- ・翌日、友人から「昨日あれから考えてみたのだけど、Bのほうがいいと思う」と言われました。

これに似た経験をしたことはなかったでしょうか。ある人が誰かに物事を相談するときに、自分のなかではこうしたいという思いがすでにある程度存在しているということが少なくありません。それでも、迷っていることを知ってもらいたかったり、後押ししてもらいたかったりして、人は誰かに相談することが多いのです。にもかかわらず、もし友人がBという判断を押しつけてきたり、「絶対にBにすべきだ」と決めつけてきたりしたら、あなたは嫌な思いをするでしょう。なぜなら、それは自分で決めたものではないからです。

▐2▶ 自分で決めることを促すために聞く

相談支援の場面でもこのようなやりとりや感情の動きはよく起こるものです。物事の決断に迷っている保護者からの相談で、保育士が親身になって相談にのり、自分のことのように考えたとしても、決めるのは保育者ではなく本人です。本人が決めて、納得したうえでないと物事はすすんでいかないのです。

それでは保育士が相談にのる意味はどこにあるのでしょうか。それは、相談に来た保護者などが、自分で決めること、自己決定することを促すことです。保育士は、自己決定する力を引き出し、自己決定を支える側

です。相談支援の前提の 2 つ目を改めて記します。

> エンパワメントを目的として、本人や本人たちが自分の力で
> 課題や問題解決をできるようにサポートすること。

　自己決定を促すためには、まずしっかりと聞くことが求められます。聞き流すのではなく、質問攻めにするのでもなく、何をどのように迷っているのか、その迷いや悩みにはどのような背景や感情があるのかも含めてしっかりと耳を傾けて聞いて理解する必要があります。

　相談に来た保護者や子どもは、保育士に決めてもらいたいのではありません。ときとして聞いてほしいだけかもしれません。このように悩んでいる、迷っていることに共感してもらいたいという思いがあるのかもしれません。ですから保育士は「よいこと」を言おうと力まず、自分の思いを押しつけず、聞くことが大切です。それによって、相手には「聞いてもらえた」という安心感がもたらされ、主体的に物事を考えて、納得して決断していくのではないでしょうか。

3　自己決定する権利の尊重

　バイステックはこのように述べています。「クライエントの自己決定を促して尊重するという原則は、ケースワーカーが、クライエントの自ら選択し決定する自由と権利そしてニードを、具体的に認識することである。また、ケースワーカーはこの権利を尊重し、そのニードを認めるために、クライエントが利用することのできる適切な資源を地域社会や彼自身のなかに発見して活用するよう援助する責務をもっている。さらにケースワーカーは、クライエントが彼自身の潜在的な自己決定能力を自ら活性化するように刺激し、援助する責務をもっている[2]」。

　ケースワーカーを保育士、クライエントを保護者や子どもと置き換えて読むと、相談支援における自己決定は相談に来る保護者や子どもの権利であると強調されていることがわかります。人は、自分や自分の家庭生活や自分の子どもの人生に関わるような選択と決定を自分でしていく権利と自由を有しています。また、自分で決定していきたいというニーズをもっています。誰かに命令されたり、押しつけられたりしたくないのです。ましてや知らないところで勝手に決められることは嫌なはずです。相談に来る人が悩みや迷いや問題に直面していても、それを乗り越えていくのは本人であることを認識していく必要があります。しっかり

▶出典
[2]　[1]と同じ、164頁

聞いて理解に努めること、そして自己決定を促しサポートすること。そしてその自己決定を尊重していくことを忘れないようにしていきたいものです。

5. 秘密保持の尊重

1 プライバシー感覚の欠如や守秘義務違反

以下の内容について、あなたはどのように思いますか。

> 　実習生が、実習最終日にスマートフォンのカメラを使って、子どもや利用者と一緒に記念写真を撮ろうとしました。

　この実習生に悪意がなくても、また、仮に子どもや利用者が撮影に反対しなかったとしても、これはしてはいけないことです。写真を撮る行為そのものを控えなくてなりません。その写真データによって、子どもや利用者のプライバシーが侵害される恐れがあるからです。

　それでは、こちらはどう思いますか。

> 　幼稚園に通う子どもの母親が、療育センターの利用について相談に来ました。保育士は「Cくんも療育センターでみてもらっているんですよ」と伝えました。のちにそのことを伝え聞いたCくんの母親は保育士に激怒しました。

　なぜCくんの母親は激怒したのでしょう。それは保育士が勝手にわが子の情報を他者に漏らしたからです。

　保育の仕事では、出会う子どもたち一人ひとりの情報を知ることになります。住所、電話番号などの連絡先、家族構成といった基礎的な情報、それだけにとどまらず、成育歴、持病、通院歴といった内容、保護者の職業やその職場名、きょうだいの通っている学校や園など、それらは多岐にわたります。保育をするにあたって、園としてあるいは保育者としてそれらの情報を知っておく必要があるからです。

　上記の2つの事例では、実習生も保育士もプライバシー感覚が欠如していると言わざるを得ません。なぜなら、そもそも第三者に提供され

ることを望んでいない情報を画像として残したり、他者に漏らしたりしているからです。

SNS が私たちの生活のなかで大きな影響をもたらしています。そのことも踏まえて、保育士としてしっかりとしたプライバシー感覚をもち、それを常に磨いて保ち、「これぐらいならいいだろう」と安易に考えない用心深さが求められます。

2 相談支援における秘密保持

忘れてはならないことがあります。それは相談支援の 2 つの前提です。その 1 つ目を以下に改めて記します。

> 課題や問題に直面して、自分や自分たちだけではその解決をしにくい人と、保育士や保育に関係する専門職との間でのやりとりをとおして実践されるものであること。

課題や問題に直面している人が、保育士や関係する専門職のところに相談に来たり支援を求めたりする内容は一人ひとり違い、まさに千差万別です。そのなかには他者に知られたくないような内容が含まれることが少なくないでしょう。たとえば、子育ての悩み、家庭内のいざこざ、家計の苦しさ、子どもの発達の遅れの心配などなどです。これらは、誰にでも話せることではない場合が多いでしょう。むしろ、できるだけ秘密にしておきたいことといえるかもしれません。しかし、保育士や保育に関係する専門職だから信頼して相談しに来るのです。

そのように考えると、保育士がその信頼に応えるために、その相談内容をみだりに漏らしてはならないことは自明のことです。保育士にだけ話したのに、ほかの家族が知っていたということがわかれば不信感をもたれてしまうでしょう。それどころか「あの保育士はべらべらとしゃべってしまう」と思われて、当然ラポールは崩壊します。ですから、相談支援における秘密保持は重要なのです。

バイステックは、次のように述べています。「秘密を保持して信頼感を醸成するとは、クライエントが専門的援助関係のなかでうち明ける秘密の情報を、ケースワーカーがきちんと保全することである。そのような秘密保持は、クライエントの基本的権利にもとづくものである。つまり、それはケースワーカーの倫理的な義務でもあり、ケースワーク・サービスの効果を高める上での不可欠な要素でもある[3]」。

▶ 出典
†3　†1 と同じ、190 頁

　自分の秘密が保持されるというのは、課題や問題を抱える人の基本的権利です。そもそも人には自分に関する情報をできるだけ秘密にしておきたいというニーズがあります。そして、自分の問題を、近隣の人や関係者に知られたいとは願っていません。さらに、自分の評判を落としてまで支援されたいとは思っていないことが多いのです。保育士の相談支援には、これらのことをよく踏まえた高い倫理観が求められているのです。

3　必要な情報共有

　その一方で、バイステックはこのようにも述べています。「なお、クライエントの秘密は同じ社会福祉機関や他機関の他の専門家にも共有されることがある。しかし、この場合でも、秘密を保持する義務はこれらすべての専門家を拘束するものである[4]」。

▶出典
†4　†1と同じ、190頁

　いくら秘密保持が重要とはいえ、保育は一人でするものではありませんから、必要な範囲の情報共有は当然なされるべきです。たとえば、保育士が子どもの母親から「わが子のことをかわいいと思えず、家事で忙しいときなどはつい大声で叱りつけてしまう」という悩みを打ち明けられたとします。その母親の悩みを、一人の保育士のみが知っているという状況は好ましくありません。むしろ、ともに担任をしている保育士との間で共有したり、あるいは主任などの管理職に報告したりして、今後どのようなサポートが必要かをチームでともに考えていくことは大切なことです。

　ここで注意したいことは、同意を得ることを忘れないということです。相談をした母親と保育士とのラポールを損ねてしまわないように、たとえば、「今日お話しくださったことを担任間で共有したうえで園の主任に報告しようと思いますが、よろしいですか」などと質問し同意を得てから情報を共有しましょう。この「質問と同意を得るプロセス」は、母親からの信頼を強化することにつながります。なぜなら、「私の話をちゃんと聞いてくれて、私の意思を確認したうえで対応してくれている」と思わせるからです。保育相談をないがしろにしない保育者のこのような姿勢は、ラポールの形成に不可欠といえるでしょう。

　また、相談内容によっては、園だけで情報をとどめておくことがかえって事柄を深刻化させてしまうこともあります。たとえば、子どもの身体にアザがあり、そのことを母親に質問したところ、「実は、私の夫がときどき手を上げているんです。どうすればよいのかわかりません」という内容だったとしたらどうでしょう。このような場合は、園の管理

職への報告のみならず、児童相談所や市区町村の子育て支援関連の部署に情報提供する必要がでてくるでしょう。「お子さんの安全のために、お話しいただいた内容を園長に相談のうえ、必要と判断したら関係する外部機関に連絡します」というようなことを伝えるといった対応が求められるでしょう。

4　人と人との信頼・適切なプライバシー感覚

　私たちの生きる社会には、「隣の家の親子関係はかなり深刻そうだけど、よその家のことは関わらないでおこう」とか、「あの人のことに自分が巻き込まれるのは嫌だから見て見ぬふりをしよう」とか、「自分のことには一切口を挟まれたくない」といった思いがはびこってはいないでしょうか。こうした他者への関与の極端な消極性、過度の個人主義の蔓延(まんえん)は、健全な社会のつながりを遮断します。そうした秘密保持やプライバシーの保護の行きすぎた解釈で、最も大切なこと＝子どもの最善の利益をおろそかにしてはなりません。

　そのために、保育士である前にまず人として、日ごろからあいさつすることを心がける。ご近所づきあいを大切にする。困っている人がいたら自分のできる範囲で働きかける。また、自分への働きかけに対して面倒くさがらないで受け止める。そのような当たり前の関わりをないがしろにしてはいけないと思います。

　そのうえで保育士は、人との関わり、人と人とのつながりをことのほか大切にすべきだと考えます。明るくあいさつし、誰からも気楽に話しかけられるような表情を意識して心がけ、人との関係性をていねいに織りなしていきましょう。相談しやすい人、しっかりと聞いてくれる人、そしてみだりに話を漏らさない人こそ信頼される保育士です。そのような姿勢をいつも忘れないでいきましょう。

　重要なことは、①適切なプライバシー感覚をもち、それを磨いていくこと、②知り得た情報はその秘密を守ること、③一方で、同意を得たり説明をしたりして必要な範囲において適切な情報共有をしていくこと、④人との信頼関係を土台として関係を大切にしていくことなどです。

演 習 課 題

①バイステックの 7 原則を改めて読み、あなたの今の対人関係で生か
　したいと思うことはどのようなことですか。その理由も含めて考えて
　みましょう。

②これまで誰かに相談はしてみたものの、最終的には自分で決めたとい
　うことはあったでしょうか。あったとすれば、そのことについて差し
　支えない範囲で伝え合ってみましょう。

③SNSでの情報伝達が当たり前に行われています。あなたがクラス担
　任だとしたら、どのように活用することが望ましく、またどのよう
　なことは控えるべきだと考えますか。そのことについて話し合って
　みましょう。

家庭の状況に応じた支援

このレッスンでは、保育士が実際に子どもとその保護者（家庭）に対する支援を展開するときに必要とされる方法と技術を具体的に学びます。提示された仮想事例をとおして、具体的な方法と技術に関する理解を深めていきましょう。

1. 家庭を支援する基本的態度を学ぶ

「家庭を支援する基本的態度」と聞いてあなたはどのようなイメージをもちますか。たとえば落ち着きのない子どもの行動に保護者が手を焼いているとします。このときあなたならどのような支援を考えるでしょうか。保護者にしつけの方法を伝えるべきでしょうか。それとも保護者が子どもの行動に振り回されとても疲れているようなので、その保護者に代わってしばらく子どもと遊んだり見守りますか。あるいは保護者のしんどい気持ちに寄り添い、じっくり話を聞くように心がけるでしょうか。

こうした対応はどれも間違いではありません。ただ、子どもと保護者のニーズ、子どもと保護者の特性、そのとき・その場の状況などを考慮せずに支援者がよかれと思って一方的に支援をしても、それは彼らが望んでいないものになったり、彼らにとって迷惑なものになったりして結果的に何の効果も得られない可能性があります。では、保育士として私たちはどのようなことに配慮しながら子どもと保護者に関わっていけばよいのでしょうか。

「保育所保育指針解説」第4章1（1）【保護者に対する基本的態度】に以下のようなことが求められるとあります。まず保育士の態度として、「一人一人の保護者を尊重しつつ、ありのままを受け止める受容的態度」が重要であるということです。これはいうまでもありませんが、保育士だけに限らずすべての対人援助者に期待される姿勢です。しかし受容という意味は、保護者の考えや態度がすべて正しいと認めるということではありません。たとえばある保護者から、「子どもを産むのではなかった」「子どものことをかわいく思えない」などという発言があったとしたら、そのように言わざるを得ない保護者の気持ちそのものを真摯に受

け止めるのであって、その発言内容を認めたり肯定したりするということではありません。

解説の続きには、保護者の「不適切と思われる行動等を無条件に肯定することではなく、そのような行動も保護者を理解する手がかりとする姿勢を保ち、援助を目的として敬意をもってより深く保護者を理解することである」と書かれています。つまり保護者に深い関心を寄せつつ、その悩みや課題にある背景や状況もよく見極めるということです。

1990年代以降、経済格差が広がっているといわれていますが[†1]、現在の子育て家庭が置かれている状況は千差万別です。子どもの貧困が注目される一方で、**子育ての外注化**とも思われるような乳幼児向けのさまざまな習い事やイベントなどに精をだす家庭もあります。保護者自身も、心身の病気や何らかの障害または課題を抱えている場合もあります。しかしどのような状況であれ、子どもが安心して生き生きと日々を送ることができ、保護者も忙しい毎日でも子どもに愛情をもって子育てを楽しめるように、保育士が支援していくことが求められているわけです。

そこで、より効果的な支援を行うことを前提ないしは目標としたとき、その遂行のために「どのような方法」「どのような技術」が必要なのかを考えていく必要があります。ここでは『広辞苑[†2]』を参考に、「方法」を「目的を達するための手段」とし、「技術」を「物事をたくみに行うわざ」ととらえます。たとえば相手の考えや気持ちを尊重しているということを（相手に）伝える方法が「傾聴する」であり、そのための技術としては「相づちを打つ」「目を合わせる」「相手の言った内容を繰り返す」などをあげることができます。

このような区別を踏まえたうえで、次の節では仮想事例をもとに家庭支援を効果的なものにしていく方法と技術を整理していきます。

▶ **出典**
† 1　秋田喜代美・小西祐馬・菅原ますみ編著『貧困と保育——社会と福祉につなぎ、希望をつむぐ』かもがわ出版、2016年、9-10頁

◆ **補足**
子育ての外注
決まった定義はないが、教育・保育に関する事柄を保護者自身が行うのではなく、外的な機関・団体（たとえば「しつけ教室」「幼児教室」、いわゆる習い事など）に全面的に任せること。ここでは、保育所やベビーシッターなどを利用することは含まない。

▶ **出典**
† 2　新村出編『広辞苑（第 7 版）』岩波書店、2018年、706、2680頁

2.　家庭を支援する方法と技術を理解する

ここでは、あなたがある認定こども園の保育教諭で、年少クラスの担任であると仮定して以下の事例を考えてみましょう。

1 かみ合わない保護者と保育者の考え

【子どもの発達のとらえ方に保護者・保育者間で相違のある事例】
支援対象の家族構成：Ａさん（母親）41歳、Ｂさん（父親）44歳

Ｃくん（第 1 子・男児・年少クラスに在籍）3 歳

　Cくんは、あなたが担任をしている年少クラスに通っている。父親のBさんは、会社役員をしており、経済的に安定している家庭である。母親のAさんは専業主婦で、幼児教育に高い関心をもっている。

　入園当初から、Cくんは言葉の使い方に特徴があり、普段、あいさつをはじめとするいわゆる日常会話をほとんど交わさず、黙っていることが多い反面、突然、難しい単語を何度も繰り返したり、好きなアニメのキャラクターの名前をすべて言い終わるまで、周囲の状況にかまわず唱え続けたりする。また、Cくんは、他児と遊ぶことはほとんどなく、誘われても無視をする。他児が近づいていると距離を保とうとするのか、離れてしまうこともたびたびみられている。生活発表会や運動会でも一人離れて眺めている状態である。あなたは、日ごろのCくんの言葉の使い方と、他児や教員に対する関わりが非常に薄いことが気になった。

　あなたは、このようなCくんの園での様子を、何度か母親のAさんに伝え、家でもあいさつや日常会話を積極的に促すよう勧めたのだが、Aさんは、Cくんを1歳になった頃から幼児教室や英会話教室に通わせているので、Cくんの語彙力は高いと考えている様子である。また、園で他児と楽しく遊べるように、日ごろから家庭でも親子遊びを取り入れて下さいと伝えると、Aさんは「この子は小さいころから意思が強いので、無理に集団活動に加わらせなくても結構です。一人で十分楽しんで遊びますから」とも言う。

　このようなやりとりを何度か繰り返しても、Aさんの協力が得られないので、あなたは、子どもの発達についてのAさんの知識は乏しいと考え、別の日に、子どもは他者との関わりのなかで、言葉や遊びが発達するということを、Aさんに伝えてみた。しかし、「うちは、子どもの個性を重視していて、子どもの自由な意思に任せております」とそっけなく返され、それ以降、ほとんどあなたとは話をしてくれなくなってしまった。

　この事例では、どうやらCくんはコミュニケーション、たとえば言葉の偏りや人との関わりの薄さに課題がありそうです。あなたはそれにいち早く気づき、この時期のCくんにとっては「言葉が発達する」「他者

との関係づくりができる」ことが重要であると考え、母親に対して家庭での対話を心がけるなど助言しています。発達心理学的な観点からも、3歳という時期はまさに言葉の発達が促進され、友だちとのやりとりが豊かになり、遊びがどんどん広がっていきます。したがってあなたの見立ては間違っているとはいえません。ところがこのような考えに母親は納得しない様子です。さらに、助言をすればするほど母親からはそっけなくされてしまうので、あなたはこのことを園長に相談しました。

　園長はあなたの説明を静かに注意深く聞きながら、「子どもに対するアセスメントは間違っていないけれども、保護者との信頼関係をうまく構築できていないことがこの問題の根源なのではないか」と考えました。そこであなたに、まずは保護者から保育士として信頼してもらえるよう「保育士と保護者の間の垣根」を取り払うことが必要であると伝えました。そして子ども家庭支援において重要な相談対応に関する方法や技術について、あなたに助言してくれました。

２　園長からの助言内容

　あなたが園長から受けたいくつかの助言を、ここでは以下に5点にわたって**整理**します。一つひとつの助言について、相談対応の目的をあげ、次にそれを達成するための方法（手段）を紹介し、さらにそれにともなう技術を記載します。

Ⅰ　保護者に温かく接する

〈目的〉
　保護者が、保育士や園から温かく迎えられていると感じることができる。
〈方法〉
　保護者と関わる環境（時間的・物理的・人的）を工夫する。
〈技術〉
a. 保護者がリラックスできるような（落ち着いた／静かな／明るい／温かいなど）空間づくりをする。
b. 個別相談などの場合はできるだけ個室を準備する。
c. 子どもの送迎時にタイミングよくあいさつをしたり声をかけたりする。
d. 忙しいときは笑顔であいさつだけでも交わすようにする。
e. 子どもや保護者に対してせかすような言動はしない。
f. 保護者が話をしたそうなそぶりをみせているときには、いち

◆補足
相談対応の整理
ここではすでに述べた保育相談支援における目的（～できる／～のため）、方法（この目的を達するための手段）、それにともなう技術（物事をたくみに行うわざ）が順に整理してある。

早くそれに気づき、こちらから声をかける。

Ⅱ　保護者を尊重する

〈目的〉

　保護者が自分は一人の人間として尊重されていると感じることができる。

〈方法〉

　保護者が、保育士は自分と対等の立場で接していると感じられる工夫をする。

〈技術〉

a. 自分の思い込み（偏見・自分の物さしや価値基準）を排除する。

b. 保護者にも個性があることを念頭に置く。

c. 子どもや保護者のあるがまま（言動・態度など）をいったん受け止める。

d. 保護者の意見や考えが自分と異なる場合は、相手を非難するのではなく、自分にはこのような意見や考えがあるということを知ってもらう（対等な関係性）。

e. 上司や同僚とよく話し合い、自分の「人間観」を内省・再考する。

Ⅲ　保護者の気持ちを十分に理解する

〈目的〉

　保護者が、自分や自分の子どものことが十分に理解されていると感じる。

〈方法〉

　保護者の気持ちに共感し、悩みや不安に寄り添う。

〈技術〉

a. 保護者の置かれている状況とその背景に関する情報を収集する。

b. 多角的な視点（上司、同僚、関係者など）から情報収集する。

c. 保護者の悩みや不安が生じている要因を推測する（アセスメント）。

d. 保護者のつらさや苦しみを心から理解し、保護者を支える。

e. 保護者と一緒に、悩みや不安を軽減するための方法を考える。

Ⅳ　保護者とのコミュニケーションを深める

〈目的〉

　保護者とのコミュニケーションを豊かにし、相互理解を深める。

◆補足

傾聴のスキル

技術Ⅳの具体例

e.：「……なのですね」「なるほど、……ということですね」など。

f.：「あなたは今、……のように思われているのでしょうか」「私には、あなたが……と感じられているように思いました」など。この技法は「感情の明確化」とよぶ。

g.：「話し疲れている」「話したことを後悔している」「混乱してうまく言葉にできない」「話をしてすっきりしている」など。

〈方法〉

　傾聴のスキルを高める。

〈技術〉

a. まずは保護者に耳を傾ける。話の途中で言葉をさえぎらない。

b. 保護者のペースで話ができるように配慮する。

c. 保護者の話し方に応じた間合いをとる（波長合わせ）。

d. あいづちやうなずき、アイコンタクトをうまく取り入れる。

e. さりげなく保護者の発言を繰り返してみる。

f. 保護者の考えが混乱したり、話がうまくすすまなかったりしたときは、保護者の感情や考えを推測し、それを保護者に返してみる。

g. 沈黙が続いたときは、その意味を考える。

Ⅴ　保護者の主体的な育児を導く

〈目的〉

　保護者が、自分に自信をつけ、主体的・自立的に育児に取り組める。

〈方法〉

　保護者が、自分自身をエンパワメントできるような工夫をする。

〈技術〉

a. 保護者の「子どものとらえ方」や「育児に関する考え方」を知る。

b. 子育ち・子育てに関する一般的な知識や技術を、保護者に対しモデル的に提示する。

c. 自分の子どもにとって、どのような養育やしつけが適しているのか、保護者が保育士と一緒に考えられるような機会を設ける。

d. 保護者が達成できそうな育児に関する短期的な目標を立て、それに向けて行動できるよう支援する。

e. 失敗の有無にかかわらず、保護者があれこれと考えて試す姿がみられたら、それを認めて褒める。

f. 「いつでも相談にのったり、一緒に考えたりできる」と保護者に伝え、それを実際に行う（伴走する）。

g. 保護者が行ったり経験したりしたことを一緒に振り返りながら、意見交換をする。

h. 保護者の経験を生かしたさらなる目標を立て、それに向け

て行動できるよう支援する。
i. 同じような悩みや立場を共有する仲間づくりを支援する（ピアサポート）。

3 ▶ 園長からの助言を生かす

　相談対応を整理した結果、あなたは、園長から示された方法と技術に関するアドバイスを生かし、まずは母親に対して助言めいたことをいっさい言わず、送迎時には笑顔であいさつを繰り返すようにしました。また子どもが話をしているときは、その言葉をさえぎらず、にこやかに見守り、難しい単語がでてきたときには「すごいね！　難しい言葉をよく知っているね」と声をかけるようにしました。はじめはかたくなな態度であった母親も、しだいにあなたにあいさつを返してくれるようになりました。それから2週間ほど経過したある日のことです。この母親からあなたに対してアプローチがありました。事例の続きをみてみましょう。

　ある日の夕方、母親のAさんが少し目をうるませながらあなたに近づき、「今、少しお話しできますか」と話しかけてきた。園長からの助言以降、Aさんとはあいさつを交わす程度で、Aさんから直接話しかけてくることはほとんどなかったので、あなたは、「これはただごとではない」と直感し、園長の了解を得て個室で相談に応じた。園長も母親がゆっくりと話せるように、Cくんの託児を引き受けた。
　以下は、Aさんとあなたとの間で交わされた対話である。
Aさん：お忙しいのに本当にすみません。ありがとうございます。
あなた：いえいえ、いいんですよ。どうぞお楽になさってください。
Aさん：本当に申し訳ありません……（下を向いてしばらく沈黙）。あのう、先生から見て、Cは自閉症スペクトラム障害があると思われますか。
あなた：自閉症……お母さんは、そのように思われるのですか……。もう少しお話を聞かせてもらえませんか。
Aさん：はい……。先日、3歳児健診の際、保健師さんから「お子さんの言葉のことで少し気になることがあるので、心理士

とお話をしてください」と言われて、別室に連れて行かれました。

あなた：そうでしたか……。

Ａさん：心理の先生がいろいろＣに尋ねたり、つみ木とかパズルのようなものを出したりして、検査みたいなことをしていました。

あなた：検査みたいな……。

Ａさん：私にも、Ｃが赤ちゃんだったころの様子まで根掘り葉掘り聞いて……。私、ちょっとつらくなってしまって……。

あなた：そう……。それはとてもおつらかったでしょうね。

（Ａさんはしばらく沈黙の後、涙を流す。あなたはそっと見守っている）

Ａさん：すみません。なんか悲しくなってきて。

あなた：ええ、ええ、お気持ち、わかります。

Ａ さん：（少し沈黙後、声をつまらせながら）本当はＣがほかのお子さんと少し違うことはわかっていました。でも、難しい言葉を話すし、一人で集中して遊ぶので、この子の個性だと思うようにしていました。

あなた：なるほど。

Ａさん：でも心理の先生に「お子さんは少し自閉傾向があるので、詳しいことを専門医に診てもらいましょう」と言われたときは、なんか目の前が真っ暗になってしまいました。そんなふうになったのは、あの子が生まれたとき以来です。

あなた：Ｃくんが生まれたときも……。

Ａさん：そうなんです。もう少し話してもいいでしょうか。

あなた：どうぞ、遠慮なくお話してください。

　この後、個室での相談は、以下のような内容に発展していきました。主に、Ａさんの経験したつらい過去の開示が中心になっています。

　　Ａさんは 7 年前に結婚、不妊治療後にＣくんを授かった。妊娠中は順調であったが、Ｃくんは出生時に呼吸障害を起こし、直ちに子ども病院に搬送され、NICU（新生児集中治療室）に入院した。退院するまでに 3 か月を要した。

　両親は、退院後もＣくんの体調が非常に心配で、部屋の空調、衣服の選び方、ミルク瓶やおしゃぶりなどの消毒に非常に神経をつかった。風邪を引かせないために外出を極力控えたり、離乳食が始まると栄養のバランスに気を配り、すべて手づくりの食事にこだわったりした。

　幸い大きくなるにつれて、Ｃくんの体調は落ち着き、少し小柄なものの、乳児成長曲線からも大きくはずれることはなく順調に育っていた。また、あまり泣かない子どもで、一人で寝かせていても、おとなしくしていることが多かった。むしろ、抱こうとすると少し身体が固くなり、抱きづらい感じがあったという。

　乳児10か月健診では、身体の成長、運動機能の発達などに問題はなかった。ただ、表情の乏しい感じ（あやしても笑顔が見られない、人見知りの様子もない）があるので、小児科医からは、「お子さんに声をかけて、よく関わってあげてくださいね」と言われてしまい、一生懸命、世話をしてきたＡさんは、少し気分を害した。

　Ａさんは、妊娠・出産しても仕事を継続するつもりであった。しかし、不妊治療に専念するために、仕事を辞めざるを得なかったので、Ａさんは、自分のキャリアが閉ざされたことが心残りで、子育てに集中することで、その残念な思いを紛らわせようとしたことも否めなかったと、付け加えた。

４　保護者との新たな関係性の始まり

　あなたが園長から学んだ方法と技術を心がけたことで、あなたとＡさんとの関係性に変化が生まれました。それは、少し前まではあまり話をしてくれなくなっていたＡさんが、あなたにＣくんに関する相談をもちかけたことに表れています。こうしたＡさんの態度の変化は、あなたが日々根気よく、Ａさん親子に笑顔であいさつしたり、Ｃくんの言葉づかいなどを褒めたりしたことに起因します。担任の保育士から「自分たちは認められているのだ」とＡさんが確信できたことも原因になっていると思われます。言い換えれば、この場（園）では自分たちが一人の人間として大切にされ、尊重されているという安心感をもつことにつながったということです。

　さらに個室での相談では、ＡさんはＣくんのことだけではなく自己開

示もしています。これは、あなたが傾聴のスキルを生かし、終始自分の意見を差しはさまず、Aさんの語りを真摯（しんし）に受け止めたことが功を奏した結果です。傾聴を行うことはたやすいことではありません。特に保育士は「子どもにとって必要なこと・大切なこと」を第一に考えますので、ときには保護者に対して厳しい評価をもってしまうかもしれません。このような評価は保護者への先入観となってしまう恐れがあり、保護者とのよりよい関係性を保つことが困難になってしまいます。確かに子どもの生命が脅かされたり、発達に支障をきたしたりすることは断じて防がなくてはなりません。ただ、保護者への共感的理解をおろそかにしてしまうと、本来の課題を解決することができません。相談の場面では、あなたがもつこれまでの保護者への評価をいったん棚上げして、まずは保護者が何をあなたに伝えたいのか、悩みの背景には何があるのかなどを考えながら聞きましょう。保護者が本音を語るためには、両者ともにリラックスできることが大切です。保護者のペースで話ができる場を保障し、保護者が話した内容によしあしをつけないこと、そして保護者のあるがままの姿を受け止めることなどが相談を受けるときの基本的な態度です。

　その後、Aさんはあなたに何度か相談をもちかけるようになりました。あなたが自分たちはAさんの味方であるということや、困ったり悩んだりしたときはいつでも相談してくださいなどといったメッセージを繰り返し伝えたからです。

　あなたは保育士としてCくんの言葉や対人関係の発達を促したいという気持ちはもちつつも、まずは保護者の気持ちを受け止め、寄り添うことが大切であると考え、細やかな支援を続けました。このような継続した支援が次のステップへとつながりました。以下に、その後のAさん親子の様子を紹介します。

　母親Aさんは、あなたの継続した支援を支えとして、Cくんの発達に関する理解を深めてきたようだ。乳幼児健診で紹介された専門医の発達外来を受診し、「自閉症スペクトラム障害」の診断を受けた。

　専門医からは、児童発達支援センター*を紹介され、週1回、そこに通うようになった。Cくんは、現在も言葉の発達には偏りがあるが、Aさんとあなたが一緒に作成した「おはようございます」と描かれた絵カードを提示しながら、毎朝あいさつを

✳ 用語解説
児童発達支援センター
2012年からの改正児童福祉法により規定された、障害児のための通所施設である。障害児への専門的支援、障害児とその家族への相談支援、保育所等への訪問支援を実施している。福祉型および医療型に分かれている。

繰り返すことで、しだいにあなたの顔を見つめるようになってきている。Ａさんは、自宅でも夫のＢさんと協力して、絵カードの種類を増やしている。

　また、Ａさんは、保護者のＤさんとも子育てについて深く話をするようになっている。Ｄさんにも、自分の子どもの言語発達に課題があり、乳幼児健診で心理士から専門医を紹介されたという経験があったからである。当初、園としては、この2人を引き合わせることは、個人情報の観点からできなかった。しかし「子どもの言葉に関するセミナー（保護者対象）」を園で開講してもらうよう行政に働きかけ、テーマに関心を持つ保護者なら誰でも参加できるような機会を設けたとき、Ａさんがそれに参加し、同じく居合わせた他のＤさんに声をかけたことがきっかけで、2人は話すようになった。子どもに関する同じような悩みを持つことがわかり、最近では、仲間として互いに助け合い尊重し合うようにもなっている。

　最初のころ、ＡさんはＣくんの発達の問題に少しは疑問をもちながらもそれに向き合おうとしませんでしたが、あなたと園からの継続的な支援により**エンパワメント**され（本来の力を取り戻し）、積極的に育児に取り組むようになりました。また信頼できる仲間を得ることもできました。

　この節では、保育者の何気ない言動が実は多くのメッセージを子どもや保護者に与えるということを学んできました。そのためにも日ごろから、自分は人を評価するときにどのような傾向があるのかを考えてみること、たとえば同僚や上司などと話し合いながらお互いの人間観を知ること、研修などを受けて自己研鑽をすることも大切なことです。あなた自身の人間を見るまなざしが温かいものであれば、子どもや保護者も自然とあなたに信頼を寄せることでしょう。

参照
エンパワメント
→レッスン 6

3.　家庭の状況に応じた支援の実際

　現代の子育て家庭が抱える課題は多岐にわたります。たとえば強い育児不安や体調不良がある保護者、さまざまな障害や病気のある子どもを養育している家庭、不適切な養育が疑われる家庭、経済的に困窮している家庭など、いずれも早期の段階で発見し速やかに解決すべき課題を抱

えています。

　この節では、特に保育者が関わる頻度が高いと思われる「子どもの発達障害を含む発達上の課題を抱えるケース」と「子どもに対する不適切な養育等が疑われるケース」を取り上げ、そうした家庭に対する基本姿勢を整理します。すなわち、保育者がそうした問題をどのようにとらえ、どのように対応したらよいのかを概観します。

1　発達上の課題を抱える子どもの保護者に対する家庭支援

　発達障害は、医学上の定義はすでにあったものの、法律的には2005（平成17）年4月に施行された「発達障害者支援法」の第2条においてはじめて定義されました[†3]。そこでは「『発達障害』とは、自閉症、アスペルガー症候群その他の広汎性発達障害、学習障害、注意欠陥多動性障害その他これに類する脳機能の障害であってその症状が通常低年齢において発現するもの」とされており、発達障害児への対応が国の大きな課題であることも示されています。

　まず、こうした発達障害の子どもの特徴について、宮本[†4]、加藤[†5]、岩波[†6]を参照しながら、以下に整理します。現在、発達障害の診断は、DSM-5に基づいてなされることが多くなっており、以下の診断名もそれに依拠しています。

> ### ①自閉症スペクトラム障害
> 〈対人関係やコミュニケーションの障害〉
> 　人と目を合わせにくい、人の行動のまね（手遊びやバイバイなど）をあまりしない、一人で遊ぶことを好む、相手の表情や態度から相手の感情を読みとるのが苦手、自己主張が強く一方的な行動が目立つ、友だちと会話するとき・遊ぶときは相手の気持ちに無頓着なようにみえる。
> 　言葉の発達は遅れる場合もあるが、年齢にそぐわない難しい言葉を多用したり、自分の興味や関心のあることを延々と話し続ける、言われたことを言葉どおりに受け取る——冗談や皮肉がわからない——場合もあるといったような特徴（偏り）がある。
> 〈考えや活動の特性（偏り）〉
> 　柔軟性に乏しく特定のものごとやルールに強いこだわり、たとえば、同じ服を好んだり同じ玩具を同じ方法でしか遊ばなかったりする。自分のペースを維持することを優先したいとい

▶ 出典

†3　山縣文治・福田公教・石田慎二監修、ミネルヴァ書房編集部編『ワイド版社会福祉小六法　平成30年版』ミネルヴァ書房、2018年、1268頁

†4　宮本信也監修『じょうずなつきあい方がわかる　自閉症スペクトラム（アスペルガー症候群）の本』主婦の友社、2015年

†5　加藤寿宏「発達障害児に対する作業療法——感覚統合からみた自閉スペクトラム症児の感覚・運動」『発達』155、ミネルヴァ書房、2018年

†6　岩波明『発達障害』文藝春秋、2017年

✦ 補足
DSM-5
（Diagnostic and Statistical Manual of Mental Disorders, DSM-5）
『精神疾患の分類と診断の手引（第5版）』。アメリカ精神医学会が出版している精神疾患の分類と診断基準を示した手引き書である。欧米や日本の医療現場で多く使用されている。これまでに幾度かの改訂がなされ、現在は2013年に出版された第5版となっている。第5版では、その前回の版DSM-Ⅳ（第4版）で分類されていた自閉症に関する診断名の、自閉性障害・レット障害・小児期崩壊性障害・アスペルガー障害・特定不能の広汎性発達障害という分類が撤廃され、自閉症スペクトラム障害（ASD：autism spectrum disor-ders）という単一の診断基準に統一された。

う志向が強く、思い通りにならないときや予定が急に変更になるとパニックをおこすこともある。

〈その他〉

　聴覚や触覚、味覚、嗅覚などといった感覚の過敏さや鈍麻さがみられることがあり、触れられることを嫌がったり、掃除機やピアノの大きな音を怖がったり、特定の食品を絶対に食べようとしなかったりする。また、姿勢が悪く、身体のバランスをとることが苦手であったり、よく転んだり、自転車に乗ることを怖がったりなど、運動面での不器用さがみられることもある。

②注意欠如・多動性障害

〈不注意〉

　細かな注意ができずにケアレスミスをすることが多い。注意が散漫で、相手の話をきちんと聞いていないように見える。大人の指示に従えず、宿題や課題を遂行できないこともある。ものごとを整理することができなかったり、忘れものが多かったりする。集団活動中に外からの刺激――窓の外から聞こえる音や見えたものなど――を受け取ると、それらが気になって落ち着きを失い、元の活動に集中できなくなる。外出中に、気になるものごとがあると、勝手にそちらに向かってしまうため、迷子になることも多い。

〈多動性／衝動性〉

　静かにしていることやじっと落ち着いていることが苦手である。たとえば、着席中に手足をもじもじさせたり、そわそわ・きょろきょろしたり、勝手に席を立ってしまったりする。周囲の状況を考えずに、走り回ったり、高いところによじ登ったりもする。順番を待つことが苦手で、列に割り込んだり人の邪魔をしたりすることがある。何らかの衝動に駆られて（何かに突き動かされるような感じがして）、じっとしていられないこともある。ときどき、しゃべりすぎたり、相手の質問が終わる前に答え始めたりする。

③限局性学習障害（小学校入学以降に明確になる）

〈文字を読むことが苦手〉

　単語を言い間違ったり、ゆっくりとためらいがちに（一つひとつ確認するように）音読したりする。文字に興味がもてず、なかなか覚えようとしない。本を読んでいるとすぐに疲れてしまう。

〈文字を書くことが苦手〉

　自分で文字を創作（勝手文字）したり、鏡文字を書いたりすることがある。促音（「びっくり」の「っ」）や撥音（「えんそく」の「ん」）が書けない。形の似ている文字（たとえば、「わ」と「ね」、「め」と「ぬ」など）の書き間違いが多い。

〈算数が苦手〉

　数の大小などの概念がわからない。ひと桁の足し算でも指を折って数える。時計が読めない。

　では、このような特徴を示す子どもの保護者に対して、保育士はどのような支援をすればよいのでしょうか。発達障害は脳機能の障害によって引き起こされているのであり、保護者側の「しつけをはじめとする家庭環境が不十分」や子ども自身の「なまけ・やる気のなさ」などといった問題から生じるのではない。つまり障害は保護者や子どものせいではないということを保護者に明確に伝える必要があります。また、発達障害は見えない・わかりにくい障害であるため、保護者が子どもの症状を理解できず、子育てに不安をもったり自信を失ったり、ときには厳しいしつけをするなかで虐待にまで到るケースもあります。したがって、保護者の気持ちを受け止め共感的に接することを最優先とし、家族への具体的な支援を個別的に考えると同時に、必要に応じて相談機関や専門機関を紹介します。

2　不適切な養育等が疑われる保護者に対する家庭支援

①不適切な養育と保育者の対応義務

　保護者が子どもに対して行う不適切な養育等は、一般的には虐待とよばれています。厚生労働省では、それを 4 種類に分類しています（図表 7 - 1 ）。

　虐待行為はさまざまな要因が複雑に絡んで生じるといわれていますが、大きくは「親の要因」「子どもの要因」「親子関係の要因」に分類できます[7]。親の要因としては、ストレス（経済的困窮、夫婦の不仲、家族の病気、子育て不安・負担など）、個人的資質（攻撃的である、依存的すぎる、精神的な疾患や遅滞など）、社会的孤立（近所の人からサポートが得られない、近所の人たちと仲良くできないなど）、虐待の世代間連鎖（過去の被虐待体験）があげられています。子どもの要因としては、低出生体重児である、多胎児である、育てにくい気質である、発達の遅

▶出典
† 7　野村和代・井上雅彦「被虐待児とその養育者に対する治療的アプローチについての一考察」『発達心理臨床研究』13、2007年、79-91頁

図表 7-1 虐待の種類

身体的虐待	殴る、蹴る、投げ落とす、激しく揺さぶる、やけどを負わせる、溺れさせる、首を絞める、縄などにより一室に拘束する　など
性的虐待	子どもへの性的行為、性的行為を見せる、性器を触る又は触らせる、ポルノグラフィの被写体にする　など
ネグレクト	家に閉じ込める、食事を与えない、ひどく不潔にする、自動車の中に放置する、重い病気になっても病院に連れて行かない　など
心理的虐待	言葉による脅し、無視、きょうだい間での差別的扱い、子どもの目の前で家族に対して暴力をふるう（ドメスティック・バイオレンス：ＤＶ）など

出典：厚生労働省ホームページ「児童虐待の定義と現状」（https://www.mhlw.go.jp/seisakunitsuite/bunya/kodomo/kodomo_kosodate/dv/about.html 2019年11月21日確認）

れや慢性の病気があるなどが、親子関係の要因としては、望まない妊娠によって生まれた、離婚した相手に子どもの顔立ちやしぐさが似ている、施設などに預けていて親子の実感が薄いなどが想定されます。

　では、虐待を受けている子どもを守るために、保育士にはどのような対応が求められるのでしょうか。「児童福祉法」の第25条には「要保護児童を発見した者は、これを市町村、都道府県の設置する福祉事務所若しくは児童相談所又は児童委員を介して市町村、都道府県の設置する福祉事務所若しくは児童相談所に通告しなければならない」とされています[8]。また、「児童虐待の防止等に関する法律」の第5条には「児童の福祉に職務上関係のある者は、児童虐待を発見しやすい立場にあることを自覚し、児童虐待の早期発見に努めなければならない」と書かれています[9]。つまり、虐待を発見した場合にそれを通告するのが国民すべての義務であると同時に、虐待を早期から発見することは、保育士を含めてふだんから子どもの福祉に関わる仕事をしている者にとってはきわめて重要な役割なのです。いうまでもありませんが、発見が早期であればあるほど子どもの最善の利益につながることは明らかです。

②不適切な養育を発見するポイント

　では、どのようにして家庭で起きている不適切な養育の問題を推測したり発見したりできるのでしょうか。それは、送り迎えのときに子どもと保護者を注意深く観察することによって可能となります。観察のポイントは、以下に示すような「保護者の示す不自然さ」「子どもの示す不自然さ」「子どもと保護者の関係の不自然さ」だとされています[10]。

▶出典
[8]　[3]と同じ、483頁

▶出典
[9]　[3]と同じ、637頁

▶出典
[10]　才村純・御園愛子・髙橋紘・中板育美監修、財団法人母子衛生研究会編『みんなで守る子どもの未来』母子保健事業団、2006年、18-19頁

①保護者の示す不自然さ

　　ひどく疲れてみえる　保育士との会話を避ける　夫婦仲が
　悪い　説明の内容が頻繁に変わる　園の行事に参加しない
　など

②子どもの示す不自然さ

　　おびえた泣き方をする　衣服や身体がいつも汚れている
　身体接触を極端に嫌がる　けがややけどのあとが頻繁にあ
　る　食べ物をがつがつ食べるなど

③子どもと保護者の関係の不自然さ

　　保護者が迎えに来ても子どもが帰りたがらない　お互いに
　視線を合わせようとしない　保護者が子どもに話しかけ
　ない　保護者が子どもに乱暴な接し方をする　保護者が子
　どもに無関心である　子どもがいつも保護者の顔色をうか
　がっているなど

　このような様子に気づいても、保育士は「虐待しているのではないか」といった態度や言葉によって保護者を責めることは厳に慎まなくてはなりません。まずは声かけと傾聴をていねいに行って、家庭で起こっていることを正確に把握することが重要です。なぜなら「家庭内のことを細かく尋ねられた保護者からは『最初はうとましく思っていたが、毎日自分のことを気にかけてくれている保育士の存在は大きかったとあとになって感謝している』という声を聞く」という保育者からの報告が頻繁に聞かれるからです。さらに保育者には、冷静に保護者の立場や感情を受け止め、自分とは異なる価値観であってもそれを尊重し、保護者の努力を褒めたり、その悲しみや苦しみに寄り添ったりしながら、最終的に保護者自身が成長していくことを支えるという姿勢が求められます。この意味で、保育士は虐待という問題解決のためのキーパーソンといっても過言ではありません。

③チームとして対応することの重要性

　このような**虐待対応**を被虐待が疑われる子どもの担任など主に相談支援に当たっている保育者一人で担当することは避けるべきです。これは一人だけに重い責任がかからないようにという配慮の意味もありますが、園内・所内のケース会議などで保育者全員が情報を共有しておけば、複数の視点から子どもや保護者の様子を検討できるため、実際に起こって

◆補足

虐待対応

ここに書かれている保育者の対応は、まだ虐待等が生じていない時期の保護者に対する予防的支援の方法としても有効である。

いる問題点を客観的に明らかにでき、効果的な支援策を考えることにつながるからです。

　虐待の可能性が濃厚となった場合、園内・所内の会議を経て、責任者である園長・所長がさらにしばらく様子をみるのか通告をするのかを決定するのが一般的です。通告先は、市区町村や都道府県が設置している福祉事務所または児童相談所です。しかし、通告すればそれでこのケースに関する対応が終わるわけではありません。通告を受けて児童相談所などが当該の家庭を調査しますが、その際、保育所が情報提供をしたり家庭訪問(立ち入り調査)に協力したりすることもあります。調査の結果、子どもを保護する必要性が高ければ、子どもを施設に入所させたり里親に委託したりします。しかし実際には、子どもが保護者と同居したまま支援（在宅支援）するケースのほうが多く、そうした場合は保育所が中心となって、子どもと保護者に関わっていくことになりますので、保育における相談援助が実質的に再開され、保育者は長期にわたってこの家庭に寄り添いながら支援を継続することになります。

　子どもは成長・発達する存在であり、保護者もまた子育てをとおして悩んだり葛藤を抱えたりしながら、少しずつ「親になっていく」存在でもあります。そして、保育者はそのような子育て家庭と比較的長期間にわたって日常的に関わりをもつ存在です。保育士の態度や支援は子育て家庭に大きな影響を与えます。保育士はそのことを肝に銘じながら子どもと保護者に寄り添っていきたいものです。

演 習 課 題

①本レッスンの事例（会話の部分）をよく読んで、子ども家庭支援の方法や技術が具体的にどのようなものであるか整理しましょう。
②発達の偏りや遅れのある子どもに、どのような療育が行われているのか調べてみましょう。
③不適切な養育等が疑われる保護者に対する支援において、留意すべきことをあげてみましょう。

地域の資源の活用と関係機関等との連携・協力

このレッスンでは、子ども家庭支援の実践に必要な「地域の資源の活用と関係機関等との連携・協力」について学びます。保育者による相談支援の場においては、子どもとその家庭を支えるための地域のさまざまなサービス等との連携が不可欠です。その重要性について理解しましょう。

1.「地域の資源の活用と関係機関等との連携・協力」を理解する

1 「保育所保育指針」と地域連携

　保育所等における保育の実践は、保育所等の内部だけで完結するわけではありません。地域のさまざまな機関・人々とのつながりによって、子どもたちの最善の利益にかなった保育や子育て家庭への支援等がなされます。「保育所保育指針」では、「地域の資源の活用と関係機関等との連携・協力」（以下、地域連携とする）に関連する項目として、以下の2点をあげています（下線部は筆者）。

> 　保育所は、入所する子どもを保育するとともに、<u>家庭や地域の様々な社会資源との連携</u>を図りながら、入所する子どもの保護者に対する支援及び地域の子育て家庭に対する支援等を行う役割を担うものである[1]。
>
> 　子どもの生活の連続性を踏まえ、<u>家庭及び地域社会と連携して保育が展開される</u>よう配慮すること。その際、家庭や地域の機関及び団体の協力を得て、地域の自然、高齢者や異年齢の子ども等を含む人材、行事、施設等の地域の資源を積極的に活用し、豊かな生活体験をはじめ保育内容の充実が図られるよう配慮すること[2]。

▶ 出典
†1 「保育所保育指針」
第1章1（1）「保育所の役割」ウ

▶ 出典
†2 「保育所保育指針」
第2章4（3）「家庭及び地域社会との連携」

　以上から、①地域の子ども・子育て支援の拠点として、保育所のもつ機能を地域に展開すること、②地域の豊かな資源を保育に生かすことの2つの側面を読み取ることができます。

図表 8-1　連携・協働のなかで保育所として役割を果たしていく機能

①すべての子育て家庭を対象とした子育て相談・サービス仲介機能
・地域の子育て支援拠点として、さまざまな相談の窓口となったり、情報提供をおこなったり、支援サービスにつなげたりする機能
②子ども家庭福祉に関する啓発機能
・多くの人が子ども、子育て、家庭福祉に関心を持つための啓発実施
・子ども子育て支援活動への市民の参加促進（つどいのひろばの運営、ファミリーサポートセンターの運営）
・ボランティア活動、体験学習等の受け入れによる啓発
③胎生期から青少年・おとなまでの切れ目のない子育ての支援機能
・放課後児童クラブ等学童期の子ども・子育て家庭支援の拡大
・学校との連携協力
・虐待防止等、地域の他機関・関係者との連携・ネットワーク活動
④地域の子育て文化と子育てコミュニティを育む機能
・世代間交流の推進
・異年齢児交流の推進
・子育て関連の講座等の実施
・子育て支援グループ、サークルへの支援
⑤災害発生時の社会福祉施設としての機能
・災害発生時の避難場所の提供
・災害発生時の被災者（とくに子どもと保護者）への支援拠点提供

出典：「これからの保育所の機能」社会福祉法人全国社会福祉協議会・全国保育協議会、2007年

2 ▶ 今後の保育所等の機能と地域連携

　今後の保育所のあり方については、「幅広く子育て環境や子育て文化の創造をすすめる機能であり、保育所だけで取り組むのではなく、地域社会の関係機関・団体や住民との連携・協働のなかで保育所がその特性を活かし、役割を発揮していくことを踏まえ、備えていく機能[3]」の強化が求められています（図表 8-1 ）。

2. 連携・協力の必要性を学ぶ

1 ▶ 地域連携が必要な場面

　「保育所保育指針」においては、保育所の業務のなかで保育士が地域資源を活用し、関係機関等との連携・協力を図る場面としては、「子育て支援」が想定されており、その対象は**保育所を利用している保護者に対する子育て支援**」と、「地域の保護者等に対する子育て支援」の 2 つであるとされています。子育て支援における地域連携について、「保育所保育指針」第 4 章では以下のように述べられています[4]。

▶ 出典
†3　「これからの保育所の機能」社会福祉法人全国社会福祉協議会・全国保育協議会、2007年

参照
保育所を利用している保護者に対する子育て支援
→レッスン 2

▶ 出典
†4　「保育所保育指針」第 4 章 3（2）「地域の関係機関等との連携」

> ア　市町村の支援を得て、地域の関係機関等との積極的な連携及び協働を図るとともに、子育て支援に関する地域の人材と積極的に連携を図るよう努めること。
>
> イ　地域の要保護児童への対応など、地域の子どもを巡る諸課題に対し、要保護児童対策地域協議会など関係機関等と連携及び協力して取り組むよう努めること。

　保育所を利用する子どもについて、障害や発達上の課題がある場合や、家庭において不適切な養育や虐待等が疑われる際には、保育所の取り組みだけでは十分な支援・介入等ができない可能性もあります。そこで、市町村をはじめとする多くの関係機関等との連携・協力が求められます。

　また、地域の保護者等に対する子育て支援については、地域の関係機関等との連携による展開が求められていることが明確に示されており、子育て支援に関する多様なサービスや資源、人材等との連携・協力が必要とされていることのほか、要保護児童に関する対応についてもふれられています。

2 ▶ そのほかの地域連携の場面

　「保育所保育指針」では、子育て支援以外の場面でも地域連携が求められる場が多く登場しています。

> ・保護者や地域の多様な関係者との連携及び協働の下で、食に関する取組が進められること。また、市町村の支援の下に、地域の関係機関等との日常的な連携を図り、必要な協力が得られるよう努めること[5]。
>
> ・保育中の事故防止のために、子どもの心身の状態等を踏まえつつ、施設内外の安全点検に努め、安全対策のために全職員の共通理解や体制づくりを図るとともに、家庭や地域の関係機関の協力の下に安全指導を行うこと[6]。
>
> ・市町村の支援の下に、地域の関係機関との日常的な連携を図り、必要な協力が得られるよう努めること。

▶出典
†5 「保育所保育指針」
第 3 章 2（2）「食育の環境の整備等」イ

▶出典
†6 「保育所保育指針」
第 3 章 3（2）「事故防止及び安全対策」ア

・避難訓練については、地域の関係機関や保護者との連携の下に行うなど工夫すること[7]。

▶ 出典
[7] 「保育所保育指針」
第3章4（3）「地域の関係機関等との連携」ア、イ

　なお、「地域資源の活用と関係機関等との連携・協力」に関する保育者の役割については、「幼保連携型認定こども園教育・保育要領」および「幼稚園教育要領」にも同様の規定があります。

3 ▶ 地域連携をすすめるための保育者の役割

　地域連携を実践するために、保育士にはどのような役割が期待されているのでしょうか。「**全国保育士会倫理綱領**」では、保育者の責務として、関係機関等との連携やネットワークを通じた保育実践を行うことが示されています。

参照
全国保育士会倫理綱領
→レッスン4

　「チームワークと自己評価」の項目については、「職場におけるチームワーク」と「関係する他の専門機関との連携」が並んで記されていることに留意すべきでしょう。保育所の外にある「関係する他の専門機関との連携」や協力関係を構築するためには、まず保育所のなかのチームワーク（内なる連携）が不可欠です。内なる連携が十分でないなかで、外との連携が機能するはずはありません。一人ひとりの保育者が、園内のチームワーク形成に取り組む必要があります。また、「地域の子育て支援」については、先にふれた「保育所保育指針」の「地域の保護者等に対する子育て支援」と同様の内容が示されています。

3. 連携・協力の実際を学ぶ

1 ▶ 地域連携のあり方

　ここでは、「地域の資源の活用と関係機関等との連携・協力」のあり方を考察するために、いくつかの視点を示します。

　まずは連携に関する利点と欠点について考えてみましょう。保育における地域連携については、地域のボランティア、民間団体等との結びつきもありますが、福祉・医療・教育等の分野の専門職や組織、行政機関等との連携・協力がその中核をなしている場合が多くみられます。

　図表8-2は、専門職間連携の利点と欠点についてまとめたものです。専門職や機関等との連携はその専門性を発揮し、効率的な支援により子どもや保護者が抱える課題の解決に資することができるほか、支援のプロセスを通じて専門職自身の成長や地域の資源開発等多くの利点を生み

図表 8-2 専門職間連携の利点と欠点

【利点】

①利用者の問題解決	適切な計画、迅速な実施、創造的解決、質の向上
②効率性	より多くの資源を最大限に活用できる
③専門職の利益	能力向上、人格発達、環境改善、情緒的支援

【欠点】

①利用者の不利益	依存性を増す可能性、個人情報が漏れやすい
②非効率性	意見調整に時間がかかる
③専門職の不利益	役割混乱や葛藤の出現、意見の斉一性から圧力

出典：野中猛・野中ケアマネジメント研究会『多職種連携の技術（アート）──地域生活支援のための理論と実践』中央法規出版、2014年、13頁

図表 8-3 チームの発展過程

①知り合いになる
冷静な交流、目標は不一致（互いが知り合いになるが目標は一致していない）
↓
②試行と失敗
ペア形成、境界のあいまいさ、疑惑（試行と失敗が繰り返される中で疑惑が生じる）
↓
③全体的な優柔不断
葛藤を避けた平衡、士気の低下（葛藤を避け、全体的な優柔不断の状態となる）
↓
④危機
露呈、リーダー出現、感情表出（問題が露呈して感情が表出され、危機を迎える）
↓
⑤解決
コミュニケーション、リーダーシップの共有（コミュニケーションが進み問題が解決する）
↓
⑥チームの維持
課題の共有、相互関係成立、柔軟性（課題が共有され、相互関係が成立して、チームが維持される）

出典：図表8-2と同じ、139頁

だすことができます。

　他方で、専門職や専門機関の関わりがマイナスに働く場合もあります。情報漏洩・拡散、支援に対する保護者等の依存傾向の助長等、利用者にとって不利益を生じさせる可能性もあります。また、専門職や専門機関が多様であることから、取り組みのスピードや効率面での課題が生じたり、役割分担・責任があいまいになったりするなどの欠点が起こり得ることを知っておく必要があります。

　図表8-3は、「チームの発展過程」について整理しています。子どもや保護者が抱える課題、地域の子ども・子育て支援等に関する課題に向き合うチームは、多様な背景をもつ多様な人々・組織によって構成さ

図表 8-4 地域資源の積極的な活用

[視点 1] 地域のさまざまな人と交流する
　地域の子どもからお年寄りまで、幅広い世代の方々と交流する機会を設けましょう。子どもがさまざまな人と交流することによって、豊かな心やつながる力を育みます。
（取組み例）
・授業の一環で、中学生・高校生に来てもらい、子どもたちとのふれあい交流を行う。
・地域の人たちを幼稚園・保育所で実施するさまざまな遊びの会へ招待する（一緒にふれあい遊びや、昔遊びを教えてもらったりする）。
・地域のボランティアによる手話の指導や琴の演奏会などを実施する。
・地域の福祉施設で高齢者と交流する。
・地域の人を招いて食育指導を行う。
・小学校生徒や教師と交流する。
・中学生の職業体験で交流する。

[視点 2] 地域資源にふれあう
　地域の自然にふれたり、図書館などの教育施設などに行きましょう。幼稚園・保育所内での日常とは違った環境にふれることによって、豊かな心や新しいことを知ろうとする力の育成につながります。
（取組み例）
・地域の施設見学（図書館、リサイクルセンター、大阪府民センター、青少年会館、消防本部、自動車教習所、清掃工場など）。
・スーパーで遠足のおやつの買い物体験を行う。
・散策活動の一環として、地域の公園で落ち葉拾いを行う。
・七夕に向けて、地域の公園などで笹取りを行う。

出典：「就学前教育・保育実践の手引き」大阪府八尾市、2014年

れており、時間をかけてチームを構築していくことが大切です。チームの発展過程において、②試行と失敗、③全体的な優柔不断、④危機といった言葉が登場し、不安を感じる方もいるかもしれませんが、このような困難を越えたところに、真のチームが形成されることを意味しています。保育実践では、連携・協力やチームといった言葉がよく登場しますが、人や組織が集まるだけでは支援が有効に機能するとは限りません。支援に関わるすべての人々や組織が、チームに対する役割と責任を発揮することが重要です。

2 保育所等における地域連携の取り組み例

　「就学前教育・保育実践の手引き」（大阪府八尾市）では、保育所における「地域資源の積極的な活用」について、①地域のさまざまな人と交流する、②地域資源にふれあう、の2つの視点をあげています。ここでは、地域の豊かな資源を保育に生かすことの実践例をみることができます（図表8-4）。

演 習 課 題

①インターネット等で、保育所等が行う地域の資源の活用と関係機関等との連携・協力の例を調べてみましょう。

②地域の保育所等がどのような地域の資源の活用と関係機関等との連携・協力を行っているのか、実際に訪ねて話をうかがってみましょう。

③地域資源の活用と関係機関等との連携・協力の実際として本章で一覧を提示したさまざまな機関・サービス・施設等について、さらにくわしく調べてみましょう。

参考文献………………………………………………………………………………

レッスン 4

　氏原寛・小川捷之・近藤邦夫ほか編　『カウンセリング辞典』　ミネルヴァ書房　1999年

　馬場禮子・青木紀久代編　『保育に生かす心理臨床』ミネルヴァ書房　2002年

　ベネッセ教育総合研究所　「第 3 回子育て生活基本調査（幼児版）」　2008年

レッスン 5

　今井和子監修　『2 歳児の育ち事典──年齢別』　小学館　2009年

　黒川祐貴子・青木紀久代・山﨑玲奈　「関わりの難しい保護者像と保育者のバーンアウトの実態──保育者へのサポート要因を探る」『小児保健研究』73（4）、2014年　539-546頁

　佐々木正美『子育てでいちばん大切なこと──かわいがり子育て「質問箱」』大和書房　2008年

　高山恵子監修　『育てにくい子に悩む保護者サポートブック──保育者にできること』　学習研究社　2007年

　馬場禮子・青木紀久代編　『保育に生かす心理臨床』ミネルヴァ書房　2002年

　福島哲夫編集責任、尾久裕紀・山蔦圭輔・本田周二ほか編『公認心理師必携テキスト』　学研メディカル秀潤社　2018年

　ベネッセ教育総合研究所　「第 3 回子育て生活基本調査（幼児版）」　2008年

　矢野由佳子・片山知子ほか　「養成校における子育て支援──支援者に求められる専門性とは」『和泉短期大学研究紀要』37、2017年　81-91頁

レッスン 6

　川村隆彦『支援者が成長するための50の原則──あなたの心と力を築く物語』　中央法規出版　2006年

レッスン 7

　西尾祐吾監修、安田誠人・立花直樹編『保育における相談援助・相談支援──いま保育者に求められるもの』晃洋書房　2011年

　日本保育学会編　『保育講座⑤　保育を支えるネットワーク──支援と連携』　東京大学出版会　2016年

レッスン 8

　全国保育協議会　「これからの保育所の機能」　2007年

　野中猛・野中ケアマネジメント研究会　『他職種連携の技術（アート）──地域生活支援のための理論と実践』　中央法規出版　2014年

　八尾市・八尾市教育委員会　「就学前教育・保育実践の手引き」　2014年

おすすめの 1 冊

高山恵子監修　『育てにくい子に悩む保護者サポートブック──保育者にできること』学習
研究社　2007年

　主に発達障害の子どもの子育てについて、子どもの特徴を理解することで親子ともに楽に
なることや、保育者の支援のあり方についてわかりやすく書かれている。

地域の社会資源を「見える化」しよう

　レッスン 8 のテーマは「地域の資源の活用と関係機関等との連携・協力」ですが、保育専門職を目指して学びの途上にある皆さんにとっては、その実際の姿を想像することは難しいのではないでしょうか。

　図表 8-5 は、保育所における地域連携の一端を示したものです。子どもの健やかな成長を支えるため、家庭の抱えるさまざまな課題等に向き合うため、保育所等の枠を超えて、地域の多様な人々・資源・機関と連携・協力がなされていることがわかります。

　皆さんも図にならって、身近な地域での社会資源をマップにしてみましょう。マップの作成に際しては、まず地域の社会資源について自治体のホームページ等で所在を調べ、模造紙などにまとめてみるとよいでしょう。マップにすることで、地域の社会資源の状況を可視化し、俯瞰的に捉えることができます。

図表 8-5 地域の社会資源をマップにする

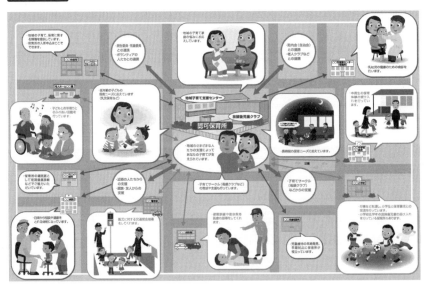

第3章

子育て家庭に対する
支援の体制

本章では、子ども家庭支援という考え方が生まれた社会的な背景と、国や地方公共団体による支援の内容について学びます。子どもと保護者を支援するために、どのような専門機関があるのか、どのように連携をとっているのか、また、国の子ども・子育て支援に関するさまざまな施策について理解していきましょう。

子育て家庭の福祉を図るための社会資源

. . . .

保護者が何の問題もなく子どもを順調に育てていくことは、簡単なことではありません。子育て家庭の生活が不安定になったとき、国や地方公共団体等が適切に支援の手を差し伸べるという考え方が「子ども家庭支援」です。このレッスンでは、この子ども家庭支援に関わる社会資源について学びます。

1. 「子ども家庭支援」が生まれた　社会的背景

　1947（昭和22）年12月に制定された「児童福祉法」（第12条）によって、全国の都道府県および政令指定都市に児童相談所の設置が義務づけられました。それ以降、児童相談所は、保護者が子どもの養育に関して抱える悩みや困難さに対応するという**相談機能を果たす機関**としての役割を長らく担ってきました。児童相談所は、子どもに関わる相談であれば、どのような内容であっても、受け付けてくれます。また、ここでなされた相談は、その内容に応じて以下に示すような5種のカテゴリに分類・集計されています。

◆補足
児童相談所の機能
児童相談所は、相談機能のほかに、一時保護機能および措置機能を果たしている。

---

①養護相談……保護者の家出・失踪・死亡・入院等による養育
　　　　　　　困難、虐待、養子縁組等に関する相談
②保健相談……未熟児、疾患等に関する相談
③障害相談……肢体不自由、視聴覚・言語発達・重症心身・知
　　　　　　　的障害、自閉症等に関する相談
④非行相談……ぐ犯行為、触法行為、問題行動のある子ども等
　　　　　　　に関する相談
⑤育成相談……家庭内のしつけ、不登校、進学適性等に関する
　　　　　　　相談

　このように、児童相談所が受けてきた相談内容に、ある時期より大きな特徴がみられるようになり、それが2004（平成16）年の「児童福祉法」改正につながるのですが、この改正によって「子ども家庭支援」という考え方が生まれたと思われます。

さて、その大きな特徴とは何でしょうか。厚生労働省ホームページの資料によると、2002（平成14）～2004年までの全相談件数は、39万8,552件から35万2,614件と減少していますが、そのうちの養護相談のみが、6万3,859件（16.0%）から7万5,669件（21.5%）と大きく増加しました[1]。これは、養護相談に含まれる「虐待」に関する相談が、2万3,738件から3万3,408件（養護相談件数のうち約44%を占める）へと増えていることに影響を受けています。このように年々増加してきた児童虐待等の問題に適切に対応できるように、児童相談に関する体制の充実を図ることを中心に、2004年に「児童福祉法」が改正されました。

この**法改正**によって、児童虐待防止対策等の充実・強化として、児童相談に応じることが市町村の責務として明確化されるとともに、児童相談所の役割を要保護性の高い困難な事例への対応や市町村に対する後方支援に特化することが定められました。

これが契機となり、「子ども家庭支援」という方針が立てられることになったと思われます。その経緯が、厚生労働省雇用均等・児童家庭局長が全国の都道府県知事、指定都市市長、中核市市長宛に発出した通知の冒頭に記されています。以下、関連部分を抽出して紹介します[2]。

　従来、児童福祉法（昭和22年法律第164号）においては、あらゆる子ども家庭相談について児童相談所が対応することとされてきたが、すべての子どもの権利を擁護するために、子どもと家庭への支援を行うに当たっては、本来子どもとその家庭に最も身近な基礎自治体である市町村（特別区を含む。以下同じ。）がその責務を負うことが望ましいと考えられるようになった。一方、児童相談所は、児童虐待相談対応件数の急増等により、緊急かつより高度な専門的対応が求められ、市町村を中心として、多様な機関によるきめ細やかな対応が求められている。

　こうした状況を踏まえ、平成16年の児童福祉法改正により、平成17年4月から、子ども家庭相談に応じることが市町村の責務として明確に規定され、市町村は、子どもに関する各般の問題につき、家庭その他からの相談に応じ、子どもが有する問題又は子どもの真のニーズ、子どもの置かれた環境の状況等を的確に捉え、個々の子どもやその家庭に最も効果的な支援を行い、もって子どもの福祉を図るとともに、その権利を擁護すること（以下「子ども家庭支援」という。）となった。

▶ 出典

†1　厚生労働省「平成16年度 児童相談所における児童虐待相談処理件数等」2004年（ここには、虐待相談以外の相談件数も掲載されている）

✦ 補足

「児童福祉法」の法改正

改正されたそのほかの内容としては、児童虐待防止対策等の充実・強化をはかるための、児童福祉施設・里親等の見直し、要保護児童に係る措置に関する司法関与の見直しがある。また、児童虐待防止対策以外では、新たな小児慢性特定疾患対策の確立などがある。

▶ 出典

†2　厚生労働省「『市町村子ども家庭支援指針』（ガイドライン）について」2017年

この経緯からもわかるように、「子ども家庭支援」とは、「市町村が中心となって、家庭からの子育ち・子育てに関する相談（ないしは、家庭における子育ち・子育ての困難さの発見）を受け、多様な機関による連携的な支援をとおして子どもの権利を守り、その福祉を図ること」と定義できます。また、子育ての困難に早期から対応するという観点から、妊産婦等も子ども家庭支援の対象になっています。

2. 子ども家庭支援を推進する社会資源

■1 子ども家庭支援の推進体制と社会資源

　第1節で、子育て家庭にとって身近な基礎自治体（地方公共団体）である市区町村が中心となって、子どもの権利を守り、子どもの福祉を増進させることが子ども家庭支援であるととらえられるようになったことを説明しましたが、先のガイドラインで構想されたのは、これを中心的に推進していく機能を担う拠点（**市区町村子ども家庭総合支援拠点**）を各市町村が設置し、そこを核として、相談に対する簡単な助言から継続的なソーシャルワーク（ケースワーク）までを、対象者のニーズに応じて幅広く担うというしくみです。もちろん、市町村では担い難い事案の場合（専門性の高い知識や技能を要するケース、医学的・心理学的・社会学的・精神保健上の判定を必要とするケースなど）は、児童相談所が担うことになります。こうした「子ども家庭支援の流れ」を図示したものが、先のガイドラインに掲載されています（図表9-1）。

　この図表をみると、当事者である「子ども・家庭」は、その真下の枠にあるさまざまな資源（身近で世話になる人、子どもを預かってくれる施設、健康状態をチェックしてくれる機関、治安を守ってくれる組織、子どもの発達を支えてくれる場所など）を、自分たちの必要に応じて利用し、これらの人々や組織・施設・機関（以下、「地域の諸資源」あるいは「地域資源」とする）などは当事者の求めに応じて、必要なサービスを提供します。こうした関係が、下向き・上向きの矢印で示されています。

　また、こうした利用の過程で、子育て家庭が抱える悩みや不安あるいは問題などが深刻化し、上記の通常のサービス利用だけでは解決が難しいと判断される場合（当事者が判断する場合と、上記の地域の諸資源が判断する場合がある）、当事者であれば「児童相談所」「都道府県福祉事務所」「市区町村（子ども家庭総合支援拠点、以下支援拠点とする）」と

◆補足

市区町村子ども家庭総合支援拠点
この支援拠点の設置については、先のガイドラインと同じ日に、厚生労働省雇用均等・児童家庭局長から通知が出されている。それによると、支援拠点の設置は努力義務となっている。また、特定の建物を設けたり、特定の場所を確保したりする必要はない。その意味で、この通知は、子ども家庭支援体制の機能強化を狙ったものであるといえる。

図表 9-1 子ども家庭支援の流れ

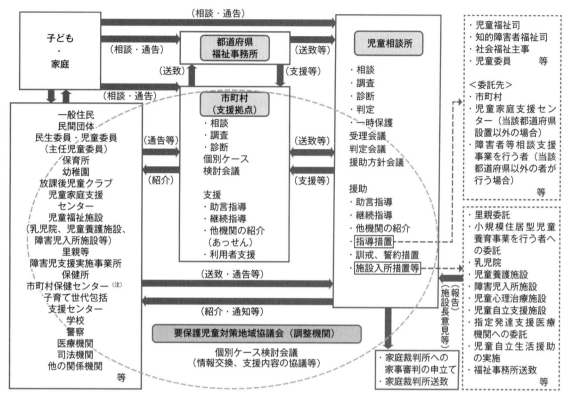

注：市町村保健センターについては、市町村の子ども家庭相談の窓口として、一般住民等からの通告等を受け、支援業務を実施する場合も想定される。
出典：厚生労働省「『市町村子ども家庭支援指針』（ガイドライン）について」2017年、116頁

いった資源に自ら相談をすることが可能です。「子ども・家庭」から出ている右向きの矢印がこれを表しています。「相談だけでなく通告」もあわせて記載されているのは、たとえば、家庭内で子どもを虐待している者がいて、同居者がその事実を「児童相談所」「都道府県福祉事務所」「市町村（支援拠点）」に伝えることもあるからです。

これに対して、地域の諸資源が自分たちでは対応や解決が難しいと判断した場合は、当該家庭の情報を「市町村（支援拠点）」や「児童相談所」といった資源に伝えますが、それが「通告等」と書かれた右向きの矢印です。これを受けた市町村（支援拠点）や児童相談所は、このケースについて調査や診断などを行います。そして、その結果に基づいて、市町村（支援拠点）は地域の諸資源の紹介も含めた支援を当該家庭に提供し、児童相談所は指導措置や施設入所措置などといった支援を提供します。また、市町村（支援拠点）と児童相談所との間に、都道府県福祉事務所が介在するときもあります。

こうしたやりとりのなかで、地域の諸資源、市町村（支援拠点）、都

道府県福祉事務所、児童相談所が互いに連携・協働して当該家庭に関わっていくことになるのですが、どこがこのケースに責任をもつのかを明確にしておく必要があります。それが、図中にある「送致等」にかかわってきます。送致とは、ある公的機関が取り扱っている事案（ケース）を別の公的機関に移して、その権限と責任を移譲することです。たとえば、いったんは市町村（支援拠点）から児童相談所に送致されたケースであっても、双方の協議の結果、市町村（支援拠点）が責任をもつことが妥当だと判断されれば、再度、児童相談所から市町村（支援拠点）にそのケースが送致されることもあり得ます。これが図表中では、これら2機関の間に記されている両方向の矢印です。

2　子ども家庭支援における社会資源間の連携・協働の必要性

ここまで説明してきた流れを、特にさまざまな資源の間の連携・協働に着目しながら、具体的なケースをとおして確認してみましょう。ここでは、仮想例として、母子保健（市町村保健センター）による公的サービスがきっかけとなって、多様な資源が連携・協働しなければ、家庭の問題が解決しないことを理解しましょう。

インシデント①　産後うつ状態の母親の発見

新生児訪問指導の担当者である助産師Aさんは、ある家庭を訪問しました。玄関で応対にでたのは、暗い表情をした父親でした。部屋に入り、まず目に入ったのは、日中にもかかわらずカーテンを閉め切った薄暗い部屋のなか、敷きっぱなしの布団の上で、壁にもたれかかるように座っている母親の姿でした。母親はやつれた表情で悲しそうにAさんを見上げました。そこで、母親に赤ちゃんの様子を尋ねましたが、母親からは明確な返事がありませんでした。どうしたものかと困っていたところ、隣の部屋から赤ちゃんを連れて父親がやって来ました。そして自分たちの家庭の状況についてぽつりぽつりと次のように説明し始めました。

「妻は出産後から急に元気がなくなり、子どもの世話や家事をほとんどしなくなった。自分たちの実家はどちらも遠いので、子どもの世話を祖父母に頼むことも難しく、子どもの世話や家事は、父親である自分が一人でがんばっている。勤め先には事情を話して、しばらく休暇をとる了解は得ているが、小さな会社なので、今の状態が長引くようであれば雇い続けることは難しいといわれている。最近では、自分自身も何をするにも意欲がわかなくなり、子どもが泣

いてもすぐにミルクやおむつ替えなどをしなくなっている。そうした自分に嫌悪感を覚えるようになった」

　こうした話を聞いてＡさんは、早速、エジンバラ産後うつ病質問票に基づいて母親に質問をした結果、産後うつ病の可能性が高いことを確認しました。また、赤ちゃんの体重を測り健康状態を観察したところ、生後1か月ごろにしては体重の増え方が少なく、**凝視**もまったくなく、表情もぼんやりしていることが判明しました。ただちに市町村保健センターに戻ったＡさんは、ただちに地区担当の保健師に、この家庭の状況を報告しました。また、至急、再度の家庭訪問が必要であることも訪問記録に書き残しました。

　市町村保健センターは、「母子保健法」で定められている事業である**「新生児訪問指導」**を行っています。これは、保健師や助産師などの専門職が、子どもが生まれたばかりの家庭を訪問し、新生児の発育・健康状態をチェックするとともに、母親の身体と心の健康についても対話などをとおしてチェックします。近年では、質問紙を活用して産後うつの早期発見を目指す市区町村も増えています。

　このインシデント①では、市町村保健センターという資源が提供する家庭訪問サービスをとおして、母親がうつ病になっている恐れがあること、子どもの世話は父親一人で担っていること、さらには、育児や家事を一手に引き受け、ほとんど出勤できなくなった父親が失業する恐れもあること、また、父親自身の精神的状況が悪化すれば、子どもが十分に世話を受けられない恐れもあることが把握されました。

　こうした家庭には、どのような支援が必要でしょうか。母親には医療機関につながることが必要です。一日でも早く回復することが望まれますので、場合によっては、入院も視野に入れるべきかもしれません。入院すれば、子どもから一時的に離れて、育児のプレッシャーから解放されるというメリットもあります。父親にも、心身ともに余裕が必要ですし、何よりも仕事を安定的に継続できる環境を整える必要があります。さらに、赤ちゃんには適切な養育環境が求められます。自宅に養育支援をしてくれる人に来てもらう、あるいは子どもを乳児院などの施設に一時的に入所させるなどの方法が考えられます。また、これらの地域資源を利用するには、料金が発生する場合もありますので、経済的な支援が必要となる可能性もあります。

　以上のように、同時に数多くの地域資源の活用を要するという家庭のニーズを踏まえると、この夫婦2人だけで現在の困難な状況を打開す

◆補足
凝視
目の前にあるもの（顔やおもちゃなど）をじっと見つめること。生後1か月ごろより見られるといわれている。

◆補足
新生児訪問指導
新生児訪問指導の目標を、全家庭訪問としている地域もある。このように、ほとんどの家庭が受けるサービスをユニバーサル支援とよぶ。こうした支援をとおして問題を抱える家庭を把握する方法を「ポピュレーションアプローチ」とよんでいる。

ることは難しく、総合的なあるいは統合された「支援のデザイン（計画）」が必要となってきます。そして、この支援計画の作成を担当するのが市町村の支援拠点（市区町村子ども家庭総合支援拠点）であると位置づけられているのです。

　このインシデント①の家庭の場合、市町村保健センターからその情報が市町村の支援拠点に送られます（通告等）。支援拠点では、必要に応じてソーシャルワーカーなどが家庭に出向き、困難な状況を詳細に調べることもあります。そのうえで、個別ケース検討会議を開き、支援を開始します。

　また、市町村の支援拠点が、支援に直接・間接に関わる可能性のあるスタッフ（地域の諸資源に所属する支援者）を招集して、的確に連携・協働が進められるよう役割分担を決定していく会議体「**要保護児童対策地域協議会**」内に置かれている「個別ケース検討会議」を開くこともあります。

　市町村（支援拠点）が単独で支援計画を立て、それに沿って地域の諸資源に支援を行うよう協力を求めるよりも、市町村（支援拠点）が、当初段階から地域の諸資源と一緒に対象となる家庭の情報を共有し、その状況を調査したり診断したりするほうが、より的確な計画の作成が可能になるでしょうし、その後に展開される統合された支援もより効果をもつと思われます。

　そこで、次の節では、こうした情報共有、対象家庭のアセスメント、支援計画の作成や役割分担などを協力的に進めていくためのネットワークとしての「要保護児童対策地域協議会」と、それに参画する地域の諸資源についてくわしくみていきます。

3.　社会資源間のネットワーク：要保護児童対策地域協議会

1 　要保護児童対策地域協議会の概要

　子ども家庭支援を円滑に推進するために、市町村（支援拠点）が中心となって地域の諸資源が参画できる地域単位の協議会である「要保護児童対策地域協議会」を設置することが、「要保護児童対策地域協議会設置・運営指針」（以下、「協議会ガイドライン」とする）のなかで強く推奨されています。

　「協議会ガイドライン」第1章「要保護児童対策地域協議会とは」に、この協議会の全体像が示されています。まず、虐待を受けている子どもをはじめとする「**支援対象児童等**」の早期発見や適切な保護を図ること

が、この協議会を設置する主たる目的であることが記されています。この協議会によって、多様な資源が支援の対象者に関する情報やとらえ方を共有し、それら資源間の適切な連携の下での対応を可能にすることが期待されること、そして、こうした対応を確かなものにするには、多くの資源間の連携や役割分担を**調整する機関**を明確にすること、この機関がさまざまな資源から情報の提供を円滑に受けるためには、厳密な個人情報の保護を講じたうえでの情報共有が求められることを踏まえたしくみを整えておくことの必要性が示されています。

　次に、この協議会を設置することによってもたらされる利点として、以下の8点が記されています[†3]。

---

①支援対象児童等を早期に発見することができる。

②支援対象児童等に対し、迅速に支援を開始することができる。

③各関係機関等が情報の共有を通し、課題を共有化が図られる。

④共有された情報に基づいて、アセスメントを協働で行い、共有することが出来る。

⑤情報アセスメントの共有化を通じて、それぞれの関係機関等の間で、それぞれの役割分担について共通の理解を得ることができる。

⑥関係機関等の役割分担を通じて、それぞれの機関が責任をもって支援を行う体制づくりができる。

⑦情報の共有化を通じて、関係機関等が同一の認識の下に、役割分担しながら支援を行うため、支援を受ける家庭にとってより良い支援が受けられやすくなる。

⑧関係機関等が分担をし合って個別の事例に関わることで、それぞれの機関の責任、限界や大変さを分かち合うことができる。

　「協議会ガイドライン」第2章では「要保護児童対策地域協議会の設立」として、**設置主体**、構成員、設置準備、公示に分けて、それぞれの説明がなされています。ここでは、実際に協議会に参加し、必要に応じて要保護児童等を直接に支援する諸資源（個人の資格での参画もあります）であるこの協議会の構成員についてくわしくみていきます。

➕ 補足
調整する機関
協議会ガイドラインでは、この調整機関は、市町村（地方公共団体）の長が指定することとされている。多くの地方公共団体では、児童福祉担当部局または母子保健担当部局が、この機関——事務局ともよばれる——に指定されている。これは、本レッスン第2節で示した市区町村子ども家庭総合支援拠点に相当する。

▶ 出典
†3 「要保護児童対策地域協議会設置・運営指針」第1章2

➕ 補足
要保護児童対策地域協議会の設置主体
設置主体は市区町村（地方公共団体）である。

構成員は、以下のように 7 つのカテゴリに分けて示されています。

【児童福祉関係】
・市町村の児童福祉、母子保健等の担当部局
・児童相談所
・福祉事務所（家庭児童相談室）
・保育所（地域子育て支援センター）
・児童養護施設等の児童福祉施設
・児童家庭支援センター
・里親
・児童館
・民生・児童委員協議会、主任児童委員、民生・児童委員
・社会福祉士
・社会福祉協議会

【保健医療関係】
・市町村保健センター
・保健所
・地区医師会、地区歯科医師会、地区看護協会
・医療機関
・医師、歯科医師、保健師、助産師、看護師
・精神保健福祉士
・カウンセラー（臨床心理士等）

【教育関係】
・教育委員会
・幼稚園、小学校、中学校、高等学校、盲学校、聾学校、養護
　学校等の学校

【警察・司法関係】
・警察（警視庁及び道府県警察本部・警察署）
・弁護士会、弁護士

【人権擁護関係】
・法務局
・人権擁護委員

【配偶者からの暴力関係】
・配偶者暴力相談センター等配偶者からの暴力に対応している
　機関

> 【その他】
> ・NPO
> ・ボランティア
> ・民間団体

　以上の構成員は、ふだんから支援対象児童等を発見しやすい立場にあり、発見後に支援対象児童等に関わる可能性もある諸資源（公的機関、民間機関、専門家、個人など）です。たとえば、歯の痛みがどうしても我慢できずに診療所に来た子どもの口腔内を診察した歯科医が、あまりにも多くのう歯（虫歯）を確認した場合、この子どもは要支援児童に該当するのではないかと判断することになります。この歯科医（民間の診療所）が、地域の要保護児童対策地域協議会の構成員であれば、この家庭と子どもに関する実態（ケース）をこの会議の議題として提起することが可能となります。もし、構成員でなければ、市町村（支援拠点）にこの家庭の情報を提供する（相談・通告する）ことで、この家庭は協議会のケースとして取り上げられるかどうか検討の対象になります。

　では、実際にこの協議会は、どのような形で開催されているのでしょうか。これについては、「協議会ガイドライン」第3章「要保護児童対策地域協議会の運営」のなかに書かれています。それによると、この協議会は、「代表者会議」「実務者会議」「個別ケース検討会議」の3層構造になっています。

> 【代表者会議】協議会の構成員の「代表者」による会議。実際に支援を担当する者で構成される実務者会議が円滑に運営されるための環境を整えることを目的として、年に1〜2回程度開催される。各関係機関等の代表者（＝責任者、管理職）の理解と協力を得ておくこと、彼らの間の連携を深めておくことで、諸資源間の円滑な連携を確保することがこの会議の主たる目的である。
> 【実務者会議】実際に支援を担当する実務者で構成される会議。この会議での協議事項は、「すべてのケースに関する定期的な状況のフォロー、主担当機関の確認、支援方針の見直し等」「定期的な情報交換や個別ケース検討会議で課題となった点の更なる検討」「支援対象児童等の実態把握や支援を行っているケー

スの総合的な把握」「要保護児童対策を推進するための啓発活動」「地域協議会の年間活動方針の策定、代表者会議への報告」などである。市町村内のすべての虐待ケースについて「進行管理台帳」を調整機関が作成し、**「主担当機関」**と**「主たる支援機関」**の確認や状況確認、支援方針の見直し等を定期的に（3か月に1度）行うことが適当とされている。

【個別ケース検討会議】個別の支援対象児童等に直接に関わっている担当者や今後関わる可能性がある諸資源の担当者が、当該支援対象児童等にどのように対応していくのが最適であるのか、その具体的支援内容などを検討するために適時開催される会議。この会議での協議事項は、「関係機関が現に対応している虐待事例についての危険度や緊急度の判断」「要保護児童の状況の把握や問題点の確認」「支援の経過報告及びその評価、新たな情報の共有」「援助方針の確立と役割分担の決定及びその認識の共有」「ケースの主担当機関とキーパーソン（主たる援助者）の決定」「実際の援助、支援方法、支援スケジュール（支援計画）の検討」「次回会議（評価及び検討）の確認」などである。個別ケース検討会議においては、個別ケースごとに**「主たる直接支援機能」**を受け持つ機関や担当者、**「とりまとめ機能」**を受け持つ機関、**「ケース管理・調整機能」**を受け持つ機関という役割分担も決定する必要がある。

◆補足
主担当機関と主たる支援機関
主担当機関とは児童相談所または市区町村のうち、全体の進行管理の責任主体となる組織、主たる支援機関とは支援対象児童等に対して必要な支援を主に行う組織をさす。

◆補足
主たる直接支援機能、とりまとめ機能、ケース管理・調整機能
主たる直接支援機能とは、日常的に具体的な場面で支援対象児童等（その家族も含む）を支援する役割のこと。とりまとめ機能とは、個別ケース検討会議の開催、決定された支援の進捗に関する連絡調整・情報整理等の事務的な作業を行う役割のこと。ケース管理・調整機能は、ケース全体について責任を負い進行管理を行う役割のこと。

　以上のように、協議会ガイドラインが全国の都道府県および指定都市市長宛に通知されていることから、現在、数多くの地方公共団体には、上記の3つの会議が要保護児童対策地域協議会として定期的にあるいは適時開催されていますが、以下では、子ども家庭支援を直接に担っている地域の諸資源間のネットワークである個別ケース検討会議に着目をして、実際の支援の流れ・動きを具体的な事例をとおしてみていきます。

2 　個別ケース検討会議と地域の諸資源の連携・協働

　先に例示した民間の診療所（歯科医師）が発見した男児（小学2年生）とその家庭を、インシデント②として取り上げてみます。

インシデント②　歯科医師による情報提供

　D歯科医師は、B小学校の校医です。先日、B小学校のCくんが、母親にともなわれてD歯科医師の医院にやって来ました。Cくんは非常にう歯が多く、D歯科医師は母親に「治療には時間がかかります。根気よく通ってくださいね」と告げました。すると母親は、伏し目がちに「そうですか……。治療費はいくらくらいになりますか」と聞いてきました。診察後、この親子のことが気になったので、診療記録を確認してみると、母親は、ひとり親家庭等医療費受給者証を提示していました。少額ではあるものの、いったん診療所の窓口で一部負担金を支払うことが大変なのかなとD歯科医師は思いました。

　Cくんの様子にも気になる点がみられました。治療中に、「口を開けてね」「はい、もう閉じてもいいよ」などと指示しても、すぐにそうせず、言葉の通じにくさを感じました。そこでD歯科医師は、2回目の治療以降、少しずつCくんのことや暮らしぶりをそれとなく聞くようにし、何度か治療を行っていく過程で、次のような事実を把握しました。

　Cくん親子は、半年ほど前に隣市から転入してきました。理由は、母子に対するCくんの父親からの暴力でした。母親は、友人のすすめで配偶者暴力相談支援センターに相談し、一時的にシェルターに保護され、その滞在中に、弁護士によって夫との離婚を成立させることができました。現在はスーパーに勤務していますが、十分な収入は得られていません。Cくんは、3歳児健診で言葉の発達の遅れを指摘されたものの、夫からの暴力が始まった時期であったこともあり、そのままにしていました。また、Cくんを保育所や幼稚園に通わせたことはないものの、4歳ごろまでは、買い物のついでに週に何回か、Cくんを隣市にある子育てひろばに連れていっていたとのことでした。

　こうした情報を得たD歯科医師は、校医であることもあり、Cくんの通っている小学校の校長に連絡をとり、この親子を適切な支援につなげるためにはどうしたらよいか相談しました。

　インシデント②では、歯科医から相談を受けた校長が、市の要保護児童対策地域協議会・代表者会議のメンバーであったこともあり、Cくん親子の状況を市の支援拠点に伝えることになりました。これを受けて、支援拠点（調整機関）は「受理会議」を開催します。このケースは、虐

待・ネグレクトが起こって、子どもの安全が脅かされているような**緊急
事態**ではないものの、協議会の活用が必要な事案かどうかをこの受理会
議で判断をすることになります。その際、ケースに応じた参加機関を考
えて、そこからのスタッフ参加を要請することも多いのですが、柔軟な
対応も可能とされていることから、この支援拠点では、電話連絡によっ
て協議するという方法を採りました。連絡をしたのは、市の福祉事務所
に設置されている家庭児童相談室の社会福祉主事（ソーシャルワーカー）
と家庭児童相談員、Cくんが在籍しているB小学校のクラス担任、市の
保健センターの保健師です。協議の結果、個別ケース検討会議を経たう
えでの支援を要するとの判断が下されました。

　次のステップは、Cくん親子に関する調査（情報収集）です。これは、
この後に開催される個別ケース検討会議において、支援対象児童等を的
確に理解し、具体的な支援方針等を決定するために支援拠点（調整機関）
が実施します。このケースでは、Cくんが生まれたときに家庭訪問をし
た隣市・保健センターの助産師、Cくんの3歳児健診を担当した隣市・
保健センターの保健師、Cくんと母親がよく利用していた隣市の子育て
ひろば（地域子育て支援拠点）の保育士、隣市の配偶者暴力相談支援セ
ンターの担当職員、県の公的シェルター（婦人相談所に併設される一時
保護施設）の担当職員、そしてCくんが通っているB小学校のクラス担
任および養護教諭・栄養教諭から話を聞きました。小学校のクラス担
任からは、小学校に入る前に行われた就学時健診では、Cくんに特に問
題がなかったとのことです。しかし、現在、Cくんは、友だちとうまく
コミュニケーションをとれないことが多く、学力面でも遅れがちである
ということでした。母親には個別懇談のときにその旨を伝えているので
すが、「私は勉強が苦手で、家で宿題などもみてやることは無理なので、
学校で何とかお願いします」と言っていたそうです。

　こうした調査をとおして収集された情報に基づき、個別ケース検討会
議が支援拠点（調整機関）によって開催されます。ここには、受理会議
の際に協議に参加したメンバーが招集され、支援にあたっての方針、具
体的な支援方法と時期、各機関の役割分担と連携方法、このケースのと
りまとめ役、個別ケース検討会議の次回日程などが決められます。この
個別ケース検討会議では、具体的な支援方法が次のように決まりました。

・小学校のクラス担任が、Cくんの母親にCくんの学校での様子——どの程度授業についていけているのか、クラスの友だちとどんなやりとりをしているのかなどについて率直に伝える。母親が必要性を納得したら、児童相談所に知的能力を中心とした発達検査を受けに行くようすすめる。また、診断結果も参考にしながら、Cくんにとって適切な学習環境（現在の普通学級から特別支援学級への移籍など）を母親と一緒に考える。

・母子家庭が活用できるサービスである児童扶養手当の申請はすでに済ませ、ひとり親家庭等医療費受給資格証も所持していることがわかったので、もしCくんに知的障害があることが判明したら、療育手帳を取得するとともに、特別児童扶養手当の申請につなぐ。

・現在、Cくんの母親は、Cくんが帰宅するまでの時間帯でパートタイムの仕事をしているため、十分な収入が得られていない。そこで、少しでも母親の収入を増やすため家庭児童相談室の家庭児童相談員が責任をもって、Cくんが学童保育所（場合によっては放課後等デイサービス）に通えるように手続き等をサポートする。

・市町村保健センターの保健師は、適宜、D歯科医師と連絡をとりながら、Cくんの口腔内の健康状態をモニターするとともに、Cくんおよびくんの母親の心身の健康状態を電話や自宅訪問などをとおして把握する。

　上記のような支援を一定期間提供したら、次の個別ケース検討会議が開催されます。その日までに、複数の資源が連携・協働して行った子ども家庭支援の進展を支援拠点（調整機関）が評価し、これに基づき、支援方針を見直したり、支援内容の変更や追加を決めたり、場合によっては**協議会による進行管理の終結**の適否を判断したりします。

　以上のように、要保護児童対策地域協議会というネットワークにおいて、子ども家庭支援の実働を担っている「個別ケース検討会議」の流れは、相談・通告等→受理会議（ケースによっては緊急受理会議）の開催→調査→個別ケース検討会議の開催→諸資源（関係機関等）による支援→個別ケース検討会議の開催（これまでの支援の評価を含む）→終結の決定、または、今後必要となる諸資源（関係機関等）による支援の決定

◆補足

協議会による進行管理の終結
地域協議会ガイドライン第3章の5「支援の終結」の箇所には、「要保護児童対策地域協議会による進行管理の終結判断の目安（例）」が書かれている。

→……となります。インシデント②は、保育所などの保育・教育施設が関与する事例ではありませんでしたが、保育所や認定こども園に通っている子どもが虐待などを受けた場合、要保護児童対策地域協議会の構成員となるように、保育士が協力要請を受けることもあります。そのような場合には、積極的に会議に参加し、当該の子どもと家庭の支援に貢献してほしいと思います。

演 習 課 題

①インシデント①のなかに記載されている「エジンバラ産後うつ質問票」とはどのような調査なのでしょうか。質問項目、実施法、採点法などについて、インターネットを使って調べてみましょう。

②要保護児童対策地域協議会の設置状況や運営状況の変遷を、インターネットを使って調べてみましょう。

③「要保護児童対策地域協議会ガイドライン」第3章の5「支援の終結」を読んで、どんな状況であれば、子ども家庭支援の進行管理を終えてよいのかを調べてみましょう。

次世代育成支援対策と子ども・子育て支援新制度の推進

このレッスンでは、子育て家庭に対する支援を展開するための制度として、「次世代育成支援施策」と「子ども・子育て支援新制度」を取り上げ、その内容をくわしく学びます。また、こうした子育て家庭への支援体制が内包する問題を「子どもの保育」という観点から検討します。

1. 次世代育成支援対策の推進

1 「次世代育成支援対策推進法」について

　まず、子育て支援の取り組みの一つとして、なぜ、次世代育成支援対策が必要とされるようになったのか、その背景を探ってみます。この「次世代の育成を支援する」という考え方が着想される以前から、国をあげての対策は講じられていました。たとえば、当時の文部省、厚生省、労働省、建設省の4大臣が合意のうえで策定した「今後の子育て支援のための施策の基本的方向について」（「エンゼルプラン」1994［平成6］年12月、施策の実施期間は1995［平成7］～1999［平成11］年度）や当時の大蔵省、文部省、厚生省、労働省、建設省、自治省の6大臣が合意のうえで策定した「重点的に推進すべき少子化対策の具体的実施計画について」（「新エンゼルプラン」1999［平成11］年12月、施策の実施は2000［平成12］～2004［平成16］年度）などです。

　これらの対策は、少子化への対応、すなわち出生数の増加や出生率の回復を目指すことを中心としていたので、構想・実施された施策の多くは、当時増加しつつあった共働き家庭が子どもを産み・育てることを促そうとしたものでした。たとえば、保育や子育て支援のサービスを充実する、育児と両立しいよう働き方を改革する、母子保健の医療体制を整えるなどです。これらのうち、働き方の改革については、職場が公的機関であっても企業などであっても、当初に期待されていたような成果がみられませんでした。そこで、政府は、仕事と育児とを十分に両立させられる環境を整えることが、より多くの子どもたちが生まれることを後押しし、そうした子どもたちが健やかに育つことへの支援につながると考え、次世代育成支援という方針を構想しました。

　では、「次世代育成支援」とは具体的にどのような支援を指している

■補足
次世代育成支援対策推
進法
2003（平成15）年7月成立。
2014（平成26）年度末まで
の10年間の時限立法とし
て、2005（平成17）年4月
より施行。改正された同法
は、2015（平成27）年4月
より10年間の時限立法と
して施行。

のでしょうか。それは、その根拠法である「**次世代育成支援対策推進法**」の第1章「総則」内の第2条（定義）に示されています。そこには、「『次世代育成支援対策』とは、次代の社会を担う子どもを育成し、又は育成しようとする家庭に対する支援その他の次代の社会を担う子どもが健やかに生まれ、かつ、育成される環境の整備のための国若しくは地方公共団体が講ずる施策又は事業主が行う雇用環境の整備その他の取組をいう」と記されています。言い換えれば、一人でも多くの子どもが、健やかに生まれ・たくましく育つことで、次世代をしっかりと担ってくれることを目指して、子どもの育つ環境を整えるとともに、国や地方公共団体あるいは事業主が中心となって、主に雇用環境を整えることが次世代育成支援対策ということになります。もちろん、この対策にも少子化への対応という視点、すなわち出生数の増加や出生率の回復を目指すこと、さらには少子化による労働人口の減少というネガティブな影響を抑制するという目的も含まれていると考えられます。

2 次世代育成支援対策の中心：行動計画の策定

「次世代育成支援対策推進法」の概要が、厚生労働省のホームページ[1]に掲載されています。それに基づいて、次世代育成支援対策の内実をみていきます。冒頭には、この法律の全体像が記されており、以下にそのまま抜き書きします（下線部は筆者）。

▶出典
[1] 厚生労働省ホームペ
ージ「次世代育成支援対策
推進法」の概要（https://
www.mhlw.go.jp/bunya/
kodomo/jisedai-suisinhou-
gaiyou.html 2019年11月
21日確認）

> 　我が国における急速な少子化の進行等を踏まえ、次代の社会を担う子どもが健やかに生まれ、かつ、育成される環境の整備を図るため、次世代育成支援対策について、<u>基本理念を定める</u>とともに、<u>国による行動計画策定指針並びに地方公共団体及び事業主による行動計画の策定等の次世代育成支援対策</u>を迅速かつ重点的に推進するために必要な措置を講ずる。

　ここで重要なポイントは、下線部です。まずは、次世代育成支援対策を推進する際に、私たちが意識しておくべき観点である「基本理念」がこの法律で定められているとあります。この基本理念は、「次世代育成支援対策は、父母その他の保護者が子育てについての第一義的責任を有するという基本的認識の下に、家庭その他の場において、子育ての意義についての理解が深められ、かつ、子育てに伴う喜びが実感されるように配慮して行われなければならない[2]」となっています。「子育ての意

▶出典
[2] 「次世代育成支援対
策推進法」第1章第3条

義についての理解が深められ」「子育てに伴う喜びが実感され」という表現については、誰が理解するのか・誰が実感するのかがあいまいですが、おそらくは、社会全体が保護者と子育ての意義や喜びを共有することの重要性をうたっていると考えられます。

　次に、次世代育成支援対策としての具体的な内容が記されています。それは、もう一つの下線部を見ればわかるように、「国が行動計画の策定指針を提示すること」「地方公共団体が行動計画を策定すること」「事業主が行動計画を策定すること」であると読み取ることができます。これら3つについて、前述の「次世代育成支援対策推進法」の概要のなかから抜き書きします。

---

　［1］行動計画策定指針
　　主務大臣は、基本理念にのっとり、地方公共団体及び事業主が行動計画を策定するに当たって拠るべき指針を策定すること。
　［2］地方公共団体の行動計画
　　市町村及び都道府県は、［1］の行動計画策定指針に即して、地域における子育て支援、親子の健康の確保、教育環境の整備、子育て家庭に適した居住環境の確保、仕事と家庭の両立等について、目標、目標達成のために講ずる措置の内容等を記載した行動計画を策定すること。
　［3］事業主の行動計画
　ア　一般事業主行動計画
　　・事業主は、従業員の仕事と家庭の両立等に関し、［1］の行動計画策定指針に即して、目標、目標達成のために事業主が講じる措置の内容等を記載した行動計画を策定すること。
　イ　特定事業主行動計画
　　・国及び地方公共団体の機関は、職員の仕事と家庭の両立等に関し、［1］の行動計画策定指針に即して、目標、目標達成のために講じる措置の内容等を記載した行動計画を策定・公表すること。

　この抜き書きからは、国が「行動計画」の策定指針を作成し、地方公共団体および**事業主**（一般事業主と特定事業主）はこの指針に即して「行動計画」を策定して各都道府県の労働局に届け出るとともに、その内容

◆補足
事業主
一般事業主とは民間企業などの代表者であるのに対し、特定事業主とは国および地方公共団体の機関の長である。たとえば、大学（国立大学法人、公立大学法人、学校法人）は一般事業主に該当し、各省庁や都道府県・市区町村などは特定事業主に該当する。

を実施するという流れが読み取れます。さらに、地方公共団体に対しては、その住民に対する子育てに関わる諸支援（地域における子育て支援、親子の健康の確保、教育環境の整備、子育て家庭に適した居住環境の確保、仕事と家庭の両立など）の計画作成が求められているのに対し、事業主に対しては、その社員や職員への「仕事と家庭の両立等」の支援に関わる計画作成が求められています。したがって、地方公共団体に限っていえば、そこでは、行政施策としての行動計画と特定事業主としての行動計画とが策定されることになります。

「次世代育成支援対策推進法」は2014（平成26）年4月に改正されており、現行の「次世代育成支援対策推進法」は2025（令和7）年度末まで効力を有していますが、この改正までの期間に、行動計画の作成・届け出の「義務」を負う企業等の基準（当該企業が雇用する労働者の人数）が変更されています。

3　国による「行動計画」の策定指針

ここでは、次世代育成支援対策の内容をよりくわしく知るために、すでに述べた対策推進の流れの出発点である、主務大臣（国）による「行動計画策定指針[3]」をみていきます。この告示の発出者である主務大臣とは、内閣府、国家公安委員会、文部科学省、厚生労働省、農林水産省、経済産業省、国土交通省、環境省の各大臣となっており、多くの府省がこの策定に関与しています。また、この指針の目次を確認すると、次のような構成になっています。

▶出典
†3　厚生労働省ホームページ「行動計画策定指針」(https://www.mhlw.go.jp/general/seido/koyou/jisedai/kaisei/kaisei-houshin.html 2019年11月21日確認)

一　背景及び趣旨

二　次世代育成支援対策の実施に関する基本的な事項

三　市町村行動計画及び都道府県行動計画の策定に関する基本的な事項

四　市町村行動計画及び都道府県行動計画の内容に関する事項

五　一般事業主行動計画の策定に関する基本的な事項

六　一般事業主行動計画の内容に関する事項

七　特定事業主行動計画の策定に関する基本的な事項

八　特定事業主行動計画の内容に関する事項

以下、「一」～「八」までの各事項のうち筆者が重要であると考える部分を抽出して、指針の本質をとらえていきます。

①背景及び趣旨（「一」）について

　次世代育成支援対策の推進のために、はじめて「次世代育成支援対策推進法」が制定されたのが2003（平成15）年でしたが、それ以降に制定された法律、閣議決定された大綱やビジョン、策定された憲章や行動指針などの概要、さらに、この改正された推進法が成立する直前の時期（平成24～25年）に成立した法律や対策の概要が紹介されています。そのうえで、**こうした取り組み**が一定の成果をあげているものの、少子化の流れが変わる、子どもが健やかに生まれ・育つ社会が実現されるなどは十分に達成されていない現状があり、さらなる次世代育成支援対策が（改正された「次世代育成支援対策推進法」に基づいて）推進される必要があると述べられています。

　また、「子ども・子育て関連3法」（2012［平成24］年）に含まれている「子ども・子育て支援法」（子ども・子育て支援の充実を図る恒久法）が制定されたことにともない、次世代育成支援対策推進法の改正にあたっては、それまで同法の「市町村行動計画」「都道府県行動計画」のなかで策定されていた保育サービスや各種の子育て支援事業が、この「子ども・子育て支援法」が規定する「市町村子ども・子育て支援事業計画」「都道府県子ども・子育て支援事業支援計画」に基本的には引き継がれるようになったことが示されています。

②次世代育成支援対策実施に関する基本的な事項（「二」）について

　ここでは、この法律に基づいて対策を展開するにあたって、その実施主体をはじめとする関係者が意識しておくべき基本事項が記されています。

　基本理念としては、改正前に記されていた事項（保護者が子育ての第一義的責任をもつこと、社会全体が子育ての意義や子育てにともなう喜びを保護者と共有する）に加え、2014（平成26）年7月に内閣府が告示した**基本指針**のうち「第一　子ども・子育て支援の意義に関する事項」の内容を踏まえることも重要であると記されています。

　また、地方公共団体や事業主が行動計画を作成するにあたっては、10年間の集中的・計画的な取り組みを念頭に、実施しようとする対策の達成目標、その内容、その実施時期等を定めるものとされています。さらに、次世代育成支援対策を推進するにあたっては、実施主体をはじめとする関係機関・関係者間の連携や協働（市町村内および都道府県内における関係部局間、国と地方公共団体との間、市町村と都道府県との間、市町村間、国・地方公共団体と一般事業主との間、地域の事業主と地域の民間団体などとの間）を図ることが不可欠であると記されています。

✦ 補足

少子化対策の取り組み
「少子化社会対策基本法」（2003［平成15］年7月成立）、「少子化社会対策大綱」（2004［平成16］年6月閣議決定）、「仕事と生活の調和（ワーク・ライフ・バランス）憲章」（2007［平成19］年12月策定）、「仕事と生活の調和推進のための行動指針」（2007［平成19］年12月策定）、「子ども・子育てビジョン」（2010［平成22］年1月閣議決定）、「子ども・子育て関連3法」（2012［平成24］年8月成立）、「社会保障制度改革推進法」（2012［平成24］年8月成立）、「少子化危機突破のための緊急対策」（2013［平成25］年6月少子化社会対策会議決定）。

✦ 補足

基本指針
「子ども・子育て支援法」第60条に基づいて定められ、同条第4項の規定に基づいて公表された「教育・保育及び地域子ども・子育て支援事業の提供体制の整備並びに子ども・子育て支援給付及び地域子ども・子育て支援事業の円滑な実施を確保するための基本的な指針」。

◆ 補足
次世代育成支援対策地
域協議会
この協議会に関する規定は、
改正前の「次世代育成支援
対策推進法」のなかにも示
されている。

最後に、「次世代育成支援対策地域協議会」を積極的に組織して、その活用を図ることが望ましい旨も記載されています。

③市町村および都道府県の行動計画に関する基本事項とそれらの内容（「三」「四」）について

ここでは、まず、地方公共団体がそれぞれの行動計画を策定するに当たっての基本的視点が以下のように10項目に分けて述べられています。

1）子どもの視点（子どもの最善の利益）

2）次代の親の育成という視点（長期的な視野に立つ）

3）サービス利用者の視点（個別ニーズへの柔軟な対応）

4）社会全体による支援の視点（さまざまな担い手の協働）

5）仕事と生活の調和の実現の視点（関係者の創意工夫と地域の実情に応じた展開）

6）結婚・妊娠・出産・育児の切れ目ない支援の視点（地域の実情に応じた切れ目ない支援による出生数の増加）

7）全ての子どもと家庭への支援の視点（さまざまな課題を抱える家庭への支援）

8）地域の担い手や社会資源の効果的な活用の視点（地域活動団体、民間事業者、地域の人材、地域の伝統文化などの活用、各種公共施設の活用）

9）サービスの質の視点（人材の資質向上、情報公開、サービス評価の推進）

10）地域特性の視点（各地方公共団体によるそれぞれの特性を踏まえた主体的な取り組み）

◆ 補足
他の計画との関係
他の計画とは、「地域福祉
計画」「自立促進計画」「障
害者計画」「子ども・子育
て支援事業計画」「都道府
県子どもの貧困対策計画」
やその他市町村または都道
府県が策定する計画。関係
とは、「次世代育成支援に
関する事項を定めるにあた
って、これら諸計画の内容
との調和が保たれたものと
する」ことを指す。

これに引き続いて、市町村及び都道府県が行動計画を策定するにあたっての手続き（「現状の分析」と「多様な主体の参画と情報公開」）、策定の時期等、点検・評価のための指標の導入、実施状況の点検・評価及び推進体制、**他の計画との関係**が示されています。

次に、市町村および都道府県の行動計画に盛り込む具体的な内容については、市町村行動計画と都道府県行動計画とに分けて記載されています。これは多岐にわたって膨大な内容となっていますので、ここでは、両者を 1 つの表にして整理しておきます（図表10 - 1）。

図表10 - 1をみると、市町村と都道府県で大きく異なっているのは、（8）「要保護児童への対応などきめ細かな取組の推進」のなかの「児童虐待防止対策の充実」に関連する箇所です。この違いは、都道府県には**児童相談所**が人口規模に応じて設置されているのに対し、市町村には児童相談所が設置されていない（ただし、政令指定都市や中核市には置か

児童相談所
2018（平成30）年10月 1
日現在、すべての政令指定
都市（20都市）に児童相
談所があるが、全国58の
中核市のうち児童相談所が
置かれているのは 2 都市
（横須賀市・金沢市）であ
る。なお、2019（平成31）
年 4 月より、中核市とし
ては 3 か所目の児童相談
所が明石市に設置された。

図表 10-1 行動計画策定指針に記されている市町村行動計画・都道府県行動計画の内容

（1）地域における子育ての支援
ア 地域における子育て支援サービスの充実　イ 保育サービスの充実　ウ 子育て支援のネットワークづくり　エ 子どもの健全育成（児童館や青少年教育等を活用した地域の協力による子どもの健全育成／放課後子ども総合プラン）　オ 地域における人材育成　カ その他（世代間交流の推進、地域施設・資源の活用）
（2）母性並びに乳児及び幼児等の健康の確保及び増進
ア 切れ目ない妊産婦・乳幼児への保健対策　イ 学童期・思春期から成人期に向けた保健対策の充実　ウ「食育」の推進　エ 子どもの健やかな成長を見守り育む地域づくり　オ 小児医療の充実　カ 小児慢性特定疾患対策の推進　キ 不妊に悩む方に対する支援充実
（3）子どもの心身の健やかな成長に資する教育環境の整備
ア 次代の親の育成　イ 子どもの生きる力の育成に向けた学校の教育環境等の整備（確かな学力の向上／豊かな心の育成／健やかな体の育成／信頼される学校づくり／幼児教育の充実）　ウ 家庭や地域の教育力の向上（豊かなつながりの中での家庭教育への支援の充実／地域の教育力の向上）　エ 子どもを取り巻く有害環境対策の推進
（4）子育てを支援する生活環境の整備
ア 良質な住宅の確保　イ 良好な居住環境の確保　ウ 安全な道路交通環境の整備　エ 安心して外出できる環境の整備（公共施設、公共交通機関、建築物等のバリアフリー化／子育て世帯にやさしいトイレ等の整備／子育て世帯への情報提供）　オ 安全・安心なまちづくりの推進等
（5）職業生活と家庭生活との両立の推進等
ア 仕事と生活の調和の実現のための働き方の見直し［長時間労働の抑制に取り組む労使に対する支援等を含む］（仕事と生活の調和の実現に向けた労働者、事業主、地域住民の理解や合意形成を促進するための広報・啓発／法その他の関係法律、一般事業主行動計画、認定制度及び特例認定制度に関する労働者、事業主、地域住民への広報・啓発／仕事と生活の調和の実現のための働き方の見直しや次世代育成支援対策に取り組む企業や民間団体の好事例の情報の収集提供等／企業における仕事と生活の調和に関する研修やコンサルタント・アドバイザーの派遣／仕事と生活の調和の実現に積極的に取り組む企業に付与される認定マーク（くるみん）及び特定認定マーク（プラチナくるみん）の周知、表彰制度等仕事と生活の調和を実現している企業を社会的に評価することの促進／融資制度や優遇金利の設定、公共調達における優遇措置等による、仕事と生活の調和の実現に積極的に取り組む企業における取組の促進）イ 仕事と子育ての両立のための基盤整備
（6）結婚・妊娠・出産・育児の切れ目ない支援の推進
結婚・妊娠・出産・育児の切れ目ない支援の推進
（7）子どもの安全の確保
ア 子どもの交通安全を確保するための活動の推進（交通安全教育の推進／チャイルドシートの正しい使用の徹底／自転車の安全利用の推進）　イ 子どもを犯罪等の被害から守るための活動の推進（住民の自主防犯行動を促進するための犯罪等に関する情報の提供の推進／子どもを犯罪等の被害から守るための関係機関・団体との情報交換の実施／学校付近や通学路等におけるPTA 等の学校関係者や防犯ボランティア、少年警察ボランティア等の関係機関・団体と連携したパトロール活動等の安全対策の推進及び学校と警察との橋渡し役としてのスクールサポーターの活用の推進／子どもが犯罪の被害に遭わないようにするための被害防止教育の推進／子どもの安全確保等のために活動する防犯ボランティア等に対する支援）　ウ 被害に遭った子どもの保護の推進
（8）要保護児童への対応などきめ細かな取組の推進
ア 児童虐待防止対策の充実（関係機関との連携及び市町村における相談体制の強化／発生予防、早期発見、早期対応等／社会的養護施策との連携）　イ 母子家庭及び父子家庭の自立支援の推進　ウ 障害児施策の充実等 **ア 児童虐待防止対策の充実（児童相談所の体制の強化／市町村や関係機関との役割分担及び連携の推進／妊娠や子育て家庭の相談体制の整備／児童虐待による死亡事例等の重大事例の検証）　イ 社会的養護体制の充実（家庭的養護の推進／専門的ケアの充実及び人材の確保・育成／自立支援の充実／家族支援及び地域支援の充実／子どもの権利擁護の強化）ウ 母子家庭及び父子家庭の自立支援の推進　エ 障害児施策の充実等**

注：市町村のみに該当する項目は「斜体」で、都道府県のみに該当する項目は「太字」で表記している。

れています）ことから生じていると考えられます。

　いずれにしても、全国の地方公共団体では、この指針の内容に依拠しながらそれぞれに期間を定めた行動計画（地方公共団体によって呼称は異なります）を策定し、計画に基づいて対策を実施し、その効果を評価するという流れによって、子ども・子育ての支援を展開してきました。なお、すでに述べたように、これらの行動計画は、恒久法である「子ども・子育て支援法」に引き継がれ、現在は、ほとんどの地方公共団体において、「市町村子ども・子育て支援事業計画」および「都道府県子ども・子育て支援事業支援計画」（地方公共団体によって呼称は異なります）という形で支援施策が作成されており、それに基づいた子ども・子育ての支援が総合的に全国各地で推進されています。

④一般事業主および特定事業主の行動計画に関する基本事項とそれらの内容（「五」〜「八」）について

　一般事業主行動計画と特定事業主行動計画は、自らの企業や組織で働く労働者・職員が、仕事と子育てとを調和させながら生活ができるように企業・組織内の諸条件を整えていくプロセスを後押しする目的で規定されるものであり、それらは企業や組織に課せられる義務ないしは努力義務となります。

　まず、一般事業主・特定事業主がそれぞれの行動計画を策定するに当たっての基本的視点が 7 項目に分けて述べられています。両者の内容は、「労働者」「職員」、「企業」「機関」など一部の言葉が異なるだけで、内容はまったく同じです。順に、①労働者／職員の仕事と生活の調和の推進という視点、②労働者／職員の仕事と子育ての両立の推進という視点、③企業／機関全体で取り組むという視点、④企業／機関の実情を踏まえた取組の推進という視点、⑤取組の効果という視点、⑥社会全体による支援の視点、⑦地域における子育ての支援の視点となっています。これに引き続き、一般事業主・特定事業主が行動計画を策定するに当たっての手続きや留意事項として、計画期間、目標の設定、推進体制の整備、労働者／職員の意見反映のための措置、計画の公表と周知、**計画の実施状況の点検（および公表）、認定・特例認定の活用**が示されています。

　次に、この指針には、一般事業主および特定事業主の行動計画に盛り込む具体的な内容について書かれていますが、これも多岐にわたった膨大な内容となっていますので、以下にその主な項目を「雇用環境の整備」と「その他の次世代育成支援対策」に分けて整理します。

✚補足

計画の実施状況の点検（および公表）、認定・特例認定の活用

計画の実施状況の点検と公表を求められているのは特定事業主のみである。また、認定・特例認定の活用が可能なのは一般事業主のみである。なお、認定・特例認定とは、行動計画を策定した企業のうち、その目標を達成し、一定の基準を満たした企業が「子育てサポート企業」として厚生労働大臣から「くるみん認定・プラチナくるみん認定」を受けられる制度である。

〈雇用環境の整備〉
・女性労働者・職員に対する妊娠中および出産後の配慮
・男性労働者・職員に対する育児に関する休業・休暇取得の促進
・子育て中の女性労働者・職員が活躍できる環境整備
・労働者・職員が仕事と子育てを両立できる諸制度の整備（短時間勤務制度、超過勤務の削減、在宅勤務の促進、転勤への配慮など）
・事業所内保育施設の設置・運営
〈その他の次世代育成支援対策〉
・職場（社屋や庁舎）に来た子ども連れが利用しやすい設備（トイレ、ベビーベッド、授乳コーナーなど）の整備
・子ども・子育てに関する地域貢献活動の推進
・労働者・職員が職場で子どもと触れ合う機会（子ども参観日、レクリエーション活動など）の設定
・職場における家庭教育に関する学習機会の提供

　以上のように、一般事業主の計画と特定事業主の計画に求められている内容はほぼ共通しており、ワーク・ライフ・バランスに関していえば、妊娠中や出産後の労働環境の整備や配慮、男性が育児に関わりやすくなる制度の充実、女性が不利益を被らない環境や制度の整備・充実、超過勤務を抑制し、柔軟な働き方・通勤を可能にし、十分な休暇を取得できる環境や制度の整備・充実、育児休業後の復帰に当たっての配慮などが目指されているといえます。なお、両者で異なっているのは、就業前の若者に対して、インターンシップやトライアル雇用など、就業体験・職業訓練の機会を設けるよう一般事業主に求めている点です。

2. 子ども・子育て支援新制度

1 子ども・子育て支援新制度の背景

　わが国における子ども・子育てに関わる施策は、2003（平成15）年以降、「少子化社会対策基本法」（2003年より施行）と「次世代育成支援対策推進法」（2003年より段階的に施行）という**2つの法律**を根拠にし

◆補足
2つの法律
「少子化社会対策基本法」（2003年7月成立）で示されている主な施策内容は「雇用環境の整備」「保育サービス等の充実」「地域社会における子育て支援体制の整備」「母子保健医療体制の充実等」「ゆとりのある教育の推進等」「生活環境の整備」「経済的負担の軽減」などである。「次世代育成支援対策推進法」（2003年7月成立）で示されている行動計画は「市町村行動計画及び都道府県行動計画」「一般事業主行動計画」「特定事業主行動計画」である。

て実施されてきました。前者は主に少子化対策として国や地方公共団体が総合的に推進するための方針や方向性を規定したもの、後者は、すでに本章で述べたように、子どもが健全に育ち・育てられるための行動計画を国・地方公共団体および事業主に立案するように要請したものです。

　しかし、両者が目指す施策には、たとえば、雇用環境の整備や保育サービスの充実など共通・重複する内容が数多く含まれていました。また、1995（平成 7 ）年頃に共働き世帯数が専業主婦世帯数を上回って以降、2005（平成17）年頃からは明らかにその差が大きくなっていきました。その結果として待機児童数が増加していき、大きな社会問題になりました。そこで、政府は、2002（平成14）年度から開始した「待機児童ゼロ作戦」に引き続き、2008（平成20）年度から「新待機児童ゼロ作戦」を開始するとともに、2010（平成22）年には、子ども・子育て支援を充実させるための新システムを検討し始めます。その成果が、2012年に成立した「子ども・子育て関連 3 法」です。これら 3 つを根拠法として施策化されたものが「子ども・子育て支援新制度」であり、現在のわが国の子ども・子育て支援の取り組みのうち、就学前の保育・教育の制度と地域における子育て家庭への支援・サービスの骨格となっています。

2　子ども・子育て支援新制度の内容

　この制度は、「すべての子ども・子育て家庭を対象に、幼児教育、保育、地域の子ども・子育て支援の質・量の拡充を図る」ために、国が恒久的で安定した財源を確保したうえで、「市町村（都道府県）が主体的に地方版の子ども・子育て会議の意見を聞きながら、子ども・子育て支援事業計画を策定・実施」していくというしくみ（図表10 - 2 ）であり、2015（平成27）年 4 月から運用されています。

　図表10 - 2 の左側は、乳幼児の保育サービスと幼児の教育サービスに関わる給付（教育・保育給付）のしくみを示しており、「施設型給付」と「地域型保育給付」とに分けられています。また、この図表の中央と左側は市町村が主体となって実施する地域における子どもと子育て家庭に対するサービスである「地域子ども・子育て支援事業」であり、右側は国が主体となって実施する「仕事・子育て両立支援事業」です。以下では、教育・保育給付のしくみと地域子ども・子育て支援事業の内容について説明します。

①教育・保育給付：施設型給付について

　長い間、幼児教育（ 3 ～ 5 歳児が対象）は、幼稚園という教育施設（「学校教育法」第 1 条に規定されている学校の一つ）で行われてきた

図表 10 - 2　子ども・子育て支援新制度の概要

市町村主体		国主体

[認定こども園・幼稚園・保育所・小規模保育など 共通の財政支援]	[地域の実情に応じた 子育て支援]	[仕事と子育ての 両立支援]

施設型給付

認定こども園　0〜5歳

幼保連携型

※幼保連携型については、認可・指導監督の一本化、学校及び児童福祉施設としての法的位置づけを与える等、制度改善を実施

幼稚園型	保育所型	地方裁量型

幼稚園　3〜5歳	保育所　0〜5歳

※私立保育所については、児童福祉法第24条により市町村が保育の実施義務を担うことに基づく措置として、委託費を支弁

地域型保育給付

小規模保育、家庭的保育、居宅訪問型保育、事業所内保育

地域子ども・子育て支援事業

- 利用者支援事業
- 地域子育て支援拠点事業
- 一時預かり事業
- 乳児家庭全戸訪問事業
- 養育支援訪問事業等
- 子育て短期支援事業
- 子育て援助活動支援事業（ファミリー・サポート・センター事業）

- 延長保育事業
- 病児保育事業
- 放課後児童クラブ

- 妊婦健診
- 実費徴収に係る補足給付を行う事業
- 多様な事業者の参入促進・能力活用事業

仕事・子育て両立支援事業

- 企業主導型保育事業
⇒事業所内保育を主軸とした企業主導型の多様な就労形態に対応した保育サービスの拡大を支援(整備費、運営費の助成)

- 企業主導型ベビーシッター利用者支援事業
⇒繁忙期の残業や夜勤等の多様な働き方をしている労働者が、低廉な価格でベビーシッター派遣サービスを利用できるよう支援

出典：内閣府子ども・子育て本部「子ども・子育て支援新制度について（令和元年6月）」2019年、6頁

のに対し、乳児および幼児の保育（0〜5歳児が対象）は、保育所（園）という児童福祉施設で行われてきました。したがって、幼児教育と乳児・幼児保育とが同一施設で提供されることはありませんでした。しかし、女性の就業率が高まり、働き方の多様化によって高まった多様な保育ニーズに対応するため、これら両方のサービスを一体的に提供する施設である「認定こども園」が構想され、2006（平成18）年に制定された「**認定こども園法**」によって、幼保連携型認定こども園やそのほかの認定こども園が整備されることになりました。

　その他の認定こども園には、図表10 - 2 にも記されているように、幼稚園型、保育所型、地方裁量型があります。いずれの認定こども園においても、教育と保育とが一体的に提供されるのですが、たとえば、0〜2歳児の保育は提供しない（幼稚園型）など、教育と保育に対するウェイトの置き方などに違いがあります。

　いずれにしても、この「施設型給付」を受けられるのは上記の認定こども園だけではなく、幼児教育のみを提供する幼稚園および乳幼児の保

✚補足
認定こども園法
正式名称は「就学前の子どもに関する教育、保育等の総合的な提供の推進に関する法律」である。

育のみを提供する保育所も、この給付を受けることができます。また、こうした施設型給付を受けることになった施設は、「特定教育・保育施設」とよばれます。

②教育・保育給付：地域型保育給付

新制度のもとでこの「地域型保育給付」を受けるのは、図表10-2にも示されている0〜2歳児までの保育サービスを提供する地域型保育を実施する事業です。それらは、小規模保育事業、家庭的保育事業、居宅訪問型保育事業、事業所内保育事業の4種です。

これらが市町村による認可事業とされた理由は、人口の多い都市部に集中する3歳未満の待機児童を解消するためです。また、認定こども園などの施設が地域内に設置されていない人口減少地域においては、小規模保育施設を設け、そこに放課後児童クラブ、地域子育て支援拠点、一時預かりなどの地域の子育て支援の機能を付加・確保するという工夫も可能となっています。さらに、保育の質と連続性（3歳以降の保育）を維持するために、これらの事業主体（ただし、居宅訪問型保育は除く）には、同じ地方公共団体内に「連携施設」を確保することが求められています。

③教育・保育給付に関する支給認定区分と利用申請

ここまでで説明してきた事業や施設は、新制度の枠組みのなかに移行したり、新制度のもとで創設されたりした施設や事業であり、それらは特定教育・保育施設（保育所、幼稚園、認定こども園のこと）、地域型保育事業（小規模保育事業、家庭的保育事業、居宅訪問型保育事業、事業所内保育事業のこと）とよばれます。これらの施設や事業を利用しようとする家庭の保護者は、子どもの年齢や家庭の就労状況など、あるいは各家庭が希望・期待する子どもの保育や教育などに応じて、以下の3つの「支給認定区分」からいずれかを選んで市町村に申請することになります。

◈ 補足

連携施設

連携施設は、認定こども園、保育所、幼稚園のいずれかから確保することになっている。連携施設は、地域型保育事業に対して保育内容の支援を行うとともに、地域型保育事業の利用を終了した子どもの受け皿としての役割を果たす。

✚ 用語解説

教育標準時間

教育標準時間は「4時間を基準とする」とされている。また、保育時間に関しては、以下の2つに区分されている。

保育標準時間利用：フルタイム就労を想定した利用時間で最長11時間

保育短時間利用：パートタイム就労を想定した利用時間で最長8時間

- 1号認定（**教育標準時間**[*]認定）：満3歳以上、小学校就学前の子どもで、学校教育のみを希望する場合。利用先は幼稚園・認定こども園。
- 2号認定（保育認定）：満3歳以上、小学校就学前の子どもで、「保育の必要な事由」に該当し、保育所等での保育を希望する場合。利用先は保育所・認定こども園。

・3号認定（保育認定）：満3歳未満の子どもで、「保育の必要な事由」に該当し、保育所等での保育を希望する場合。利用先は保育所・認定こども園・地域型保育事業。

　1号認定を希望する場合は、保護者はまず、入園したい幼稚園ないしは認定こども園に直接利用申し込みを行い、入園の内定をもらいます。その後、園を通じて支給認定の手続きを行います。これに対し、2号認定・3号認定を希望する場合は、支給認定の申し込み（保育の必要性の申請）と保育利用の申し込み（入所・入園したい複数の施設を第1希望から順に記入）を同時に市町村の窓口で行います。そして、どの施設に決まったのか（場合によってはどの施設にも入園・入所できない場合もあります）の連絡が、後日保護者に届きます。

　国は、新制度の運用を開始する前から、それまで保育所であった施設や幼稚園であった施設に対して、認定こども園に移行するよう（新制度の枠組みに入って特定教育・保育施設になるよう）推奨してきました。その影響もあって、全国の認定こども園数は、762か所（2011［平成23］年4月1日現在）から、6,160か所（2018［平成30］年4月1日現在）へと大きく増加しています。

3　地域子ども・子育て支援事業

　ここでは、子ども・子育て支援新制度のもう一つの大きな柱である「地域子ども・子育て支援事業」についてみていきます。図表10-2には、この枠組に位置づけられた**13事業**が掲載されていますが、これら事業をその内容も含めて整理したものが図表10-3です。

　図表10-3の事業内容をよく読んでいくと、たとえば、③の妊婦健康診査は、妊娠中の母親が心身の健康を保ちながら安心して出産に臨めることを支援する取り組みですが、これは、子どもの健やかな成長・発達と保護者の子育てに対する支援の始まりが、地域にある産科施設（妊婦の健診を行政から委託されている）という**地域資源**をとおして提供されていることがわかります。

　いくつかの事業をみていくと、①の利用者支援事業は、子育てに関する正確な情報を得たかったり、困りごと・悩みごとがあったりしたときに、身近な拠点（②の事業を実施している場所）、市町村の窓口、市町村保健センターで、最も適切なサービスや資源につないでもらえる取り組みです。②の地域子育て支援拠点事業は、地域子育て支援センター、

◆補足

13事業
これらの事業のほとんどは、すでに根拠法をもつもの（図表10-3において、③は「母子保健法」、②、④、⑤、⑥、⑦、⑧、⑩、⑪は「児童福祉法」）である。残りの事業（①、⑨、⑫、⑬）が「子ども・子育て支援法」において創設されたものである。

地域資源
一定の地理的範囲内（地域内）にある特徴的で利用可能なもの（自然環境、施設や機関、文化財、個人やグループなど）の総称。子育て支援の文脈でいえば、地域の子育て家庭が安定した育児を営むために活用できるサービス、制度。施設、専門職者などを指す。

図表10-3　地域子ども・子育て支援事業

> ・市町村は、子ども・子育て家庭等を対象とする事業として、市町村子ども・子育て支援事業計画に従って、以下の事業を実施する（子ども・子育て支援法第59条）。
> ・国又都道府県は同法に基づき、事業を実施するために必要な費用に充てるため、交付金を交付することができる。
> ・費用負担割合は国・都道府県・市町村それぞれ1/3（妊婦健診については交付税措置）。

①利用者支援事業【一部新規】
　　子どもや保護者の身近な場所で、教育・保育施設や地域の子育て支援事業等の利用について情報収集を行うとともに、それらの利用に当たっての相談に応じ、必要な助言を行い、関係機関等との連絡調整等を実施する事業

②地域子育て支援拠点事業
　　家庭や地域における子育て機能の低下や、子育て中の親の孤独感や負担感の増大等に対応するため、地域の子育て中の親子の交流促進や育児相談等を行う事業

③妊婦健康診査
　　妊婦の健康の保持及び増進を図るため、妊婦に対する健康診査として、①健康状態の把握、②検査計測、③保健指導を実施するとともに、妊娠期間中の適時に必要に応じた医学的検査を実施する事業

④乳児家庭全戸訪問事業
　　生後4か月までの乳児のいるすべての家庭を訪問し、子育て支援に関する情報提供や養育環境等の把握を行う事業

⑤・養育支援訪問事業
　　乳児家庭全戸訪問事業などにより把握した、保護者の養育を支援することが特に必要と判断される家庭に対して、保健師・助産師・保育士等が居宅を訪問し、養育に関する相談支援や育児・家事援助などを行う事業
　・子どもを守る地域ネットワーク機能強化事業（その他要保護児童等の支援に資する事業）
　　要保護児童対策地域協議会（子どもを守る地域ネットワーク）の機能強化を図るため、調整機関職員やネットワーク構成員（関係機関）の専門性強化と、ネットワーク機関間の連携強化を図る取組を実施する事業

⑥子育て短期支援事業
　　母子家庭等が安心して子育てしながら働くことができる環境を整備するため、一定の事由により児童の養育が一時的に困難となった場合に、児童を児童養護施設等で預かる短期入所生活援助（ショートステイ）事業、夜間養護等（トワイライトステイ）事業

⑦子育て援助活動支援事業（ファミリー・サポート・センター事業）
　　乳幼児や小学生等の児童を有する子育て中の労働者や主婦等を会員として、児童の預かり等の援助を受けることを希望する者と当該援助を行うことを希望する者との相互援助活動に関する連絡、調整を行う事業

⑧一時預かり事業【一部新規】
　　家庭において一時的に保育を受けることが困難になった乳幼児について、保育所、幼稚園その他の場所で一時的に預かり、必要な保護を行う事業

⑨延長保育事業【一部新規】
　　保育認定を受けた子どもについて、通常の利用日及び利用時間以外の日及び時間において、保育所等で引き続き保育を実施する事業

⑩病児保育事業
　　病気の児童について、病院・保育所等に付設の専用スペース等において、看護師等が一時的に保育等を行う事業

⑪放課後児童健全育成事業（放課後児童クラブ）【一部新規】
　　保護者が労働等により昼間家庭にいない小学校に就学している児童に対し、授業の終了後等に小学校の余裕教室や児童館等において適切な遊び及び生活の場を与えて、その健全な育成を図る事業

⑫実費徴収に係る補足給付を行う事業【新規】
　　保護者の世帯所得の状況等を勘案して、特定教育・保育施設等に対して保護者が支払うべき日用品、文房具その他の教育・保育に必要な物品の購入に要する費用又は行事への参加に要する費用等を助成する事業

⑬多様な主体が本制度に参入することを促進するための事業【一部新規】
　　新規参入事業者に対する相談・助言等巡回支援や、私学助成（幼稚園特別支援教育経費）や障害児保育事業の対象とならない特別な支援が必要な子どもを認定こども園で受け入れるための職員の加配を促進するための事業

出典：内閣府「地域子ども・子育て支援事業について（平成27年1月）」2015年をもとに作成

児童館などの児童福祉施設、子育てひろばなどで提供されている取り組みであり、保護者どうしの仲間づくり、子育てに関する相談、子育てに関する情報入手、子育てに関する講座の受講などが可能です。

　また、④の乳児家庭全戸訪問事業（別名「こんにちは赤ちゃん事業」）は、生後4か月までの乳児のいるすべての家庭を専門職者が訪問し、困りごとなどの課題があるかどうかを判断する取り組みであり、その判断とその家庭の希望に応じて、⑤養育支援訪問事業や⑥子育て短期支援事業が受けられるしくみになっています。

　さらに、⑦〜⑩の事業は、仕事の関係でもう少し長い時間子どもを預けたい、子どもが病気のときも預かってほしい、保育所の保育時間が終わったら自宅まで送ってほしいなど、各家庭の事情に合わせて子どもを柔軟に預けることのできる取り組みであり、⑪の放課後児童健全育成事業は、小学生を対象にした学童保育サービスです。このように、子どもが一定の年齢に達するまで、主に保護者が育児を続けていくうえで抱えると思われる課題・悩み・困りごと——たとえば、正確な情報を手に入れたい、不安なことが生じてきた、保育などの手助けがなくて困っているなど——を、自分の状況に合わせて地域資源を活用しながら解決できるように整備されたサービスが、これら地域子ども・子育て支援事業であることが理解できます。

　なお、⑫の実費徴収に係る補足給付を行う事業とは、特定教育・保育施設などを利用していて、生活保護を受けている世帯など（世帯の状況を考慮して）に、教材費・行事費・給食費などの補助をするしくみ、⑬の事業は、多様な事業主体が子ども・子育て支援新制度に新たに参入しやすいサポート、特別な支援を必要とする子どもの受け入れに際する職員の加配に関するサポートです。13種の事業それぞれが、どのような地域資源をとおして、どのように子どもや子育て家庭に提供されているサービスなのかをしっかりと確認しておきましょう。

3.　2つの施策と子どもの保育に 関わる問題

　最後に、ここまで説明してきた次世代育成支援対策および子ども・子育て支援新制度という2つの施策が内包する問題を、「社会全体と保護者とが協力しながら子ども育てていく」「子どもの保育」という観点から検討していきます。

1 次世代育成支援対策と子どもの保育

現行の次世代育成支援対策の中心は、事業主の行動計画の作成と実施を促すことであり、政府が告示する行動計画策定指針のなかでは、男女の平等や女性の活躍および仕事の家庭生活との両立（ワーク・ライフ・バランス）を十分に考慮した職場の諸制度の改革・充実を含めた環境整備の改善が重視されています。ワーク・ライフ・バランスは、環境が整備されることで実現される、いわば結果としての状態ですので、より重要なのは「どのような方向性（どのような理念）」で働く環境を整備していくのかです。それを方向づける理念の一つが「**男女共同参画社会***」です。

そこで、「次世代育成支援対策推進法」や行動計画策定指針の内容が、本当に、両性の対等性、あらゆる分野への均等な進出、利益の均等な享受、責任の均等な分担といった目的に対して実効性をともなうものになっているのかどうかを考えてみます。

女性の働く理由が、家計の補助であれ、子どもの教育費や老後の資金など将来への備えであれ、やりがいや自己実現あるいは社会への貢献であれ、労働市場（社会）に進出するようになった女性は、男性とともに日本経済を支えている存在である――女性が働かなければ日本の経済は成り立たない――ということは厳然たる事実です。これを踏まえると、「次世代育成支援対策推進法」は、職場におけるさまざまなしくみや制度を、完全に男女いずれにとっても平等となるように規定していなければならないはずです。

たとえば、総務省が2018（平成30）年に実施した労働力調査の結果[†4]から、男女別の正規雇用者の割合を算出すると、2008（平成20）年には、男性80.8%、女性46.4%、2018年には、男性77.6％、女性43.9%となっており、この**男女間の大きな隔たり**には明確な改善はみられていません。非正規社員・職員として働く人々は、給与の面（ボーナス、各種手当、昇給、退職金など）や社会保険の面（年金保険、医療保険、雇用保険など）において、正規社員・職員として働く人々に比べて、明らかに不利な状況に置かれています。このことを考えると、「次世代育成支援対策推進法」および次世代育成支援対策としては、両性の平等を謳う**関連法令**の精神ならびにそれらの内容をさらに積極的に取り入れ、一般事業主および特定事業主に対して、たとえば正規雇用者と非正規雇用者の男女比率を同一にするよう義務づけるといった明確な規定を設ける必要があると考えられます。

これに関して、具体的に一例をあげてみます。次世代育成支援対策の

＊ 用語解説

男女共同参画社会
内閣府男女共同参画局は、「男女共同参画社会」を、「男女が、社会の対等な構成員として、自らの意思によって社会のあらゆる分野における活動に参画する機会が確保され、もって男女が均等に政治的、経済的、社会的及び文化的利益を享受することができ、かつ、共に責任を担うべき社会（男女共同参画社会基本法第２条）」としている。

出典

†４　総務省統計局「労働力調査（詳細集計）平成30年（2018年）平均（速報）」

補足

男女間の大きな隔たり
独立行政法人労働政策研究・研修機構による「子育て世帯全国調査」を見ると、子育て中の女性に占める正社員の比率は、第１回調査（2011年）の18.4%から、第４回調査（2016年）の24.6%とわずかに上昇している。

関連法令
「男女共同参画社会基本法」（1999［平成11］年７月成立）「女性活躍推進法」（2015［平成27］年８月成立）「男女雇用機会均等法」（2016［平成28］年３月改正）

なかには、一般事業主・特定事業主に対して「3歳未満の子どもを養育する労働者が子育ての時間を確保できるようにする」取り組みの一つとして「育児短時間勤務（短時間勤務制度）」の活用を求めています。この制度では、労働時間が原則として6時間となっており、子育て家庭の保護者のほとんどが積極的にこの制度を活用すれば、家庭において保護者が余裕をもって子どもと向き合う時間を確保できると思われます。また、これは、あとで述べる「保育の長時間化」という問題の解決にもつながる可能性があります。しかしながら、この制度を選択・利用できるのは正規社員・職員だけです。つまり、先に述べた正規雇用者の男女比率の同一化が実現しなければ、この制度は一部の労働者（とりわけ一部の女性労働者）に限定された取り組みのままということになります。

　次世代育成支援対策として策定されていた内容のうち、子ども・子育て支援の分野に関しては、「子ども・子育て支援法」の枠組みのなかに移行しましたが、この対策に残されたワーク・ライフ・バランスに関する分野は、その名のとおり、次世代の育成、すなわち子どもの育ちやそれを支える保育・教育のあり方と常に関連づけられながら構築されなければならないと考えます。

2　子ども・子育て支援新制度と子どもの保育

　ここからは、子ども・子育て支援新制度がもたらした可能性のある課題として、乳幼児を対象とした保育施設で生じている「保育の長時間化」を取り上げます。

　保育所などの児童福祉施設が各施設の目的に沿ったサービスを提供していく際、一定水準の運営が保たれており、一定レベルの設備がそろっている必要があります。こうした水準は、かつては「児童福祉施設最低基準（**省令**[*]）」として決められ、必要に応じてたびたびその内容が改正されてきました。また、2011（平成23）年の改正時には「改称」もされ、それ以後は「児童福祉施設の設備及び運営に関する基準（省令）」となりました。

　この省令の第32条から第36条までに、保育所に関わる設備や運営に関する基準——第32条：設備、第33条：職員の配置、第34条：保育時間、第35条：保育の内容、第36条：保護者との連携、第36条の2：業務の評価——が定められています。これらのうち、ここで着目したいのは、保育時間（第34条）です。この部分は、省令名称が変わる以前の改正（2000［平成12］年）のなかでも、名称が変わって以後の最終改正（2019［平成31］年）のなかでも、**まったく同じ**表現になっています。「補

※ 用語解説
省令
法律または政令の委任を受けて、各省大臣が、その法律や政令を的確に実施するために、さらに細目を定めたもの。

◆ 補足
まったく同じ表現
第34条［保育時間］保育所における保育時間は、1日につき8時間を原則とし、その地方における乳幼児の保護者の労働時間その他家庭の状況等を考慮して、保育所の長がこれを定める。

足」にあるように、子ども一人ひとりの保育時間は、原則 1 日 8 時間であり、保護者の状況を勘案して保育所長が決めることになっています。

　一方で、子ども・子育て支援新制度の枠組みに移行した（施設型給付を受ける特定保育施設等となった）保育施設においてなされる保育時間の決定（保育必要量の認定）は、市町村が内閣府の定める政令（「子ども・子育て支援法施行規則」2014［平成 26］年 6 月）に従って行うと**「子ども・子育て支援法」第20条第 3 項**によって定められました。この内閣府令の第 4 条に記載されている内容を要約すると、すでにこのレッスンの第 2 節で紹介したように、「保育標準時間：最大利用可能時間 1 日 11時間／認定の要件：保護者がおおむね 1 か月 120 時間程度以上の就労」と「保育短時間：最大利用可能時間 1 日 8 時間／認定の要件：保護者がおおむね 1 か月 64 時間以上 120 時間に満たない就労」という 2 区分となっています。内閣府が一般向けに作成・広報してきた「子ども・子育て支援新制度・なるほど BOOK：みんなが、子育てしやすい国へ。すくすくジャパン！（平成 28 年 4 月改訂版）」というパンフレットにも、フルタイム就労を想定した利用時間として「保育標準時間（最長 11 時間）」、パートタイム就労を想定した利用時間として「保育短時間（最長 8 時間）」と記されています。まずは、これまで長期間にわたって 8 時間が原則とされてきた（標準的だとみなされてきた）保育時間は、新制度では「短時間」と明示されている点を指摘しておきたいと思います。

　また、保護者の働き方は多様です。たとえば、月単位では就労時間が120 時間未満であっても、勤務日によって 1 日 8 時間を超える場合、「保育短時間」にしてしまうと、その日の延長保育料がかかってしまうので、市町村の判断で「保育標準時間」と認定することもできるなど、柔軟な対応が可能となっています。こうしたしくみ・対応は、保護者にとって利用のしやすさにつながっていますが、最長 11 時間が「保育標準時間」といわれれば、どうしてもこの時間を最大限に活用したくなってしまいます。また、日本では、実際に 1 日の労働時間が長いことも、こうした状況を生み出しているといえるでしょう。さらに、追加の保育料を支払えば、さらなる保育（延長保育）を利用することも可能であり、長時間化はさらに進行していきます。預けられる子どもの発達にとって、また、保護者の保護者としての成長にとって、こうした長時間の保育は、はたして好ましいのでしょうか。

　以上のように、「保育時間」に関しては、現在、省令と内閣府令のダブルスタンダードが存在する一方で、新制度に移行している保育施設は内閣府令に従うことになります。また、省令の上位法令は「児童福祉法」

☑ 法令チェック
「子ども・子育て支援法」第20条第 3 項
市町村は（中略）政令で定めるところにより、当該小学校就学前子どもに係る保育必要量（月を単位として内閣府令で定める期間において施設型給付費、特例施設型給付費、地域型保育給付費又は特例地域型保育給付費を支給する保育の量をいう。以下同じ。）の認定を行うものとする。

であり、内閣府令の上位法令は「子ども・子育て支援法」です。ここに法的な不整合がみられます。伊藤は、「児童福祉法」第3条が「前2条に規定するところは、児童の福祉を保障するための原理であり、この原理は、すべて児童に関する法令の施行にあたって、常に尊重されなければならない」とされていることを根拠として、「前2条」すなわち第1条、第2条が「児童福祉法」の上位規定であり、他の児童に関するすべての法令に対する上位規定であると解釈しています[5]。「保育」が児童福祉という理念から始まった営みであり、子どものための制度であるという視点に立てば、省令の規定に基づいた保育時間の設定が正当性を有しているのではないでしょうか。

　最後に、保育を提供する側の長時間保育に関する意見を紹介しておきたいと思います[6]。

▶ 出典

† 5　伊藤周平『社会保障入門』筑摩書房、2018年、241頁

▶ 出典

† 6　門倉文子「Ⅲ　研究員による考察4」『延長保育・一時保育の実践研究──保育所の保育内容に関する調査研究報告書』日本保育協会、2004年

> 　現在社会の中で延長保育・一時保育共に必要不可欠なものになっているが、現在の状況にはいろいろ問題が山積みされているように思う。
>
> 　パートで短時間働いている人もフルタイムの人も、自分の権利として少しでも長時間の保育を受けられる現在の11時間開所には、決して親育てにならない支援があるのではないかと思う。親の迎えを待つ子どもの心情を考えると一刻も早いお迎えを、保育をしている私達も待っているというのは偽らない事実である。そしてけなげに待っていた子どもに対して、迎えに来る親にはありったけの愛情表現をして欲しいし、事情の許す人達には早く迎えに来て子どもとの関わりを深めて欲しいと思う。

演 習 課 題

①あなたが暮らしている地方公共団体では、「市町村子ども・子育て支援事業計画」に相当する計画は、どのような名称ですか。また、その内容を整理してみましょう。

②図表10-3（132頁）にある支援事業以外に、地域の子どもや子育て家庭への支援に該当すると思われるサービスや資源をあげてみましょう。

③子ども、保護者、保育者それぞれにとっての長時間保育のメリットや
　デメリットをグループで話し合って書き出してみましょう。

参考文献……………………………………………………………………………………

レッスン 9

伊藤良高・牧田満知子・立花直樹編著『現場から福祉の課題を考える 子どもの豊かな
　育ちを支えるソーシャル・キャピタル──新時代の関係構築に向けた展望』ミネル
　ヴァ書房　2018年

柏女霊峰『これからの子ども・子育て支援を考える──共生社会の創出をめざして』
　ミネルヴァ書房　2017年

レッスン10

伊藤周平　『社会保障入門』　筑摩書房　2018年

稲垣由子・上田淑子・内藤由佳子編著　『子ども学がひらく子どもの未来──子ども
　を学び、子どもに学び、子どもと学ぶ』　北大路書房　2019年

柏女霊峰　『子ども・子育て支援制度を読み解く──その全体像と今後の課題』　誠信
　書房　2015年

おすすめの 1 冊

佐々木正美『子どもの心の育てかた』河出書房新社　2016年

子育ての支援に関わる制度は、さまざまな立場にある関係者の視点から検討されてきてい
るが、ともすれば、育つ子どもの声なき声を忘れがちになってしまう。あらためて子育て
の原点──子どもの心とは何か、それをどのように育てていけばよいのか──に立ち返
る必要性を痛感させられる良書である。

子育ての責任は誰にあるのか

　私たちの生活は労働収入によって成り立っています。家族を形成して親になれば、子どもの生命の維持とその成長・発達を促すために、生活の糧である仕事への関与を優先することになります。平成不況からは抜け出したとはいえ、デフレ脱却に至らない不安定な経済動向のなかでは（非正規雇用で働く人々の割合が増えているという現状においては）、会社からリストラ対象とされないために（職場への忠誠心を示すために）長時間労働を引き受けざるを得ない人が多いと考えられます。したがって、家事や育児に強い意欲をもっている男女が、現実にそうした役割を十分に果たすことは難しく、ここから生じる葛藤は大きなストレッサーとなる可能性があります。また、ひとり親家庭で非正規雇用の場合には、収入が不安定であること自体も大きなストレッサーとなってきます。そのうえ無理をして親の役割を果たそうとすれば体調を崩しかねません。さらに、こうしたストレスに対処できない状態が続けば、うつ状態やうつ病に陥る危険性もあり、最終的には、仕事も家事や育児も一時的あるいは長期にわたって担うことが難しくなります。

　このような親を、「親としての責任を果たしていない」といってしまってよいのでしょうか。本書のタイトルでもある「子ども家庭支援」を地方公共団体が展開していく際の根幹をなす「『市町村子ども家庭支援指針』（ガイドライン）について」（厚生労働省雇用均等・児童家庭局長、2017年）という通知には、「児童福祉法」の理念規定が、「児童の権利に関する条約」（2016［平成28］年）に則してはじめて改正されたと記されています。具体的には、子どもが権利の主体である、子どもの最善の利益が優先されるといった理念が盛り込まれたことを指しています。一方で、この改正「児童福祉法」では、育児の責任（第2条）に関しても見直しがなされています。1947（昭和22）年には「国及び地方公共団体は、児童の保護者とともに、児童を心身ともに健やかに育成する責任を負う」とあったものが、2016年（第2条第2〜3項）には「児童の保護者は、児童を心身ともに健やかに育成することについて第一義的責任を負う」「国及び地方公共団体は、児童の保護者とともに、児童を心身ともに健やかに育成する責任を負う」と変わっています。

　この第2項と第3項は互いにどのような関係にあるのでしょうか。素直に読めば、第2項「親の第一義的責任」が規定されることによって、第3項「国や地方公共団体の責任」は後景に退いてしまうという印象をもつのではないでしょうか。2003（平成15）年以降、こうした「親の第一義的責任」が挿入された法律（「少子化社会対策基本法」[2003年制定]、「次世代育成支援対策推進法」[2003年制定]、「教育基本法」[2006年改正]、「児童虐待の防止等に関する法律」[2007年改正] など）が数多く見受けられます。こうした状況に対して、広井は、このような親の責任論を基軸にした政策は、子どもの養育を社会的に保障するという理念・理想を弱め、さらなる貧困や格差を生じさせる危険性があると、警鐘をならしています。

　改めて、冒頭にあげたような状況に期せずして陥ってしまった親にとって、「育児の第一義的責任は親である」という言葉は、どのように響くのでしょうか。生活が破綻するまで支援を受けるのをためらうことにつながらないとは限りません。こうした意図しない抑制作用が機能しないように、ほんの少しであっても育児に困難さを抱える可能性をもっている家庭を早期に発見し、必要な資源に確実につなぐことが、福祉に関わる支援者の枢要な役割だと考えます。

参考文献：広井多鶴子「戦後の家族政策と子どもの教育──児童手当と子ども手当をめぐって」『実践女子大学人間社会学部紀要』8、2012年、49-70頁

第4章

多様な支援の展開と
関係機関との連携

本章では、実際の支援の内容や方法について、ケース別にみていきます。
具体的な支援方法や技術、関係機関との連携の方法を学ぶことで、保育士
としての適切な援助のあり方を理解することができるでしょう。

子ども家庭支援の対象と内容

このレッスンでは、子ども家庭支援の対象を確認したうえで、子ども家庭支援をどのように進めていけばよいのかを「ケースマネジメント」の過程を参考にしながら解説するとともに、この過程で求められる「記録」の目的と意義、記録を残す際の留意事項を学びます。

1. 子ども家庭支援の対象：子どもと保護者の定義

1 「子ども」の定義・「保護者」の定義

保育者が活動する場は、保育所・幼稚園・認定こども園、児童発達支援センター・児童発達支援事業所、保健所・市町村保健センター（乳幼児健診、親講座等）、乳児院・児童養護施設、児童館、子ども病院・小児科クリニック、地域子育て支援拠点、子育てサロン・子育てサークルなど、広範囲にわたります。このような場で、保育者はさまざまな子どもや保護者に出会います。いうまでもなく保育の分野では、子ども家庭支援の対象者を、主に子どもと保護者ととらえています。ここでは、まずは、「児童福祉法」「子ども・子育て支援法」「母子保健法」において記されている「子ども」の定義を概観してみましょう[†1]。

▶出典
†1 山縣文治・福田公教・石田慎二監修、ミネルヴァ書房編集部編『ワイド版社会福祉小六法 平成30年版』ミネルヴァ書房、2018年、392、433、690頁

- ◆「児童福祉法」（第 4 条第 1 ～ 3 項）
- ・児童：満18歳に満たない者　以下の年齢区分があります。
  - 乳児：満 1 歳に満たない者
  - 幼児：満 1 歳から、小学校就学の始期に達するまでの者
  - 少年：小学校就学の始期から、満18歳に達するまでの者
- ◆「子ども・子育て支援法」（第 6 条）
- ・子ども：18歳に達する日以後の最初の 3 月31日までの間にある者
- ・小学校就学前子ども：子どものうち小学校就学の始期に達するまでの者
- ◆「母子保健法」（第 6 条第 2 ・ 3 ・ 5 項）
- 乳幼児期をさらに細かく区分しています。

> ・新生児：出生後28日を経過しない乳児
> ・乳児：1歳に満たない者
> ・幼児：満1歳から小学校就学の始期に達するまでの者

　以上のように、それぞれの法律では同じ「子ども」であっても、区分とする年齢も呼称も異なっています。では、子ども家庭支援に深い関わりのある現場の支援者は、「子ども」の年齢を何歳頃までととらえているのでしょうか。保育所、認定こども園や幼稚園に通所・通園している子ども、すなわち乳児から小学校入学までの年齢にある未就学児でしょうか。それとも、医療型の障害児入所施設に入所している小学生でしょうか。あるいは、児童養護施設に入所している中学生や高校生でしょうか。

　保育・福祉の領域に関わりの深い「児童福祉法」では、児童とは満18歳未満の者を指しています。すなわち、生後すぐからおおよそ高校を卒業する年齢までが、子ども家庭支援の対象となっています。

　では、次に、未成年者である子どもの「保護者」がどのように定義されているのかを、「児童福祉法」第6条で確認してみましょう。

> 　親権を行う者、未成年後見人その他の者で、児童を現に監護する者をいう。

　「児童福祉法」では「保護者」のことを、「親権」を行う者とそれ以外の者のいずれであっても、実際に「監護*」している者と定めています。また、「民法」第820条を見てみますと、親権を行う者は、成年に達しない子ども（20歳未満）を監護および教育する権利を有し、同時に監護および教育する義務を負うとあります。さらに、親権には、子どもの財産を管理するために、その父母に与えられた身分上および財産上の権利と義務も含まれます。つまり、子どもの身辺の「監護・教育権」と「財産の管理・代表権」という**2つの権利**が親権には含まれているということです。監護・教育権は、身の回りの世話やしつけ・教育などをする権利で、財産管理・代表権は、子どもの財産を管理したり、未成年者には認められていない法律行為（契約など）を行ったりする権利です。このように保護者には、子どもの身の回りの世話をしながら、しつけや教育を行い、子どもの財産を守ることが求められているのです。いうまでもなく、こうした親権に基づく保護者の行為には、子どもが成年するまでは、権利とはいうものの大きな義務と責任がともないます。

⊞ 用語解説
監護
子どもと一緒に生活をし、子どもの身の回りの世話をしながら養育すること。

⊞ 補足
2つの権利
これら以外に、居所の指定権、懲戒権、職業の許可権がある。

> **【ミニコラム】子どもと保護者がともに支援の対象となる典型例**
>
> 　保護者からの子どもに対する虐待やネグレクトが子どもの生命を脅かす重大な状況に至った場合、児童相談所・一時保護所を介して、その子どもは乳児院や児童養護施設に入所します。いわゆる「親子分離」という措置です。これは、子どもにとっては身の安全が確保されるので大きな支援を受けたことになります。しかし、保護者の立場からいうと、「親権」のうちの「監護・教育権」が剝奪される（保護者が子どもの生命や生活、そして人権を守る責務を果たしていないという理由から）わけですから、これを支援とは受け止められない人もいます。しかし、再び親子が一緒に暮らせること（親子再統合）を目指して、保護者が周囲からさまざまなことを学んだり、それをとおして自分を変えることを試みたりして、子どもを適切に育てる力を身につけたなら、親子再統合がかなえられることもあります。この周囲からの働きかけは、保護者にとって大きな支援です。こうした親子の分離、あるいは親子の再統合を進めていくことは、「子ども家庭支援」の一つといえるのです。

2 ▶「市町村子ども家庭支援指針」における子ども家庭支援の対象

　ここまでで、児童福祉の関連領域において子どもと保護者が誰を指すのかという疑問に答えてきました。次に頭に浮かぶのは、「子ども家庭支援」においては、どのような子どもや保護者が支援の対象となるのかという疑問ではないでしょうか。すでにレッスン9でも述べたように、厚生労働省雇用均等・児童家庭局長による通知「『市町村子ども家庭支援指針』（ガイドライン）について」（2017年）の第2章第1節「支援対象」では、「市町村（支援拠点）は、管内に所在するすべての子どもとその家庭（里親及び養子縁組を含む。以下同じ。）及び妊産婦等を対象とする」と書かれています（下線は筆者）。一方で、同通知の第2章第2節「子ども家庭支援全般に係る業務」には、乳児家庭全戸訪問事業、乳幼児健康診査等、学校教育における家庭訪問等をとおしたポピュレーション・アプローチによる「気になる子ども」「気になる妊婦・養育者」の気づきや、「気になる子ども」「気になる妊婦・養育者」に関する相談や通告の受理が、子ども家庭相談のスタートだと位置づけられています。その意味では、子ども家庭支援の主たるターゲットはこうした支援を必

要とする児童や保護者あるいは妊婦であるといえます。

　しかし、さらにこのガイドラインを読み進めていくと、第2章第3節には、子ども家庭支援で特に着目すべき対象は、要保護児童とその保護者、要支援児童とその保護者、特定妊婦と記載されています。そこで、各対象者が「児童福祉法」（2016［平成28］年改正）においてどのように表記されているかを確認してみましょう。

　これらの対象者が本法律のなかで初めて出てくるのは〔事業〕第6条の3第2号第5項の「養育支援訪問事業」の箇所で、以下のような表現になっています（下線部は筆者）。

　この法律で、養育支援訪問事業とは、厚生労働省令で定めるところにより、乳児家庭全戸訪問事業の実施その他により把握した保護者の養育を支援することが特に必要と認められる児童（第8項に規定する要保護児童に該当するものを除く。以下「要支援児童」という。）若しくは保護者に監護させることが不適当であると認められる児童及びその保護者又は出産後の養育について出産前において支援を行うことが特に必要と認められる妊婦（以下「特定妊婦」という。）（以下「**要支援児童等**」という。）に対し、その養育が適切に行われるよう、当該要支援児童等の居宅において、養育に関する相談、指導、助言その他必要な支援を行う事業をいう。

　さらに、同じ〔事業〕第6条の3第2号第8項の「小規模住居型児童養育事業」の箇所にも、子ども家庭支援の主たる対象者（要保護児童）に関する記載を見つけることができます（下線部は筆者）。

　この法律で、小規模住居型児童養育事業とは、第27条第1項第3号の措置に係る児童について、厚生労働省令で定めるところにより、保護者のない児童又は保護者に監護させることが不適当であると認められる児童（以下「**要保護児童**」という。）の養育に関し相当の経験を有する者その他の厚生労働省令で定める者（次条に規定する里親を除く。）の住居において養育を行う事業をいう。

⊕ 補足
要支援児童等
要支援児童とその保護者、保護者が監護することが不適切な児童とその保護者、さらに「特定妊婦」を合わせて「要支援児童等」と呼んでいる。

⊕ 補足
要保護児童
要保護児童のなかには、保護者のいないケースもあるので、子ども家庭支援の対象としては、要保護児童のみの場合と要保護児童およびその保護者の場合とが含まれる。

以上を整理すると、①要保護児童（保護者のない児童）、②要保護児童（保護者に監護させることが不適当であると認められる児童）とその保護者、③要支援児童（保護者の養育を支援することが特に必要と思われる児童）とその保護者、④特定妊婦（産後の子どもの養育について出産前において支援を行うことが特に必要と認められる妊婦）が、市町村における子ども家庭支援において**特に着目すべきターゲット**であるととらえられていることが理解できます。

なお、要保護児童や要支援児童などが、「乳児家庭全戸訪問事業の実施その他により把握」されるという意味では、母子保健における「新生児訪問指導」や「乳幼児健康診査」によっても彼らは把握されますし、特定妊婦などはまさに母子保健の領域における保健師等が関わっています。つまり、子ども家庭支援の対象が、地域の保健センターによっても把握される可能性が非常に高いこと、したがって、保育関係者としては母子保健との連携が重要であることを付け加えておきたいと思います。

2.　保育者が対象者を支援する場（関連施設・事業）

子ども家庭支援の対象者が「すべての子どもとその家庭（保護者）」であることを考えれば、通常の保育施設（保育所や認定こども園など）に勤務しながら子どもの保育に携わっている専門職者としては、普段の関わりすべてが「子ども家庭支援」の役割を果たしていることになります。また、特に支援を要する子どもや保護者に関わっている児童福祉施設等の現場に勤務している保育者も「子ども家庭支援」を担っていることになります。そこで、保育者が子ども家庭支援の場として関わっている主な関連施設名または事業名とその目的について、「児童福祉法」など関連法令を参照にしながら整理していきます[2]。

> ・保育所（児童福祉法第39条）：保護者が労働や病気などの理由で、日々の子どもの世話ができなくなった場合、保護者の委託を受けて、乳幼児を預かり保育することを目的とする施設。近年では、子どもの保育だけではなく、保護者への支援も重要な機能の一つとなっている。
>
> ・乳児院（児童福祉法第37条）：さまざまな理由で、保護者が乳児を育児できない場合や、保護者がいない乳児（孤児）を入院させて、その乳児を養育し、あわせて退院した乳児や保

◆補足

特に着目すべきターゲット

①については、孤児、保護者に遺棄された児童、保護者が長期拘禁中の児童、家出した児童などが、②については、被虐待児童や非行児童、保護者の著しい無理解または無関心のため放任されている（ネグレクト）児童、不良行為をなし、またはなす恐れのある（虞犯）児童などとその保護者が、③については、育児不安を有する親の下で監護されている子ども、養育に関する知識が不十分なため不適切な養育環境に置かれている子どもなどとその保護者が、④については、不安定な就労等収入基盤が安定しないことや知的・精神的障害などで育児困難が予測される妊婦が該当する。

▶出典

†2　山縣文治・福田公教・石田慎二監修、ミネルヴァ書房編集部編『ワイド版社会福祉小六法　平成30年版』ミネルヴァ書房、2018年、17、411、412、500、507、508頁

護者について相談その他の援助を行うことを目的とする施設。
1歳未満の乳児を主に養育するが、必要がある場合には小学
校入学以前の幼児も養育している。

・児童養護施設（児童福祉法第41条）：児童相談所長の判断に
基づき、都道府県知事が入所を決定した児童が生活する入所
施設。保護者のいない児童、虐待されている児童など、環境
上養護を要する児童が入所しており、生活上必要な養護や教
育を受けている。退所した児童と保護者に対する相談その他
の自立のための援助も行う。

・児童発達支援センター（児童福祉法第43条）：障害のある子
どもを日々保護者の下から通わせて、日常生活における基本
的動作の指導、独立自活に必要な知識技能の付与又は集団生
活への適応のための訓練を提供することを目的とする施設。
福祉型と医療型があり、医療型は、上記に加えて治療も行う。

・障害児入所施設（児童福祉法第42条）：以前は、知的障害児
施設・自閉症児施設・盲児施設・ろうあ児施設、肢体不自由
児施設・肢体不自由児療護施設・重症心身障害児施設と障害
の種類別に設置されていたが、現在は、障害児入所支援とし
て一元化され、福祉型、医療型の2種の施設が設置されてい
る。子どもの保護、日常生活の指導及び独立自活に必要な知
識技能の付与を行い、医療型では合わせて治療を行う。

・地域子育て支援拠点事業（社会福祉法第2条第3項第2号、
児童福祉法第34条の11）：市長村、社会福祉法人その他のも
のが、拠点において、(1) 子育て親子の交流、(2) 子育て等
に関する相談の実施、(3) 地域の子育て関連の情報提供、(4)
子育て及び子育て支援に関する講習などを地域の親子を対象
に実施する事業。子育て家庭が抱える育児不安や孤立の解消
を目指す取り組み。

・利用者支援事業（子ども・子育て支援法第59条第1号）：子
どもとその保護者の身近な場所で、教育・保育・保健その他
の子育て支援の情報提供及び必要に応じて、相談・助言等を
行うとともに、関係機関との連絡調整等を実施する取り組み。
以下に挙げる3つの類型にしたがってサービスが構成されて
いる。「①基本型」は、主として日常的に利用でき相談機能
を有する身近な施設で、子ども及びその保護者等が、教育・
保育施設や地域の子育て支援事業等を円滑に利用できるよう、

当事者目線の寄り添い型の支援を実施する。「②特定型」は、主として市町村窓口で、待機児童の解消等を図るため、行政が地域連携の機能を果たすことを前提に主として保育に関する施設や事業を円滑に利用できるよう支援を実施する。「③母子保健型（子育て世代包括支援センター）」は、主として市町村保健センター等母子保健に関する相談機能を有する施設で、妊娠期から子育て期にわたるまでの母子保健や育児に関するさまざまな悩み等に円滑に対応するため、保健師等が専門的な見地から相談支援等を実施する（妊娠期から子育て期にわたるまでの切れ目のない支援体制を構築する）。

3.　子ども家庭支援における実践の内容

1 ケアの視点

　子育ち・子育てという営みのなかで、子どもと保護者は、さまざまな楽しい経験や喜ばしい経験をします。それによって、自分たちの生活や人生は豊かなものになっていきます。しかし、ときに、悲しい経験や辛い経験をすることもあります。また、日常生活を送っていくのも困難な状況に陥る場合もありえます。そのようなとき、親子の悩みやしんどさに共感し、適切な助言や援助を提供してくれたり、必要なほかの社会資源につないでくれたりする支援者が、そばに寄り添ってくれることで、彼らは苦難を乗り越えていくことができます。

　こうした支援の役割を担う専門職の一つが、保育者です。保育者が夜間や休日にまで、直接に親子を支援することは無理ですが、地域の他資源やほかの支援者とのネットワークのなかで支援を展開することは可能です。また、家庭の悩みや揺らぎ、あるいは困難さを最初に捉えやすいのは、毎日の送迎時に顔を合わせるという意味で親子の身近なところにいる専門職である保育者です。したがって、保育者を軸にして、家庭の困難さを発見し、その家庭のニーズが何であるのかを査定・判断し、その解決のための手順を具体的な計画に落とし込み、そのうえで実際に援助を展開し、それが効果的であったかどうかを点検し、最終的に問題の解決に至ったかどうかを評価するという一連の流れ（援助過程）のなかで、イニシアティブを取ることが多いのは保育者なのです。

2　ケースマネジメント

　こうした一連の援助過程は、一般的に社会福祉士などが行うケースワークのプロセス、または、ケースマネジメントのプロセスと同じ展開をたどると考えてよいと思います。また、こうしたプロセスそのものが子ども家庭支援ともいえるでしょう。ケースマネジメントの過程は、「インテーク→アセスメント→プランニング（支援計画）→インターベンション（介入）→モニタリング（介入効果の点検）→エバリュエーション（事後評価）」といった流れになりますが、以下からは、金子を参考にしながら、この過程を詳しくみていきます[3]。

　まず、子ども家庭支援の援助過程を、ケースマネジメントの援助過程（6つの段階）に準じて説明します。ただし、福祉機関や福祉施設のワーカーが行う援助と乳幼児の教育・保育関連施設の保育者が行う援助とでは、異なる面がありますので、これについては、保育者の行う援助を記します。また、援助の過程では、適宜、記録を残しておくことも重要です。これについては、記録のためのシート例もいくつか示しますので参照してください。また、それらの記録のためのシートが、以下のどの段階で活用できるのか、それぞれに図表番号を提示しています。

①ケースマネジメントの諸段階

1）インテーク（受理面接）の段階（図表11-1）

　保護者の抱える問題が提示された場合（保護者が問題を申し出てくる場合も、保育者が発見する場合もあります）に、教育・保育施設として、それを引き受けるのかどうか、引き受けるとすればどのような対応をしていくのかを検討するステップです。

　保育者はまず、保護者の話を傾聴し、保護者のニーズをできる限り正確につかみます。保護者がありのままに自分の状況や気持ちを表出できるように援助することで、保護者自身も自らの状況とニーズを整理でき、これが、保護者の問題解決に向けた意欲を高めると同時に、保育者との信頼関係を高めることにもつながります。

　保護者のニーズを把握できたら保育者は、その解決につながると考えられる援助内容を説明します。施設内の資源以外の援助を活用する可能性があれば、その利用方法や具体的な内容についても説明します。

　福祉機関や福祉施設の場合は、このステップの最後に、支援者と援助を受ける人の双方が協力して解決に取り組むことに同意して、援助関係を契約しますが、教育・保育施設の場合は、契約するという行為はなされず、保育者と保護者との信頼関係を基盤にして、次のステップに移ります。

▶出典
[3] 金子恵美『増補 保育所における家庭支援——新保育所保育指針の理論と実践』全国社会福祉協議会、2008年、70-73頁

✚補足
インテークの段階の記録
保育者は、インテークの段階で、自分が把握した保護者のニーズや自分が保護者に説明した援助の内容を記録しておく。

◆補足
アセスメント以降の段階
の記録
保育者は、以下の各段階
（プランニング・インター
ベンション・モニタリング・
エバリュエーション）にお
いても、随時、その内容を
記録に残しておく必要があ
る。

2）アセスメント（事前評価）の段階（図表11-2）

　インテークのステップで把握した内容について、その全体像をより正確により深く理解するために必要な情報を、保護者、その家族、家族を取り巻く関係者（関係機関を含む）などから収集します。これにより、この保護者が必要としている真のニーズとそれに応じた援助内容を確定するのが、このステップです。アセスメントによって、インテークの段階でのニーズや援助内容と同じ決定がなされる場合と、異なる決定がなされる場合がでてきます。

3）プランニング（支援計画）の段階（図表11-3）

　アセスメントのステップで確定した内容に従って、関係機関と教育・保育関連施設の役割分担を含めた具体的な支援内容を計画します。計画に落とし込むので、いつ、誰が、どこで、誰に対して、何を行うのかを、その目標とともに一定のフォームに書き込むことになります。

4）インターベンション（介入）の段階（図表11-4）

　支援計画に従って、実際に援助を展開するステップです。留意すべきことは、常に、問題に取り組み解決する主体は保護者にあるということを念頭に置いて援助に当たることです。保育者は、保護者との信頼関係を基盤に、教育・保育関連施設や関係機関との役割分担を意識しながら一連の支援を継続することが求められます。

5）モニタリング（介入効果の点検）の段階（図表11-5）

　個々の援助が実際に効果をもたらしているのかどうかを点検するステップです。あまり効果的ではないとか、援助の途中でニーズが変化してきたなど、必要な場合には、新たな情報収集に基づくアセスメントを行って、支援計画の変更と再介入を行うことも必要です。

6）エバリュエーション（事後評価）の段階（図表11-6）

　一連の援助が終了した時点で、援助全体が効果的であったかどうかを評価するステップです。最終の評価ですので、これに基づいて援助が「終結」されることが望まれます。終結は当初の問題が解決されたことを意味しますが、保育者と保護者との間で、解決に至った過程と残された問題を確認するとともに、保護者が今後の生活についての展望、およびそれに向けての準備ができていることが確認できた時点で終結とします。なお、十分な効果が得られないが次の展開がみえにくい場合には、いったん支援を「中断」するという判断や、同じような支援ないしは新たに修正し直した支援を「継続」するという判断が下されることもあります。

②記録の重要性と留意点

　以上、子ども家庭支援の展開過程を、ケースマネジメントの6段階

を参考にしながら学びましたが、こうしたプロセスのなかで、支援の主たる担当者は、さまざまな段階でさまざまな種類の「記録」を書き残すことが必要になってきます。ここでは、記録を残すことの意義（目的）と、実際の記入上の留意点について、村田[4]も参考にしながら解説していきます。

1）記録の目的と意義

子ども家庭支援では、多種多様な相談に対応することになりますが、適切に対応したとしても、その内容を記録していなかった場合、どのような不都合が生じるのでしょうか。たとえば、保護者と約束して、2度目の相談に臨んだとします。そのとき、初回の相談内容をすべて覚えていることは難しいでしょう。強く印象に残った内容もあるでしょうが、初回の相談内容が記録してあれば、それをきちんと読み返し、2回目の相談支援に備えることが可能です。

実際の子どもと家庭に対する相談対応においては、多様な目的のために記録を残しますが、記録が的確な目的のもとに残されれば、それは意義あるものとなります。つまり、どのような目的で自分は記録を残すのか、それを意識しておくことが重要です。以下、何のために記録するのか、その目的とそこから導かれる意義について整理します。

▶ 出典

†4　村田典子「相談援助の計画・記録・評価」児童育成協会監修『基本保育シリーズ　相談援助』中央法規出版、2015年、99-103頁

【目的A】相談者等（保護者や子ども）に対してよりよい支援を行うために記録する

【意義】

a. 相談者の置かれている状況とその背景（相談者とそれを取り巻く人々との関係性も含む）や、そこから導かれる相談者のニーズについて客観的・総合的に把握することができる。

b. 客観的・総合的に把握したニーズ等に基づいて、的確なアセスメント、支援目標（方針）などを導き出せる。

c. 相談者と支援者との関わりの進展状況を時系列的に把握することで、一貫した継続支援が可能となる。

d. 必要に応じて、これら「a」「b」「c」の記録に基づいて、支援の見直しや今後の支援のあり方を再考できる。

【目的B】教育・保育施設が果たす役割の質を高めるために記録する

【意義】

a. 主たる担当者が交代するとき、施設内での協力体制を構築したり役割分担を決めたりするとき、所属職員間の情報の共有や支援方針の検討などに活用できる。

b. ほかの機関やほかの施設などと連携・協働するとき、相互の情報の共有や支援方針の検討などに活用できる。

c. 外部からの誤った批判・指摘等があった場合、施設業務の正当性を示すための証拠として活用できる。

d. 施設の年次業務報告書や将来計画の基礎資料として活用できる。

e. 必要に応じて、記録の一部を業績などの形式にして社会に公表することで、乳幼児の教育・保育への一般的関心を高められる。

【目的C】研修や調査研究に利用するために記録する

【意義】

a. 保育者は、自分が残した記録を経験豊富なスーパーバイザーに見てもらうことで、職務能力の向上のための助言・指導を受けられる。

b. 記録された内容は、相談者に対する対応を検討するカンファレンスの資料として活用できる。

c. 優れた記録の場合、それを教材として、相談者や子どもへの関わり方、支援の進め方、記録の書き方・観察のポイントなどに関する支援者のトレーニングが可能となる。

d. 支援過程について書かれた記録は、効果測定の研究に活用したり、支援者の支援技術・態度等の分析に活用したりできる。

2）記録の種類と留意点

　ケースマネジメントの手法に沿った子ども家庭支援を展開する際、実際にどのような種類の記録が必要なのでしょうか。これについては、特に決まりがあるわけではありませんが、大きく「ケース記録」「報告書」

「通信文」などに分けられます。ここでは、ケース記録に焦点を当てます。ケース記録は、6つに分けることができますが、これはおおむね、ここまでで述べてきた子ども家庭支援の援助過程に対応しています。なお、別々のシート（様式）を準備するか、同一のシート（様式）を準備するかは、それぞれの施設が判断することになります。ここでは援助過程のそれぞれの段階に応じた記録用紙（シート）について、寺村を引用、一部修正したものを提示します[†5]。これらはあくまでも一つの例ですので、それぞれの施設の実情に合わせた使いやすい記録用紙を作成しておくとよいでしょう。

▶ 出典
†5　寺村ゆかの「子育て家庭に対する支援の展開」伊藤篤編著『子育て支援』ミネルヴァ書房、2018年、211-213頁

　記録をつけるときには、それが公的なものであることを十分意識したうえで、以下の諸点に留意してください。
・特定の場や人だけに通用する専門用語、外国語、俗語、略語などの使用や不要な修飾語の使用は避ける。
・あとで読み返したときの再現性を高く保つため、聞き取った事実や起こった事実などを正確・簡潔・明瞭に、さらに具体的・客観的に書く。
・あとで読み返したときの再現性を高く保つため、いわゆる5W1H（誰が、いつ、何を、どこで、なぜ、どのように）を基本にして書く。
・保育者が観察・判断（アセスメント）したことと、対応・助言したこととを区別して書く。
・頻度を表す場合は、「最近」「ときどき」「いつも」などのあいまいな表現を避け、「1週間前から」「毎日3〜4回」「30〜40分間」など具体的な数字で表現する。

〈図表11-1 〜 6の記録の種類〉
・フェイスシート（支援対象の基本事項を記録する用紙）
保護者等と子どもの氏名、性別、生年月日、年齢、入所（園）日、家族構成、家族（特に保護者の）情報などが記入項目です。保護者（家族）や子どもの概要がすぐに把握できるように記載します。
・アセスメントシート（事前評価の内容を記録する用紙）
保護者や子どもの抱える問題状況の推移と現状、生育歴、生活歴、家族歴、既往歴、当面の支援課題、保護者の支援に対する意向などをまとめます。こうしてまとめられた結果を社会診断*とよんでいます。
・プランニングシート（支援計画を記録する用紙）
アセスメントで得られた保護者の意向を尊重しながら、診断

✚ 用語解説
社会診断
医療職者が対象者の状態を評価することを「医学診断」、心理士等が対象者の状態を評価することを「心理診断」、社会福祉士等が対象者の状態を評価することを「社会診断」という。

の結果や当面の課題から導かれた全体的な支援方針（目標）と、それを達成するためにある程度の時系列を意識した複数の具体的な支援の目標・方法を記入します。

・プロセスシート（援助過程での対象者の変化や援助の効果などを記録する用紙）

実際の援助によって得られた保護者や子どもの変化を、生活の様子や親子関係の観点から、あるいは、社会資源の利用の観点からまとめます。

・モニタリングシート（支援の中間評価や計画の変更などを記録する用紙）

対象者や周囲の状況が変化したり、長期間同じような支援が続いたりしている場合などに、適宜、中間評価を行います。これによって、今まで行ってきた支援が有効であるのかどうかを振り返ることができるとともに、より効果的な支援を考え、必要があれば計画を修正するために必要な手がかりとなります。

・エバリュエーションシート（事後評価の内容を記録する用紙）

支援が終結した段階で、これまでの全体的な支援方針（目標）がどの程度達成されたのか、効果があったのかなかったのかなど、その評価結果を記します。また、この支援過程で生じた課題なども振り返り、次の支援に生かしていきます。

❸ 子ども家庭支援におけるカンファレンスの重要性

　子ども家庭支援は基本的に、保護者が教育・保育施設の職員（保育者）のうちの一人に対して相談をもちかけた時点から始まります。相談を受けた保育者は、おそらくその保護者から一定の信頼を受けていると思われますが、だからといって、この保育者一人が援助過程すべてに責任をもつということではありません。なぜなら、保護者に対する支援は、教育・保育施設全体が責任をもって行う役割だからです。言い換えれば、園長・所長をはじめ施設内の全職員が——必要に応じて施設外の資源の力も借りながら——ニーズをもつ家庭の支援を行うことになります。

　こうした技法を近年は、「**チームアプローチ**[*]」とよびます。子ども家庭支援では、施設内のスタッフによるチームワークが大切になってきます。ではこうした円滑なチームワークによる「チームアプローチ」を遂

❋ 用語解説
チームアプローチ
多様な職種が、対象者への支援目標に向かって、連携・協働していく技術。医療や介護の分野で用いられ始めたが、現在ではさまざまな分野でこの技法が試みられている。

行していくために、最も大切なポイントは何でしょうか。それは、対象
者（保護者）の状況やニーズについて関係者全体で共通理解を図り、そ
れに基づいて、支援者がそれぞれにどんな役割を果たしていくのかを明
確にするための話し合いです。こうした話し合いを「カンファレンス」
といいます。チームアプローチが効果をもつかどうかは、カンファレン
スのあり方に左右されるといっても過言ではありません。

　基本的には、先述した援助過程の各段階でカンファレンスを開くこと
になりますが、実施にあたっては、**コーディネーター**（進行役）と記録
者を決めます。また、カンファレンスで検討された内容（特に個人情報
に関わる事項）については、守秘義務を守らなくてはなりません。

　最後に、子ども家庭支援に関わるカンファレンスのなかで、比較的よ
く用いられる検討の視点を整理しておきましょう。

　チームアプローチは、多角的に保護者をとらえ、多角的な立場から保
護者を援助する手法です。そこで、保育者としては、少なくとも図表
11-7で示した4つの視点を念頭に置き、カンファレンスにおいて積極
的に議論・検討を進められるように努めなければなりません。

　最後になりましたが、子ども家庭支援の援助過程において、保護者自
らが選択・決定していくことを保育者が支援することが大切です。この
ような援助関係は、安心して話をすることができる状態が保障されてい
ること、プライバシーの保護や守秘義務が守られることが前提となりま
す。保育者が守秘義務を前提としつつ保護者を受容し、その自己決定を
尊重する過程を通じて両者の間に信頼関係が構築されていきます。そし
て、保護者を支援することは、子どもの育ちや生活を支えることに直結
します。ひいては子どもと保護者だけではなく、親子を取り巻く周囲の
人々（主に家族や親族）への支援にもつながっていきます。これは、保
育者にとって子ども家庭支援の意義を再確認したり、仕事に対するやり
がいを感じたりする機会にもなることでしょう。

◆補足
コーディネーター
コーディネーターには、単
に会議を進める司会役を務
めるだけでなく、参加者の
意見を尊重し、自由な雰囲
気づくり、受容的な場づく
りなどに努め、生産性の高
い議論を導き出すという役
割が期待されている。

図表 11-1　フェイスシート（支援対象の基本事項を記録する用紙）

相談日　　　年　　　月　　　日（　　　）

保護者等の氏名	性別	年齢	家族構成
	女　・　男	歳	（ジェノグラム）
連絡先	住所（居住地）		
保護者の職業／経済状況等			
子ども 1　名前	性別	年齢・月齢	所属（保育所・幼稚園・学校など）／入園・入学日
	女　・　男	年　　　月生 歳　　　か月	
子ども 2　名前	性別	年齢・月齢	所属（保育所・幼稚園・学校など）／入園・入学日
	女　・　男	年　　　月生 歳　　　か月	
相談までの経緯／相談内容および主訴			

記入者（　　　　　　　　　　　　　　　　　）

図表 11-2　アセスメントシート（事前評価の内容を記録する用紙）

作成日　　　年　　　月　　　日（　　　）

対象となる子どもの様子（身体面・精神面・社会面　等）／生育歴・既往歴等	家族関係

対象となる保護者の様子（身体面・精神面・社会面　等）／生活歴・既往歴等	居住環境／職場環境

支援の必要性があると思われる理由（いつ、どこで、どのような場面から）	他者との交流状況／支援者の有無等

課題の整理

支援の方向性（保護者の意向　対象者の強み　活用できる資源　連携すべき機関　配慮事項　等）

記入者（　　　　　　　　　　　　　　　　　　　　　　　　　　　　）

図表 11 - 3　プランニングシート（支援計画を記録する用紙）

作成日　　　年　　　　月　　　　日（　　　）

総合的な支援方針	
長期目標（いつ頃からいつ頃まで）	
短期目標（いつ頃からいつ頃まで）	
支援計画（具体策）	支援の担当者 （連携先の担当者も含む）

記入者（　　　　　　　　　　　　　　　）

図表 11 - 4　プロセスシート（援助過程での対象者の変化や援助の効果などを記録する用紙）

支援期間　　　年　　　　月　　　　日　　　～　　　　年　　　　月　　　　日

月日	支援内容	経過／結果（次回、留意するべきこと）
		記入者（　　　　　　　）
		記入者（　　　　　　　）
		記入者（　　　　　　　）

図表 11-5　モニタリングシート（支援の中間評価や計画の変更などを記録する用紙）

作成日　　　年　　　月　　　日（　　）

これまでの支援内容とその結果の要約

アセスメントシートにおいて変更すべき点

プランニングシートにおいて変更すべき点

記入者（　　　　　　　　　　　　　　　）

図表 11-6　エバリュエーションシート（事後評価の内容を記録する用紙）

作成日　　　年　　　月　　　日（　　）

支援終結までの要約

目標のうち達成されたこと／達成されなかったこと

支援によって得られた（目標以外の）効果

アセスメント／モニタリングの適切性

記入者（　　　　　　　　　　　　　　　）

図表 11 - 7　カンファレンスにおける検討の視点

視点	キーワード
保育の視点	保育目標　クラスの課題　子どもの課題　人間関係　職員との関係　保護者間連携　保育環境の構成
発達臨床的視点	保護者の発達課題　子どもの発達（情緒、運動、認知、音楽、人間関係など）と課題　生活と発達環境
カウンセリング的視点	保護者の感情表現　特徴的な言葉や行動　深層心理　親子関係　家族関係
ソーシャルワーク的視点	保護者の生活状況　就労　家族関係や地域関係（**エコマップ***、**ジェノグラム***、地域のネットワーク）　機関連携　リスクマネジメント

出典：寺見陽子「保護者支援の計画、記録、評価、カンファレンス」大嶋恭二・金子恵美編著『保育相談支援』建帛社、2011年、75頁

✱ 用語解説

エコマップ、ジェノグラム

エコマップは、課題を抱えた対象者の周囲に、この対象者が関係する人や施設を図式化したもの。ジェノグラムは、3世代以上の家族の人間関係を図式化したもの。どちらも、保護者や子どもを取り巻く環境を分析し、子育ち・子育て支援に役立つツールである。

演 習 課 題

①子ども家庭支援、すなわち、子どもとその保護者（家族）を支援することの意義を考えてみましょう。

②不適切な養育を行った保護者から引き離されて施設や里親のもとで暮らしていた子どもが、再び家族と一緒に暮らせるようになる（家族再統合）までの標準的な流れを調べてみましょう。

③図表11 - 7の「ソーシャルワーク的視点」のキーワードにある「エコマップ」「ジェノグラム」の書き方を調べ、あなた自身の現状をこれらを使って書いてみましょう。

保育所等利用児童とその家庭への支援

このレッスンでは、保育所等を利用する児童とその家庭への支援について考えます。子どもとその家庭への支援は日常のなかで行われます。保育所に子どもを預ける保護者の事情を理解し、家庭と保育所が一体となって子どもの育ちを保障するための必要性について理解を深めましょう。

1. 保育所における子どもとその家庭への支援の意義

現代社会では、女性の働き方が大きく変わりつつあります。1972(昭和47)年に制定された「**男女雇用機会均等法***」以降、女性の働き方は男性と変わらないものとなりました。一方で、1991(平成3)年初頭のバブル経済の崩壊、2008(平成20)年の**リーマンショック***などにより、家庭の経済状況は必ずしも安定していたとはいえません。男性の年間所得は減少傾向にあり、日々の生活費に加え、将来にかかる子どもの教育費などを考えて夫婦で働くことを選択する家庭は増えています。子育て家庭を取り巻くさまざまな社会環境の変化にともない少子化が進むなか、労働力はますます必要となり、母親の多様な働き方も増えていくでしょう。保育所保育への期待や要望も多様となり、それに対応する保育者の専門性が求められるところです。

2017(平成29)年に施行された「**子ども・子育て支援法***」によって保育時間は短時間が8時間、標準時間が11時間となりました。つまり、一日の約半分を保育所で過ごす子どもが増えているのです。休日保育を求める保護者も増えています。今や保育所利用の家庭にとって、就学までの子どもの育ちの大部分を保育所とともに担うことになったといっても過言ではないでしょう。保育所は、子育てを家庭と共同するという従来よりも高い専門性が求められるようになったのです。保育をとおして子どもとその家庭を支援する意義はここにあります。

2. 保育所を利用する家庭への支援の視点

ここでは、保護者と子育てを共同するために必要な**保育士の視点**につ

✚ 用語解説

男女雇用機会均等法
正式名称は、「雇用の分野における男女の均等な機会及び待遇の確保等に関する法律」である。職場における男女の差別を禁止し、募集・採用・昇給・昇進・教育訓練・定年・退職・解雇などの面で男女とも平等に扱うことを定めた法律。1985年制定、翌86年より施行。その後、1997年に一部改正され、女性保護のために設けられていた時間外や休日労働、深夜業務などの規制を撤廃。さらにセクシャル・ハラスメント防止のため、事業主に対して雇用上の管理を義務づけている。

リーマンショック
リーマン(リーマン・ブラザーズ・ホールディングスのこと)は米国第4位の投資銀行だが、サブプライム問題などで経営がゆきづまり、2008年9月15日、米連邦破産法11条の適用を申請し破綻した。信用度の低い人を対象とした高金利の住宅担保貸付け、サブプライム・ローンを証券化した商品を大量に抱え込んだため、住宅バブル崩壊で損失が膨らんだ。リーマンの破綻後、対米の大手金融機関が連鎖的に経営危機に陥るなど、金融不安が深刻化する。

✳ 用語解説

子ども・子育て支援法

保護者が子育ての第一義的責任を有するという基本認識のもとに、幼児期の学校教育・保育、地域の子ども・子育てを支援するための法律。2012（平成24）年法律第65号。社会保障と税の一体改革関連法の一つで、子ども・子育て支援関連の制度と財源を一元化し、包括的な制度として整備する。2012年8月に公布され、2017年4月に施行された。
→レッスン10

⊕ 補足

保育士の視点

子どもの育ちに必要と思って叱ることも子どもにとっては恐怖を与えることになりかねず、言葉や態度によるていねいな説明が必要になる。また、保育士は、子どもの立場に立ち、保護者への目線が厳しくなりがちなため、批判的になっていないか、なっているとすればなぜ批判的になるのか、自問を心がける。

いて考えます。家庭を支援するためには、まず保護者から信頼される保育所・保育士である必要があります。そして、保護者や家庭から信頼されるためには、子どもが保育所や保育士に安心感や信頼感をもてるような関わりをすることが大切です。子どもが、「保育所の先生は恐い」と保護者に訴えるようなことは避けなければなりません。子どもが保育所に通うことを楽しみに思えるように、愛着をもった日々の保育を心がけます。それとともに、保護者の日常的な子育てについての理解を深めることが支援の基本的な姿勢といえるでしょう。

1 保育者が子どもの愛着対象となる

子どもとの間で安定的な愛着関係をつくります。愛着関係は、子どもが不安や不満を感じた場合に、信頼できる養育者との間で情緒的な安定を取り戻す行為です。子どもは不安や不満を態度で保育者に示します。保育者は、子どもの不安な態度や欲求不満についてその背景を想像的に理解し、受け止めることができるように対応します。

一方で、子どもと保育士との安定的な愛着関係は、家庭での保護者との愛着関係とは異なることが起こります。家庭ではわが子はおとなしく親の言うことを聞いているのに、保育所では保育者にわがままを言って甘えていると保護者にみえる場合があります。このようなとき子どもは、家庭で親には甘えられない（欲求不満を理解されず愛着関係ができない）抑圧された気持ちを保育所で保育者に表出して、気持ちを安定させている場合があります。

家庭と保育所で子どもの様子が異なる場合、保育士は自分と子どもとの愛着関係ができているのかを考えるようにします。

2 保護者の保育所への信頼感を高める

保育所をはじめて利用する保護者は、保育所の情報を事前に得ていたとしても、子どもが保育所に通い始めると親子ともに生活が変化するため不安が強くなります。子どもは母親を一層求めるようになったり、仕事を始める親は、仕事や子どものことなど多くの不安を抱えるようになります。特に乳児の場合は、感染などで体調不良を起こすこともあり、保護者は、仕事との調整などで疲労感が深まるかもしれません。新年度など、担任やクラス（編成）が変わるときにも同様なことが起こります。

このようなとき、保護者にとって保育所が安心できる場所となることが重要です。保育所は子どもと保護者が毎日利用する場所です。保育者が笑顔で迎えてくれるので心身がホッとできる、心配や不安が吐露でき

るといった体験が繰り返されることで保護者は元気を取り戻し、子育て力を高めることができるようになります。保育士は、子どもだけでなく保護者の存在を丸ごと受け入れる存在なのです。

　しかし保育士は、「忘れ物がないようにお願いします」「お子さんが疲れ気味なので帰ったらゆっくりさせてください」など、保護者へのお願い事や助言が多くなりがちです。子どもの立場になって保護者にいろいろとお願いすることは保育士の役割として当然です。しかし、子どもががんばっている様子、成長している様子も保護者にていねいに伝えることや、「お母さん（お父さん）も体調気をつけてくださいね」など、保護者に対してもねぎらいの態度を示すことも大切です。保育士の保護者をいたわる態度をとおして、保護者は保育士や保育所に安心感と信頼感を抱くようになるのです。

3 　保護者をエンパワメントする

　エンパワメントとは、人がもてる力を発揮できるようになることを指します。妊娠から胎児を育んできた母親は、子どもをしっかり育てようという気持ちは誰にも負けないという強い思いがあったはずです。しかし、その強い気持ちも、子育てと仕事との両立という現実の大変さを経験するなかで、弱まっているかもしれません。出産の際の**外傷体験（バース・トラウマ）**＊や孤立した育児環境のなかで、多くの母親は「子育てがこんなに大変だとは想像していなかった」、といった不安や戸惑いを大きくします。

　保育士は、保護者の気持ちを当然のことと受け入れながら、「今日、○○ちゃんのお母さんはお仕事をがんばっていて偉いね、と話しかけるとお子さんはとてもうれしそうな表情をしていましたよ」などと子どもの成長を伝えます。また、別の保育士からは、「お母さんが着替えや持ち物をしっかり準備してくださっているので助かっています」と、できているところを見つけて感謝する言葉をかけます。こういった保育士の言葉かけによって、保護者は保育所やそこで働く職員に安心感をもつようになります。そして、自分のできるところや長所に改めて気づき、日ごろ忙しい生活に追われるなかで子育てをすることに対して、自信を回復していくのです。

4 　日常性を大切にする

　日常的な保護者との会話のなかにも、子どもと家庭への支援の意味が含まれています。

参照
エンパワメント
→レッスン 6

✚ 用語解説
外傷体験（バース・トラウマ）
出産の際の苦痛や予想に反した分娩によるショックな体験を指す。出産で疲れ果てた母親が、体験したショックを誰にも話すことがないまま抑圧されることで、その後の子育てがつらくなる場合があると考えられている。

インシデント①　慣れたころの登園しぶり

　疲労した表情で登園したＡちゃんのお母さんは、「最近、登園しぶりが激しくて困っているんです。保育所に慣れてきたと思っていたのに」と、朝、担当の保育士に伝えました。担当保育士は担任保育士と連携し、最近のＡちゃんの様子を確認しました。Ａちゃんは、毎日楽しく、いきいきと過ごしていること、友だちとの関係もでき始めていること、園庭の草花や虫など自然への関心が出始めていることなどを確認しました。

　担任保育士と担当保育士の話し合いで、Ａちゃんの登園しぶりは、担任保育者やクラスに慣れるころに起きる保護者への**試し行動***ではないかと考え、担当保育者から母親にそのことを伝えることにしました。「Ａちゃんが保育所でがんばっているので、そのことをわかってもらいたかったのと、お母さんが自分のほうを向いてくれているか確かめたくなったのでしょう。毎朝Ａちゃんに登園を促すのは大変かもしれませんが、ていねいにやりとりをしてもらって、Ａちゃんの安心感につながっていると思います」と伝えました。母親は「私も慣れがでてきたので、行って当たり前と思い始めていました。子どもって親の気持ちがわかるんですね」と気づきを深めたようでした。

　こういった日常の会話や相談のなかに、子育ての課題が含まれているのです。最近は、保育標準時間の関係でシフトが複雑になり、朝夕の対応をする保育士が担任でない場合も多くなりつつあります。子どもと家庭への支援は、保護者に対応する保育者と担任保育者が連携しながら、日常の保護者とのやりとりにていねいに対応していくことが求められます。

■5 子どもの育ち（様子）を伝え、理解を促す

　保育者は日々の保育をとおして子どもの成長を感じ、保護者に伝えます。しかし、成長は右肩上がりに進むとは限りません。それまでできていたことができなくなることもあり、上がったり下がったりしながら、数か月、一年をとおして成長していきます。

インシデント②　生活環境の変化と赤ちゃん返り

　３歳児のＢちゃんは、おむつが外れていましたが、最近昼休みにお漏らしをするようになり、パンツの替えが増えるようになりまし

た。母親はせっかく順調に進んでいたおむつ外しが失敗だったのか
と落胆しています。担任はBちゃんががんばっているところを伝え
ながら、生活環境の変化について母親に尋ねてみました。母親によ
ると家では大きな変化がないものの、父方の祖父が認知症で、最近
義祖母からの電話が多くなっていること、Bちゃんが寝たあとの夜
間に電話をしてもらっているが、そちらに気をとられることが多く
なっているとのことでした。担任は、子どもは言葉や態度で表現は
できないけれども、身の回りで起きていることを敏感に察知する力
があることを伝えました。Bちゃんは最近入園した同じクラスの男
児のことを気にかけていて、一緒に遊ぶ相手になったりと気遣いが
できることも母親に伝えました。確定はできませんが、新しい友だ
ちとの関わりや家庭での気遣いがBちゃんの神経を緊張させて、お
漏らしが起きているかもしれません。母親は、「話をしてもわから
ないだろうと思っていましたが、何かを察して必要以上に不安に
なっているかもしれないですね。スキンシップを増やしたりしなが
ら、祖父に起きていることをわかりやすく伝えて、安心させようと
思います」と、Bちゃんへの理解が深まったようでした。

　保育者は、日ごろの保育の場面を振り返り、家庭での様子を聞き取り
ながら、子どもに起こっていることを理解しようとします。大切なのは
子どもに起こっていることの理由を決めつけることではありません。い
くつかの仮説（想像力）をもちながら、子どもの様子について保護者と
ともに考えることが子ども理解を深めるために必要となります。

6 ▶ 子育ての不安を支える

　最近の保護者は、インターネットなどを通じて子どもの育ちについて
情報をたくさんもっています。しかし、インターネットや雑誌に書かれ
ている情報は、一般論や理想論が多く、自分の子どもや子育てに当ては
めてしまうと、子どものできないところや親としてできていないところ
が目についてしまいます。そのため、親の責任を感じて働きながら子育
てをしている自分を責めてしまうこともあるかもしれません。孤独な育
児環境のなかで、自分のつらさを子どもに見せてしまう危険性もありま
す。子育てに不安や悩みは尽きません。
　子ども家庭支援では、保護者が不安や悩みをもつのは当然で、子ども
のことを考えるからこそその悩みであり不安であることを保育者が認識し
なければなりません。保護者の不安や訴えを尊重して受け止めようとす

✳ 用語解説
氷山の一角
氷山は水面に現れているのが1割弱で残りは水面下に沈んでいる。見えているものは全体のわずかの部分であるというたとえ。

る姿勢を見せることが大切です。相談援助では、主訴は**氷山の一角**✳とも考えられ、氷山の水面下にある問題や悩みに目を向ける必要性が説かれています。子育て不安の背景には、子ども以外にも親自身のことや家庭の心配ごとなどが含まれている場合があります。それらの問題をただちに解決するのは難しいことですが、保育者は主訴だけにとらわれずに、保護者が抱えているであろうさまざまな問題への想像力をもって、保護者を支えていく態度が求められています。

インシデント③　子どもの育ちと親の焦り

　年長児のCちゃんのお母さんは最近忙しそうです。先日は雨で少し遅れての登園になりました。レインコートを嫌がったので準備に時間がかかったとのことでした。お迎えのときにも、「早くして！ レインコートを着なさい。かばんを先に肩にかけてから！」などCちゃんの準備に口をだしています。Cちゃんはおろおろしてしまい、お母さんはいらだっています。母親は、「自分の身の回りのことができないと、小学校に入ってから集団についていけなくなるでしょう。それが不安です」と訴えました。母親の焦りの背景には、小学校に向けての自立の準備があったようでした。「ほかのお子さんはできているし、実家の母からも、『一人でさせないと』と小言を言われて焦ります」と訴えは続きました。担任保育士は、就学を前にした不安はどの保護者にもあるだろうと察し、年長の担任と保護者の不安について情報を共有しました。そして、後日クラスだよりに「就学に向けての準備コーナー」をつくり、準備のしかたや子どもへの関わり方、ほめ方を載せました。Cちゃんのお母さんは、「早速対応していただきありがとうございました。困っているのはほかのお母さんも一緒なんですね」と安心をされたようでした。

　日ごろの親子の姿から、「怒るのをやめてほしい」「子どものできているところを見てほしい」など、保育士は保護者に期待することが多くなりがちです。しかし、保育士が気になる保護者には子どもの育ちに対する不安があり、それは多くの保護者が抱えている悩みと共通することがあります。保護者が抱える悩みや不安を類推しながら、支える方法を保育所全体で考える必要があるでしょう。

▰7▰ 子育てに喜びを感じてもらう

　保育所は日々の子どもの成長を感じることができる場です。保育士に

は、日中の子どもの様子を保護者に伝え、保護者とともに子どもの成長を喜ぶ姿勢が求められます。できないことができるようになった、気づくとできるようになっていた、など多くの姿を子どもは見せます。

インシデント④　子どものがんばりを共有する

レインコートを着ることが難しかったＣちゃんですが、相談があって以降、担任保育士は、さまざまな場面でＣちゃんのできているところを認める声かけをするようにしました。Ｃちゃんは、「ボタンは自分でできるよ」「脱いだら表に返してたためるんだよ」とできるところを自慢できるようになってきました。ある雨の日、Ｃちゃんは得意な顔をして母親と登園してきました。そして開口一番、「今日は全部自分でできたんだ！」と保育士に報告しました。母親は、「最近は、私が手を出すのを嫌がって、自分ですると言い張ります。時間はかかりますが、時間の余裕をもってみるようにしています。こちらに余裕があればほめることができるんですね」と話してくれました。

インシデント⑤　親の子どもへの関わりを認める

０歳児のＤちゃんは、はじめてつかまり立ちから一人で立つことができました。保育士は、その様子を写真に撮って迎えに来た母親にプレゼントしました。母親は、「私の前でやってほしかったのに」と残念がりました。保育者は、「お母さんが優しく見守ってくれるから安心して保育所でがんばれるんだと思いますよ」と、母親を支えるように声をかけました。

子どものはじめての姿を聞いて喜ぶ保護者もいれば、その場面を見ることができずに残念に思う保護者もいます。保育士は、家庭での保護者の関わりがあってこそ子どもたちが保育所でできることが増えていくということを言葉にして保護者を支える必要があります。

子ども家庭支援は、保育所での保育と家庭での養育が協働することで成り立つ部分が多くあります。保育所と家庭での様子が違うことがあっても、子どもの体験は連続しています。担任保育士は、保育所での子どもの様子を保護者に伝えますが、その子どもの姿は家庭での保護者の子育てがあってこその姿であり、子どもの育ちに対する保護者の関わりを評価する意識をもつことが大切です。

3.　子ども家庭支援の展開場面と方法

1 ▶ 送迎時

　送迎の際、保護者と接する時間は、子どもと家庭への大切な支援の場面です。保育士は毎朝顔を合わせる子どもと保護者の様子から、ちょっとした変化を見逃さず声をかけます。朝の送りの時間に比べると夕方のお迎えの際には時間の余裕があります。その日の子どもの様子を伝えながら、保護者の質問を受けます。そして、保護者から家庭での子どもの様子を聞きながら、保育所と家庭の両面からの子ども像や**子育て表象**[*]を確認します。

✴ 用語解説
子育て表象
表象とは現れている部分のことを指す。したがって子育て表象とは、子どもへの言動を含めた具体的な保護者の関わり方を意味する。

インシデント⑥　担任として信頼される

　保育士になって 2 年目の E さんは、初めて 0 歳児を担当することになりました。E さん自身、保護者から信頼されているのか不安がありました。そこで園長と相談し、保護者との信頼関係をつくるために、4 月から 6 月までの 3 か月、朝夕に保護者と顔を合わせることにしました。毎日保護者とあいさつをし、子どもの様子を伝えることを繰り返していくなかで、E さんは保護者と打ち解けながら話ができるようになり、保護者が少しずつ自分を担任保育士として信頼してくれることを実感できました。

　近年は保育時間の長時間化の影響でシフトが多くなり、担任保育士が朝夕に保護者と顔を合わせる機会が少なくなりつつあります。送迎場面を家庭支援の場面ととらえると一考の余地があります。

2 ▶ 懇談会

　懇談会は、1 対 1 で話ができる有意義な機会です。担任保育士は、懇談会で話す内容を事前に準備します。子どもの様子の伝え方などを保護者に合わせて考えておくことも必要でしょう。はじめて保育所を利用し始めた保護者にとっては、担任保育士との信頼関係をつくる場にもなります。保育所の様子を伝えるとともに、家の様子、保護者の生活リズムなどについてていねいに把握し、保護者の子育てを認めるよう心がけます。

　保護者は、懇談会に備えて尋ねたいことを準備してくるかもしれません。送迎時には話がしにくい保護者や、送迎の場面よりも時間が設定さ

れた場のほうが話しやすい保護者もいます。特に近年は、子どもの育ち
をインターネットなどの情報から理解しようとして情報過多に陥ってい
る保護者もいます。質問すべてに答えるのではなく、家庭での様子を確
認しながら、子どもが求めていることやもっている力など保育の様子を
保護者に伝え、子どもの育ちについて考える機会にします。

3 行事

　近年、行事に成果を期待する保護者が多いようです。保育士は、保護
者のニーズを意識することも大切ですが、行事に取り組んでいる子ども
の様子を伝え、その様子から子どもの育ちを保護者と共有する姿勢をも
つことが重要です。成果とともにプロセスを評価できるように保護者に
も働きかけを行います。特に近年は、行事が苦手な子どもも増えつつあ
ります。行事の際の子どもの様子だけを見て、意気消沈する保護者がい
るかもしれません。行事が苦手な子どもの保護者には、子どもなりに成
長している部分を保育者がしっかりと認めて、それを保護者に説明する
ことが欠かせません。行事への参加がうまくいかなかったのを許容され
ることで、子どもは安心して保育所に通えるようになるでしょう。保育
士は、行事を子ども家庭支援の大切な場面として認識しなければなりま
せん。

4 保育参加

　保育参加とは、行事の参観とは異なり、保護者も保育場面に参加する
ことを指します。つまり保育者役を保護者が引き受けることです。保護
者は、担任保育士らのサポートを受けながら保育活動に参加し、そのな
かで多くの気づきを得ることができます。たとえば、「自分の子どもも
実はお友だちを叩くことがあるんですね」「家では静かな子ですが、友
だちと一緒にいるとこんなにも活発なんですね」「（ほかの母親と）一緒
の体験ができたことで、ずいぶんと気持ちが軽くなりました」「保育の
様子がよくわかりました」「月齢が上のお子さんを見て、自分の子ども
の少し先が予測できるようになりました」などの感想が寄せられます。
これらの感想や気づきこそが、実践としての子ども家庭支援の真骨頂と
いえるのではないでしょうか。

　「保育所保育指針」第4章では、「保育の活動に対する保護者の積極
的な参加は、保護者の子育てを自ら実践する力の向上に寄与することか
ら、これを促すこと[1]」として、保育参加を推奨しています。

▶出典
[1]「保育所保育指針」
第4章2（1）「保護者と
の相互理解」イ

参照

連絡帳
→レッスン 5

5 連絡帳・掲示物

　連絡帳や伝達事項、あるいは掲示物は保護者と交流をするよい機会です。ふだんゆっくりと話をする機会をもつことが難しい保護者には、連絡帳の活用が有効でしょう。また、言葉でのやりとりよりも、文字によるやりとりのほうが思いを伝えやすい保護者もいます。日常的な対話と同様に、文字によるやりとりを尊重する姿勢が必要です。

　さらに、掲示物や園だよりを有効活用しましょう。ある保育所では、園だよりに「お母さんの落ち着くヒント」をイラストつきで掲載しました。「子どもにイライラしたら、コップ一杯の水を飲む」「なぜイライラするのかメモにする」「外の空気を吸う」「ポケットに手を入れる」などの対処法をイラストで示したのです。後日、園だよりを見た保護者から、「先生、私は足がでるのよ」と保育者に話してくれたそうです。その保護者は自分から、「私はイライラすると子どもを足で小突いている」と告白したのです。このことは、園だよりを媒介にして保護者とのコミュニケーションが深まる可能性や、園だよりの意義をわれわれに教えてくれます。

　子ども家庭支援は、保護者との直接的なコミュニケーションが中心となりますが、言葉によるコミュニケーションだけでなく、連絡帳や掲示物などを媒体とした間接的なコミュニケーションによって成り立つということも意識しましょう。

4. 子ども家庭支援を行う保育者の方向性

1 保護者の多様な背景を理解する

　保育所で求められる子ども家庭支援の技能は、日常の保護者の子育ての様子を可能な限り理解しながら、保育所での子どもの様子を保護者に伝えるということです。子どもの育ちや子育てについて質問される場面も少なくありません。そういった場で保育士は専門的な立場から、あるいは保育の経験から助言や情報提供はできるでしょう。しかし、保護者が保育士の助言などを受け入れる姿勢がなければ、それはむだになってしまいます。図表12-1に、保護者に受け入れられるようになるために必要な保育士の姿勢を示します。

　図表12-1の①と②は、保護者のこれまでの子育ての取り組みを理解しようとする考え方です。今ではなく今に至る経過を理解し、結果ではなく取り組んできたことを尊重しながら受け止めようとする保育者の姿

図表12-1　子ども家庭支援において留意すべきこと

①親は、保育者よりも長い間子どもの状態を**改善しようと試みてきた**。
②親が何をしようと、最初どんなに無分別に見えようと、親の行動には通常、何らかの理由がある。
③いかなる保育指導や助言も、うまくいくためには**親の協力**が必要である。
④親の協力を得るためには、親が、**助言されたことを理解し、受け入れる必要がある**。
⑤保育士が、最初に共感的に「**親の現状**」を理解しなければ、いかなる助言も理解され受け入れられないだろう。
⑥親の苦境を親の立場に立って理解しなければ、その家族に特有なニーズに合わせた指導ができず、実際の役に立たない**決まり文句的助言**を与えることになる。
⑦子どもの問題が深刻であっても、家族にとって**子どもの問題が中心課題でない場合**も多い。
⑧親は、多くの場合過去の子育てについて**たえず非難されてきた**し、また非難を恐れている。

出典：アーノルド，L. E. 編／作田勉監訳『親指導と児童精神科治療』星和書店、1981年；竹中哲夫『現代児童養護論（第2版）』ミネルヴァ書房、1995年をもとに作成

勢を説いています。③から⑥は、保護者との信頼関係の考え方を示しています。信頼関係をつくるためには「親の現状」を理解し、親の苦境を親の立場に立って理解することが、親のニーズに対応した助言をすることにつながると説いています。⑦と⑧は、家庭の背景やこれまでの保護者の経験を推測する考え方です。保育士は今の子育てをより望ましい方向に導こうとしますが、その際保護者が置かれているさまざまな状況を理解しようとする姿勢の重要さを説いています。

２　保育者の考えを伝える

　子ども家庭支援では、保育者の考えを伝えることも大切です。自分の思いや考えを伝えることを**アサーション**[*]（主張する）といいます。保育者は、アサーションを考える前に、図表12-1のような保護者の立場を十分に想像し、理解を示したうえで自らの考えを伝える必要があります。

　アサーションを行う際の留意点は、自分が抱く保護者への認識をプラスにするということです。マイナスの思いをもったまま意見をすると、保護者は非難されたと受け止めます。保育士から保護者にお願いや要望を伝える場面は少なくないでしょう。その際には、自分が保護者に抱くイメージを**内省**[*]できるように心がけます。保護者の強みや長所を発見し、言葉にだすなどして、プラスの思いを抱くようにしながら、思いを伝えるようにします。

✴ 用語解説

アサーション
（Assertion）
人間関係のもち方は大きく3つのタイプがあるといわれている。第1は自分のことを優先しようとする、第2は自分よりも他者を優先し、自分を後回しにする、第3は第1と第2の黄金率ともいうべきもので、自分のことをまず考えるが、他者をも配慮するやり方である。アサーションは、第3のやり方をいう（平木典子『改訂版アサーション・トレーニング——さわやかな〈自己表現〉のために』金子書房、2007年）。
→レッスン13

内省
（reflection）
自分の考えやその背景にある経験、信念、価値観などを振り返ること。自分の基準が他者とは異なること、偏りがあることについて振り返ることで、他者に強い要求を行ったり対立を招いたりするのを回避することができる。

5.　関係機関との連携

1　関係機関との連携が必要なとき

　子どもの育ちや子育てに関するすべての問題が、保育所で解決できるとは限りません。近年では、子どもの育ちに関すること、保育所の運営に関することであっても、保育所という組織のなかで解決することが難しい場合があります。

①子どもの育ちに関すること

　子どもの発達に偏りや遅れが考えられる場合には、早急に療育や医療機関と連携をとる必要があります。それとともに、保護者に連携の必要性を説明し納得してもらう必要があります。納得してもらうためには、保育所が知る地域の関係機関に関する情報をていねいに紹介できるようにしておかなければなりません。また、近年は保育の多様化にともない、従来の区域だけでなく市外から通園する家庭も少なくありません。保育所近辺だけでなく、保護者が生活する地域の関係機関に関しても積極的に情報を集めておく必要性も高まっています。

　保護者による虐待や不適切な関わりなどを発見した場合には、所内で検討したうえで速やかに市内の関係機関（要保護児童対策地域連絡協議会など。福祉事務所、市町村保健センターが窓口）に相談しなければなりません。深刻な場合は通告し、連携をとる必要があります。このような場合に備えて、相談窓口、相談方法、相談をしたあとの保育所の対応などについて話し合っておく必要があります。

②保育所保育に関すること

　保育内容に意見を言う保護者も増えています。けがや病気など、子どもが被った不利益について苦情を訴える保護者もいます。訴えを機に保護者との信頼関係を強めることが保育士に期待される役割ですが、保育士を個人攻撃し、人格を否定するような言動を浴びせられるなど保育士の役割を超えるような無理難題や苦情を受けることも少なくありません。保育所に関することだからと保育士一人や保育所だけで抱え込むのではなく、保護者の特性を理解するためには、市区町村の保育部局や医療機関等の専門職と連携を図りながら対応を協議する必要があります。

2　関係機関を知る

①公的な情報を集める

　関係機関と円滑な連携ができるようになるためには、関係機関を知る

必要があります。市内、市外の子育てに関する関係機関の情報は、「子ども・子育て支援事業計画」に類する情報誌や広報誌などに掲載されています。近年はスマートフォンのアプリを用いて子育て情報を市民に提供する自治体も増えています。保育所として、保護者が入手すると思われる公的な子育てに関する情報を集めておきます。

②連携をとった関係機関の情報を集約する（資源台帳をつくる）

これまでに連携をとった関係機関の情報について、資源台帳などをつくって集約しておきます。公的な機関だけでなく、民間機関の情報、専門職の情報なども加えることで、相談内容に応じた細やかな情報を提供できるようになります。台帳をつくることで、連携をとった関係機関や人物のリストを整理でき、その後の連携が円滑に進むことが期待できます。

3 連携の方法

①機関や人物の特長を把握する

特長とは専門性や長所を指します。医療・保健・心理・教育・福祉に関係する組織は数多くあり、たくさんの専門職が役割を果たしています。病院でいえば、診療科の名称が異なっている（小児科、小児精神科、児童・青年心療内科など）といった特徴があります。医療機関によって専門とする診療科や施設を併設している場合もあります。

また、人物の特長を把握することも大切です。電話やメールなどを使って情報のやりとりをする方法もありますが、はじめて連携をとる際は、直接会って話をするといった対面コミュニケーションを大切にし、お互いの支援や連携に関する特長を理解するよう努めましょう。

②役割分担を具体化する

連携は役割を分担するための行為です。つまり、相手に何を期待するのかを具体的に考えたうえで連携をとることが重要です。また、保育所の果たす役割についても具体的に考える必要があります。虐待の対応で行政機関と連携をとった場合に、「保育所に通っていれば安心なので、見守りをお願いします」と依頼される場合が少なくありません。保育所に毎日通園すれば日中の安否は確認できますが、長期休暇や欠席が続いた場合の対応も保育所にすべてお願いされるケースも筆者は体験しています。日ごろから保育所は何をどこまで行うのか、また関係機関には何をどこまでお願いするのか、さらにお互いの果たした役割を評価する時期や方法をあらかじめ決めておくことも、連携の際の大切なポイントとなります。

４ 保育所と関係機関の連携の課題

　子どもの育ちが多様化していることに加えて、子育て家庭の抱える生活困難も複雑化しています。精神的・身体的・知的に課題を抱えている保護者も少なくありません。子どもや家庭を支援するために連携することは、保育所にとって必須といっても過言ではありません。

①園内で情報を共有するしくみをつくる

　連携の必要性をどの保育士も感じていながら、方法や手段を知らない保育士が多くいるのも事実です。それは、連携は保育所長や主任保育士のような管理的立場の職員が行うものだといった認識や慣例がもたらしているのかもしれません。保護者から相談を受けた際に、「私よりも主任がよく知っているのでそちらに相談してください」と答えるのと、「私も専門機関や連携先は知っています。主任と一緒に相談しましょう」と対応するのでは、どちらが保護者からの信頼を得られるでしょうか。保育所と連携する関係機関や関係者を知ることを全職員に求められる責務とし、園内で共有できるようなしくみをつくることが課題となっています。

②連携の方法としてツールを使用する

　連携の際には、保育所が把握している情報を伝える必要があります。そのときに重要なのは、情報を整理して伝えることができるツールを知っていて使えることです。レッスン11で紹介されている「フェイスシート」「アセスメントシート」「プランニングシート」は、連携する前に子どもと家庭の情報を収集し整理したうえで、保育所としての評価（見立て）を行うのに有効です（「プランニングシート」は連携後でも可能）。「プロセスシート」「モニタリングシート」は、関係機関と連携しながら支援の内容を把握し、支援の状況を評価するのに有効です。そして「エバリュエーションシート」は、支援がいったん終結する際に、関係機関と支援について振り返り評価を行う際に有効となるでしょう。ツールをもち使用することで、関係機関から信頼を得ることが期待されます。

　保育所における子ども家庭支援は、保護者と子どもが毎日通園するという日常的な交流のなかで生まれます。何気ないやりとりのなかにも支援の要素は含まれていることを理解しながら、保育者は受け止める姿勢を意識しましょう。また課題を抱えた家庭には、保育という専門性を発揮しながら支援しつつ、関係する専門機関や専門職等との連携を強固なものにしていくための工夫と努力が必要です。

┌─┬─┬─┬─┐
│演│習│課│題│
└─┴─┴─┴─┘

①保育場面で相談される子どもの育ちや子育ての悩みに関する内容について話し合ってみましょう。

 （1）相談の内容

 （2）相談の背景として考えられること

 （3）保育者としての対応

②保育参加の方法について話し合ってみましょう。

 （1）保育参加の場面と保護者の役割

 （2）保育者の役割

 （3）保育参加を実施するための手続き

③関係機関との連携について話し合ってみましょう。

 （1）保育所が連携する関係機関や専門職をあげてみましょう。

 （2）取り上げた関係機関と保育所が連携する場合に、どういった役割分担が考えられるでしょうか。保育所が果たす専門性と役割、関係機関に期待する専門性と役割、そして連携の方法などについて話し合ってみましょう。

例：発達に課題をもつ子どもとその家庭への支援を行う場合、不適切な養育が疑われる家庭への支援を行う場合、保育所の保育について激しく苦情を訴える保護者への対応を行う場合など。

　その子どもと家庭を理解し、子どもの育ちを支えるための家庭支援の連携のあり方について話し合ってみましょう。

地域の子育て家庭への支援

近年、子育て家庭の孤立が問題となっています。核家族化の進行、少子高齢化や人口減少など社会が変化するにつれて、地域で共同しての子育てが困難になりました。家庭や地域において子育ての知恵や経験を共有する養育が難しくなるなか、地域の子育て家庭への支援のしくみづくりや方法について学びます。

✖ 用語解説
地域を基盤としたソーシャルワーク
個（個人、ケース）と地域の一体的支援の総称。以下の８つの機能がある。①広範なニーズへの対応、②本人の解決能力の向上、③連携と協働、④個と地域の一体的支援、⑤予防的支援、⑥支援困難事例の対応、⑦権利擁護活動、⑧ソーシャルアクション（岩間伸之「地域を基盤としたソーシャルワークの特質と機能——個と地域の一体的支援の展開に向けて」『ソーシャルワーク研究』37（1）、2011年）。

参照
「仮親」制度
→レッスン 1

▶ 出典
†1 大藤ゆき『児やらい——産育の民俗』岩崎美術社、1967年

1. 地域の子育て家庭への支援の視点

1 地域の子育て家庭への支援とは何か？

地域の子育て家庭への支援には、「子育て家庭を地域で支える」と「子育てを支える地域をつくる」の２つの視点が必要となります（これを、**地域を基盤としたソーシャルワーク**[*]とよびます）。

「子育て家庭を地域で支える」とは、子育て家庭のニーズを把握し、ニーズに対応した支援がきめ細かに行われることです。専門職による支援だけでなく、地域住民が子育て家庭を見守り子育ての知識を伝達する、子どもを預かる、親同士を結びつける機会をつくる、地域の子育て情報を提供するなどの方法で子育て家庭のニーズに対応した支援ができることを目指します。

「子育てを支える地域をつくる視点」とは、子育て中の親子が気軽につどい、交流や相談ができる場所を地域のなかにつくり、地域の伝統文化や行事を行い、世代を超えた地域住民の交流が生まれることを目指します。個別の家庭を支えることと、家庭を支える地域をつくるという２つの視点によって、子育て家庭を地域で支えるしくみが形成されます。

一方で子育て世帯が減少している自治体では、子育て家庭の地域の交流にも限界がみえてきています。このような地域では子育て世帯だけでなく、障害児・者や高齢者が一緒につどい、それぞれの長所を生かしながら支え合う取り組みとして、「地域共生社会」づくりが始まっています。

2 なぜ地域の子育て家庭への支援が必要なのか？

昔から子育てと地域は密接に関連をしていたと考えられています。たとえば、江戸時代には**「仮親」**制度がありました。仮親は出産直後の親を支え、子が成人するまでその育ちを見守っていました[†1]。もちろん子

育ては親が責任をもって行うものですが、その親と子どもを支える共同養育のしくみが古くから地域社会には備わっていたと考えられます。人間の赤ちゃんは、本来生まれるべき時期より10か月早く生まれてきます（生理的早産）。生まれたての乳児は泣くことしかできません。抱っこをしてもらわなければ自分でお乳を飲むことすらできない状態で生まれてきます。成人した女性の体は、そのような（一人では生きていけない状態の）赤ちゃんを1年に一人産むようにできています。赤ちゃんの「生理的早産」と「多産のしくみ」が重なり合い、元来子育ては身近な大人が共同で行わなければ成し得ることができない営みだったのです。

　多産多死*の時代から少産少死となり、子どもを一人の親が育てるようになったのは戦後の高度経済成長期からです。「**3歳児神話***」に代表されるように、子育ては母親が一人で行ってしかるべきであるという社会的な風潮が高まりました。あわせて人口の流動が激しくなり、自分の生まれ育った地域以外で子育てをする世帯が増加しました。地域社会の支え合いも脆弱になり、共同で行うべき子育てが孤独な子育てへと激変したのです。それとともに、1970年代には「**コインロッカーベビー事件**」が多発し、豊かになったはずの日本社会で養育を放棄する親が現れ始めます。子育て中の母親に、育児ストレス、育児不安といったものが顕著になり、児童虐待などの問題も減少する兆しはみえません。今こそ、子育てを地域社会で共同して行うしくみをつくり、地域による支え合いを復活させる必要性に迫られているのです。

3 ▶ 施策としての地域の子育て家庭支援の沿革

　地域で子育てを支えるための国の施策の沿革を概観します。「地域子育て支援事業」は、1993（平成5）年度に「保育所地域子育てモデル事業」として創設され、1995（平成7）年「地域子育て支援センター事業」と名称が変更されます。その後2002（平成14）年に「つどいの広場」が事業化されましたが、2007（平成19）年に「地域子育て支援拠点事業」の創設により「地域子育て支援センター事業」と「つどいの広場」事業は「ひろば型」「センター型」「児童館型」に再編されました。その後一部の再編を経て、「地域子育て支援事業」は2014（平成26）年に「ひろば型」と「センター型」が「一般型」に、「児童館型」は「連携型」となりました。新たに「利用者支援事業」が加わり、2015（平成27）年から実施された「子ども・子育て支援新制度」による「地域子ども・子育て支援事業（13事業）」として、市町村が計画実施する事業全体がまとめられました。

✳ 用語解説

多産多死
出生率、死亡率ともに高い状態。発展途上の国でみられる現象。わが国でも、第二次世界大戦以前は感染症等による子どもの死亡率は高かったが、抗生物質の発見など医療の進歩とともに子どもの死亡率も低下し、戦後少産少死に転じている。

3歳児神話
「子どもが3歳になるまでは母親は子育てに専念すべきであり、そうしないと成長に悪影響を及ぼす」という言説。3歳までの発達が重要であることは科学的に証明されている一方、母親が育児に専念しなければ悪影響を及ぼすというのは科学的に立証されておらず、その点が神話とよばれるゆえんである。

参照
コインロッカーベビー事件
→レッスン14

2.　地域の子育て家庭への支援の事業

参照
地域子ども・子育て支援事業
→レッスン10

　ここでは、**地域子ども・子育て支援事業**について概説し、地域による子育て支援の考え方や内容について理解を深めます。

1 地域子育て支援拠点事業

①地域子育て支援拠点事業とは

　乳幼児期の子どもの育ちは、地域で多くの大人に囲まれながら一人ひとりの成長・発達に合わせて、子ども同士の関わりなどを経験しながら培われます。この時期の親も、多くの大人や子育て中の仲間と同時に支え合いながら、子どもとの安定した愛着を育みます。地域子育て支援拠点事業とは地域で暮らす親子と地域の人々を結びつける活動です。実施主体は市町村で、委託を受けた7,259か所の民間法人などが、積極的に展開しています（2017年度）。

②地域子育て支援拠点事業の内容

　地域子育て支援拠点事業は、基本 4 事業として、①子育て親子の交流の場の提供と交流の促進、②子育て等に関する相談・援助の実施、③地域の子育て関連情報の提供、④子育ておよび子育て支援に関する講習会等の実施が義務づけられています（補助金対象）。このほかにも事業（加算対象）としては、一時預かり、放課後児童健全育成、乳幼児全戸訪問、育成支援、地域との交流として高齢者・地域学生など地域の多様な世代との交流、地域団体との協働による伝統文化や行事の実施、地元の子育て資源の発掘や育成、拠点を利用できない家庭への訪問支援活動など、地域の状況に応じた活動の展開があげられています。

2 利用者支援事業（図表13-1）

①目的

　利用者支援事業は、子どもと保護者のニーズを個別に把握したうえで行う相談援助（利用者支援）、地域にある施設・事業の総合的な利用者支援（利用支援）、そのための関係機関との連絡調整、連携、協働体制づくり（連絡調整）に集約されます。

②内容

　利用者支援事業は、「子ども及びその保護者が、確実に子ども・子育て支援給付を受け、（中略）地域子ども・子育て支援事業等を円滑に利用できるよう、（中略）身近な場所において、地域の子ども・子育て支

図表 13-1 利用者支援事業の概要

「利用者支援事業」の概要

事業の目的
○子育て家庭や妊産婦が、教育・保育施設や地域子ども・子育て支援事業、保健・医療・福祉等の関係機関を円滑に利用できるように、身近な場所での相談や情報提供、助言等必要な支援を行うとともに、関係機関との連絡調整、連携・協働の体制づくり等を行う。

実施主体
市区町村とする。ただし、市区町村が認めた者への委託等を行うことができる。

地域子育て支援拠点事業と一体的に運営することで、市区町村における子育て家庭支援の機能強化を推進

3つの事業類型

基本型
○「基本型」は、「利用者支援」と「地域連携」の2つの柱で構成している。

【利用者支援】
地域子育て支援拠点等の身近な場所で、
○子育て家庭等から日常的に相談を受け、個別のニーズ等を把握
○子育て支援に関する情報の収集・提供
○子育て支援事業や保育所等の利用に当たっての助言・支援
　→当事者の目線に立った、寄り添い型の支援

【地域連携】
○より効果的に利用者が必要とする支援につながるよう、地域の関係機関との連絡調整、連携・協働の体制づくり
○地域に展開する子育て支援資源の育成
○地域で必要な社会資源の開発等
　→地域における、子育て支援のネットワークに基づく支援

《職員配置》専任職員（利用者支援専門員）を1名以上配置
※子ども・子育て支援に関する事業（地域子育て支援拠点事業など）の一定の実務経験を有する者で、子育て支援員基本研修及び専門研修（地域子育て支援コース）の「利用者支援事業（基本型）」の研修を修了した者等

特定型（いわゆる「保育コンシェルジュ」）
○主として市区町村の窓口で、子育て家庭等から保育サービスに関する相談に応じ、地域における保育所や各種の保育サービスに関する情報提供や利用に向けての支援などを行う
《職員配置》専任職員（利用者支援専門員）を1名以上配置
※子育て支援員基本研修及び専門研修（地域子育て支援コース）の「利用者支援事業（特定型）」の研修を修了している者が望ましい

母子保健型
○主として市町村保健センター等で、保健師等の専門職が、妊娠期から子育て期にわたるまでの母子保健や育児に関する妊産婦等からの様々な相談に応じ、その状況を継続的に把握し、支援を必要とする者が利用できる母子保健サービス等の情報提供を行うとともに、関係機関と協力して支援プランの策定などを行う。
《職員配置》母子保健に関する専門知識を有する保健師、助産師等を1名以上配置

出典：内閣府「平成28年版 少子化社会対策白書」2016年

援に関する各般の問題につき、子ども又は子どもの保護者からの相談に応じ、必要な情報提供及び助言を行うとともに関係機関との連絡調整を行う事業」（「子ども・子育て支援法」第59条）と定められています。つまり、①子どもと保護者が自分たちの家族が必要とするサービスや地域子ども・子育て支援事業等を確実に円滑に利用できるように支援する、②子どもと保護者にとって、身近な場所で地域子ども・子育て支援事業等を円滑に利用できるように支援する、③情報提供、相談支援、機関連携、地域支援を総合的に行うこととなります。利用者支援事業は、地域子育て支援拠点施設で実施する「基本型」、市区町村の窓口などで実施する「特定型」、そして母子保健で実施する「**母子保健型***」があります。それぞれに専門職員の配置が義務づけられており、「基本型」と「特定型」には**利用者支援専門員***が、母子保健型には保健師、助産師など母子保健に関する有資格者が置かれることとなっています。

✳ 用語解説
母子保健型
保健師等の専門職がすべての妊産婦等の状況を継続的に把握し、必要に応じて関係機関と協力して支援プランを作成することで妊産婦にきめ細かな支援を行う目的で設置されている。また自治体においては、母子保健型を基盤として、妊娠期から子育て全般的にわたる多様なニーズに対応できるようワンストップ型拠点として「子育て世代包括支援センター」を整備することとなっている。

3 　乳児家庭全戸訪問事業

①目的

　子育ての孤立を防ぐために、乳児のいるすべての家庭を訪問し、さまざまな不安や悩みを聞き、子育て支援に関する必要な情報提供を行います。支援が必要な家庭に対しては、適切なサービス提供に結びつけます。この事業は、地域のなかで子どもが健やかに育成できる家庭と地域のそれぞれの環境の整備を図ることで、孤立や育児不安、さらには児童虐待などの発生予防を目的とした子育て支援事業となっています。

②事業内容

　対象乳児が生後4か月を迎えるまでの間に1回訪問することを原則としています。ただし、生後4か月を迎えるまでの間に、健康診査などにより乳児およびその保護者の状況が確認できており、対象家庭の都合などにより生後4か月を経過して訪問せざるを得ない場合は、少なくとも経過後1か月以内に訪問することが望ましいとされています。

　訪問では、子どもの発達状況を確認し、保護者から養育の工夫やつらさを受容的に傾聴し、親族など支援する者の有無を確認します。育児に関する質問にも答え、情報提供なども適宜行います。また、養育環境や保護者の精神的・身体的な安定、育児手技を獲得しているかなどの確認を目視と質問により行います。必要に応じて地域子育て支援拠点事業や利用者支援事業などにつなぐことにより、育児不安や不適切な養育の予防に効果があると考えられています。

　訪問者は保健師、助産師、看護師のほか、保育士、母子保健推進員、愛育班員、児童委員、母親クラブ、子育て経験者などから幅広く人材を発掘し、自治体の裁量により登用できます。訪問に先立ち、訪問の目的や内容、留意事項等について必要な研修を受けるものとするとされています。市町村により訪問者の立場は異なりますが、幅広い人材を登用することで事業の達成率は9割を超える市町村がほとんどで、なかには複数回の訪問を実施している自治体もあります。

4 　養育支援訪問事業

①目的

　養育支援が特に必要であると判断した家庭に対し、保健師・助産師・保育士などがその居宅を訪問し、養育に関する指導、助言等を行うことにより、その家庭が適切な養育ができるようになることを目的とします。対象者は、乳児家庭全戸訪問事業（こんにちは赤ちゃん事業）の実施結果や母子保健事業などから、妊娠・出産・育児期に養育支援を必要とす

る家庭として関係機関からの連絡・通告等により把握され、支援が必要と認められた家庭の子どもと保護者になります。

　具体的には、①若年の妊婦および妊婦健康診査未受診や望まない妊娠等の妊娠期からの継続的な支援を特に必要とする家庭、②出産後間もない時期（おおむね1年程度）の養育者が、育児ストレス、産後うつ状態、育児ノイローゼ等の問題によって、子育てに対して強い不安や孤立感等を抱える家庭、③食事、衣服、生活環境等について、不適切な養育状態にある家庭など、虐待の恐れやそのリスクを抱え、特に支援が必要と認められる家庭、④児童養護施設等の退所または里親委託の終了によって児童が復帰した後の家庭、となっています。この事業は支援の必要な家庭を早期に発見し、虐待等の発生を未然に防ぐためのセーフティネットの役割を果たしているといえます。

②内容

　短期集中的に、きめ細かな指導・助言をするなど密度の濃い支援を行い、適切な養育が行われるようにします。具体的には次のようになります。

　0歳児の保護者で、積極的な支援が必要と認められる育児不安にある人や、精神的に不安定な状態等で支援が特に必要な状況に陥っている保護者に対して、支援を受けながら適切な養育を行うことができるようになるのを目指して、3か月間など短期・集中的な支援を行います。専門的支援を担う機関・部署へのサービスにつなぎ、児童福祉や母子保健など複数のきめ細かな支援を行います。中期的には、支援が必要とされた家庭に対して、要保護児童対策地域協議会の調整機関が関係機関と連携しながら適切な養育環境の維持・改善および家庭の養育力の向上、保護者との信頼関係の形成などを目指します。

5 ファミリー・サポート・センター事業

①目的

　ファミリー・サポート・センター（子育て援助活動支援）事業は、乳幼児や小学生などの児童のいる子育て中の保護者などを会員として、児童の預かりの「援助を受けることを希望する人」（依頼会員）と「援助を行うことを希望する人」（提供会員）とが相互に助け合いながら活動ができるように調整するための仲介的な役割を担うものです。

②内容

　会員の間で行われる援助活動の内容は、保育施設等までの送迎を行う、保育施設の開始前や終了後または学校の放課後に子どもを預かる、保護

者の病気や急用等の場合に子どもを預かる、冠婚葬祭やほかの子どもの学校行事の際に子どもを預かる、といった特定の場合や、買い物など外出の際に子どもを預かるといった日常的なものまで多様です。病児・病後児の預かり、早朝・夜間などの緊急預かり対応など、専門施設や機関では対応が難しい、すきまの援助となります。しかしすきまであるからこそ、保育所などの開設時間には間に合わないような共働き家庭にとっては送迎と預かりなどは大変に意義のあるものになっています。

　ファミリー・サポート・センター事業は、2017（平成29）年度は、863市区町村で実施された実績があり、**病児・緊急対応強化事業**[*]は151市区町村で実施しています。会員数は、依頼会員がおおむね57万人、提供会員がおおむね13万人です。数字からもわかるように依頼会員が提供会員に比べて圧倒的に多くなっており、提供会員の拡大がこの事業の課題の一つとなっています。子どもの安全に対する社会の関心が高まっており、責任の重さから会員登録を回避する傾向が否めず、会員への自治体の支援方策が待たれるところです。

6　放課後児童健全育成事業（放課後児童クラブ）

①目的

　小学校に就学している児童のうち、保護者が労働などにより昼間家庭にいない児童に対し、授業の終了後などに小学校の余裕教室や学校敷地内専用施設、児童館などを利用して適切な遊びおよび生活の場を与えて、放課後児童の健康管理、安全確保、情緒の安定を目的として行われます。

②内容

　事業の内容は、遊びの活動への意欲と態度の形成、遊びをとおして自主性・社会性・創造性を培うこと、放課後児童の遊びの活動状況の把握と家庭への連絡、家庭や地域での遊びの環境づくりへの支援、その他放課後児童の健全育成上必要な活動があげられます。

　実施状況は全国で2万5,328か所、登録児童数123万4,366人（2018年5月1日現在）となっており、運営主体別には市町村による公営が8,740か所、民営（社会福祉法人、保護者会、運営委員会等）が1万6,588か所です[†2]。

　都市部の児童数の多い小学校（区）では、子育て家庭の事業に対するニーズは高いものの、余裕教室などのスペースがないこと、さらに運営にたずさわる地域のマンパワーの不足などの課題が浮き彫りとなっています。

✦ 用語解説

病児・緊急対応強化事業
病児・病後児の預かり、早朝・夜間等の緊急時の子どもの預かり等を行う事業。

▶ 出典

†2　厚生労働省「放課後児童健全育成事業（放課後児童クラブ）の実施状況（平成30年5月1日現在）」2018年

3. 地域の子育て家庭への支援の技能

1 子育て支援とソーシャルワークの技能

　子育て支援を対象としたソーシャルワークとは、次のような実践技能となります。

　地域子育て支援におけるソーシャルワークの技能として考えるべきは、「対象」と「対象理解」になります。まず対象は、①地域で生活するすべての子育て世帯となります。対象を理解するためには、②地域の子育て世帯が直面している心理的・社会的問題について情報収集を行います。次に③支援の対象となる世帯が直面している個別のニーズを理解するために情報を集めアセスメントを行います。これは子育て家庭を個別に支援するための技能であり、同時にほかの子育て家庭のニーズを掘り起こし支援につなげるための技能でもあります。対象の理解が進みニーズがアセスメントできれば、ニーズ対応のための支援体制を構築します。すなわち、④地域子ども・子育て支援事業（13事業）を活用できるように、市区町村行政や民間の関係機関や専門職と連携し協働できる態勢をつくります。そのうえで、⑤個別ニーズに最善の対応ができるように、子ども・子育て支援事業を複数組み合わせながら提供できるようにします。

　また、13事業以外にも地域住民のボランティア活動などが活用できるように、⑥地域の人材や活動の発掘を行います。このようにして、⑦子育て世帯の当事者（親子）と支援者、住民ボランティアとの連帯を促します。連帯を強くするためには、⑧当事者同士の連帯と活動を活性化させるとともに、活動の場として⑨地域の児童福祉施設等を開放し、子育て世帯の理解が地域に根づくことを目指します。そして、⑩当事者の代弁者あるいは支援者（代表）として声を集め、調査等を通じて社会に発信をします。子育て支援の施策のあり方や地域づくりについて行政の各種委員会で提言し、パブリック・コメントを市民の声として発信するなどして、子育て支援に関する施策をよりよいものに形づくることを試みます。

　このようにソーシャルワークの技能は、ニーズのアセスメントと支援サービスの提供という「ミクロレベル（①〜⑤）」、当事者の活動を促す、地域の人材を発掘し活性化させることをとおして、地域の連帯をつくる「メゾレベル（⑥〜⑨）」、代弁や発信を行い施策に結びつける「マクロレベル（⑩）」の3つの機能に分類されます。

2　ミクロレベルの機能

　ミクロレベルの介入は、それぞれの子育て世帯が抱える負担感や不安感、養育上の困難を理解し、個別に支援を提供することを指します。また負担感や不安感の軽減を目的として、小規模のグループ活動の機会を提供し、当事者同士のつながりが活性化することを目指します。ミクロレベルで求められる技能は、個別のニーズを理解できるようにするためのアセスメントと親子とつながるためのコミュニケーションになります。コミュニケーションは、当事者と支援者が信頼関係を構築するほかに、当事者同士の関係を活性化させるためにも求められる技能となります。

①アセスメント

　個別のニーズを把握するためには、情報収集が必要となります。情報収集は、親子との面談で観察し聞き取る方法と、関係者などから聞き取る方法があります。アセスメントを適切に行うためには、主訴と主訴の背景という2つの側面から問題を理解することが大切です。主訴とは、保護者の訴えの内容や関係者が発見する問題を指します。背景にある問題とは、主訴の要因になっている人間関係（親子、夫婦・親族、友人・地域など）や家族の歴史などが考えられます。

　子育て家庭それぞれの個別のニーズに対応した支援が提供できるように、主訴と主訴の背景にある問題とニーズを関連づけながら理解を進めます。

②コミュニケーション

　コミュニケーションは、**アクティブ・リスニング***（Active Listening：積極的傾聴）とアサーション（主張）の2つで構成されます。子ども家庭支援では、保護者の訴えを傾聴し受け止め理解することと、助言や情報提供を含めた支援者の考えを相手に伝えることが大切になります。

1）アクティブ・リスニング

　アクティブ・リスニングは、積極的に相手に関わりながら話を聞くための技法で、相手の話や相談、訴えという行為を肯定的に受け止めようとする姿勢を保つことが基本です。訴えは当然のことであり、尊重されるべきであり、望ましいことであるという姿勢です。相手の話を受け止め理解するためには、「うなずき」を利用する、相手の言葉を「反復する」、話の要点を「要約」するといった技法を活用します。たとえば、育児に孤独感を募らせている母親の話を聞く際のアクティブ・リスニングについて考えてみましょう。

✳ 用語解説
アクティブ・リスニング
1985年に日本に紹介された、アイビイ、アレン・E.／福原真知子ほか訳編『マイクロカウンセリング──"学ぶ–使う–教える"技法の統合：その理論と実際』（川島書店）が基盤となり、その後福原真知子らによって事例を使った技法の分析などが進められている。

> 母：「子どもを産むまで、子育てがこんなにしんどいとは思い
> 　　ませんでした」
> 支援者：「ふんふん。しんどいとは思わなかった」
> 母：「話し相手がいないので、気持ちを吐きだせなくてつらく
> 　　なります」
> 支援者：「気持ちが吐きだせないとつらいですね」
> 母：「自分から話しかけたりするのは苦手で、何を話せばよい
> 　　のかわからなくて」
> 支援者：「自分から話すのはとまどいますね」
> 母：「実は、もともと人付き合いが苦手で、友だちができるか
> 　　心細いです……」

　自分の話した内容を聞き手に反復され、要約されることで、話し手は自分の話した内容を整理できます。不安や訴えを整理されることで、自分の問題の気づきにつながるという利点があります。この母親の場合は、「もともと人付き合いが苦手」といった自分の特性について改めて気づくことができたといえます。支援者は母親の特性を理解したうえで、ほかの母親との仲介役になるなど、自分の役割がみえてくるようになるのです。アクティブ・リスニングは、話を聞いてすぐに答えをだしたり、助言をするのではなく、まずは相手の訴えを尊重し、積極的に聞いて受け止めようとする姿勢を保つことが大切になります。

2）アサーション・アサーティブ（コミュニケーション）

　アサーションは、よりよい人間関係を構築するためのコミュニケーションスキルの一つで、「人は誰でも自分の意見や要求を表明する権利がある」との立場に基づく適切な自己主張を意味します。自己主張というと日本の場合は、わがままとか自己中心的ととらえられる傾向にあります。しかし、アサーションは、一方的に自分の意見を押しつけるのでも、言いたいことを我慢するのでもなく、お互いを尊重しながら率直に自己表現を行おうとすることです。自分の思いや考えを伝えようとすることがコミュニケーションを豊かにするという考えです。相手の状況や様子を理解したうえでアサーションを意識することにより、相手に不快な思いをさせずに自分の考えを述べることができ、結果としてお互いの理解が深まることにつながります。

　アサーションでは、コミュニケーションを次の３つのタイプに大別しています。アクティブ（攻撃的）は、自分を中心に考え、自身の考え

◆補足
アサーション
（Assertion）
日本では1990年代後半から2000年にかけて平木典子が紹介。親子、夫婦、友人、職場などで広く普及されている。
→レッスン12

を主張します。逆にノンアサーティブ（非主張的）は、自身の意見を押し殺し、ほかに合わせます。そしてアサーティブ（積極的主張）は、相手の主張を尊重しながら、自身の主張を相手の立場に立って述べます。たとえば、育児の負担と疲労を訴えて子どもと関わろうとしない母親に、子どもへの関わりを進める場合のアサーションを考えてみましょう。

【母親に子どもと遊ぶことを促す場合】

アクティブ（攻撃的）：「せっかくひろばに来たんだから、遠慮せずに子どもと一緒に遊んだり、ほかのお母さんたちと話をしてみて」

ノンアサーティブ（非主張的）：「（う〜ん）疲れているなら（しかたないね）」

アサーティブ（積極的主張）：「まず体の疲れをとって。そのあとで子どもと遊んだり、ほかのお母さんたちと話すことで気持ちが少しでも楽になるといいなと私は思うよ」

　アサーティブはその場の状況や相手の様子によって表現の内容は変わります。相手の状況や様子を尊重しながら、アサーティブなコミュニケーションを考えます。言葉が思いつかなかったり、言葉がでてこなくてノンアサーティブになった場合でも、表情やしぐさに自分の感情はでてしまい、その結果、相手に気持ちが伝わってしまうことがあります。ノンアサーティブを選択し自分も相手も不快な思いをしないためにも、アサーティブを意識する必要があるでしょう。アサーティブを行うためには主語をはっきりと発言することです。話し手は主語を自分にして、考えや思いをつげることで「限定した言い回し」になります。「限定した言い回し」は言われた立場にとっては強制力が低く、受け入れられやすいメッセージになります。つまりアサーティブは、「私がそう思う（考える）のであって、あなたが考えるのは自由」という相手を尊重する意図が含まれるのです。そのため、相手はそのメッセージを受け入れやすく、行動の変化を促すことができると考えられます。また、アサーティブの主語を「私（I)」から「私たち（We)」にすることで、より相手の行動の変化を促しやすい場合もあります。

3 メゾレベル

　メゾレベルの介入は、子育て世帯の保護者同士がグループを形成し活

動する過程や、地域で子育て支援を展開する際の専門機関や専門職、地域住民とのつながりをつくっていく活動などを対象とした介入になります。メゾレベルの活動の中心はネットワークとコーディネートとなります。

①ネットワーク

ネットワークとは、目標を共有している人々が既存の役割や立場を超えて人間的な連携をつくりだすことを指します。また、サポート・ネットワークなど、子育てに負担感や困難を抱える家庭を支援するための連携や協力体制づくりを意味しています。支援にたずさわる実務担当者レベルでつくられるネットワークは、子育て家庭のニーズを中心に母子保健や福祉機関が既存の枠や役割を超えて連携することが重要となります。こうしたネットワークは、子育て家庭を取り巻く地域住民や医療・保健・福祉・教育の担当者がフォーマル（公的）とインフォーマル（私的）の支援を行うために、そのネットワークが広がり強固なものにつくり替えられていきます。それは、支援の重複、濫救や漏救をなくし、お互いの役割と長所を生かした活動に進展します。

ネットワークの特徴は、支援者だけでなく子育て中の親が当事者として参加できることや、当事者中心主義の立場で個別のネットワークをつくれることなどです。また、支援体制が適切にマネージメントされるために情報共有化を心がける必要があります。地域に子育て家庭の個別のニーズに対応できる資源が不足しており、社会資源の開拓や創造をする場合は、すでに活動しているネットワークを活用できます。

②コーディネート

コーディネートとは、調整すること、調和するように組み合わせることを指します。地域子育て家庭支援でのコーディネートとは、子育てに関する個別のニーズに対応するために、活用できる既存のサービス事業を確認し、ときにはサービスの組み合わせを考えながら調整を行い提供する一連の活動になります。地域子育て支援拠点等には子育て支援コーディネーターが配属されるようになっています。子育て支援コーディネーターは、自治体の子ども・子育て支援事業の内容、担当組織（団体）、担当者（責任者、事業担当者）、ボランティア活動の意識や地区の特性などを熟知しておき、フォーマル、インフォーマルをあわせたネットワークに参加し、ネットワークを含めたさまざまな支援が最大限の効果を生みだすように組み合わせます。

✳ 用語解説

濫救
救済をしすぎること。支援が過剰になり、対象者の自立を妨げるだけでなく、生活に支障をきたす場合がある。

漏救
救済が漏れること。支援が必要なところに行き届かない状態。

◆ 補足

濫救と漏救
たとえば、ボランティアが集まりすぎる地区と、まったく集まらない地区などが考えられる。自治体のなかでも、支援が集まりやすい地区と集まりにくい地区が顕著になる場合がある。コーディネーターは、ボランティアをはじめとする支援がニーズに対して適切に提供されているか、確認する必要がある。

4 ▶ マクロレベル

　マクロレベルの介入とは子育て中の当事者の声を代弁し、支援者の活動を発信するなどして自治体等に働きかけたり、既存の施策を評価し新たな施策を提案するなど、子育て支援事業がより望ましい内容となることを目指して社会レベルで活動することを指します。マクロレベルの活動の中心はアドボケイトとソーシャルアクションになります。

①アドボケイト（アドボカシー）

　子育て家庭への支援でのアドボケイトは、子育てで困難を抱えている当事者の状況を改善するために、その人々をエンパワメントしつつ、困難をもたらしているのは施策的な問題であるとして、施策などの意思決定過程に働きかける活動を指します。つまりアドボケイトとは、当事者のエンパワメントと意思決定過程への参加と介入です。

　エンパワメントは、子育て支援に関する情報を当事者に提供し、情報の活用やサービスの利用が円滑にできるように働きかけることを指します。支援者は、当事者（親）を孤立し負担感を抱えた無力な人として理解するのではなく情報を活用・利用し、ときには活動に参加する主体になるという自己有能感を高められる存在として、認識し働きかけを行います。利用者が活用する子育て支援サービスに問題があった場合、これを一つのサービスの問題とせずに制度的に改善していくこともアドボケイトになります。制度には、それを設計し運用を決定している機関や組織（自治体や団体）が存在します。支援者は、利用者（当事者）とともに機関や組織に働きかけ、制度の設計やデザインそして運用を変更し改善することを目指します。

　アドボカシーには個別の課題を改善することで当事者をエンパワメントするケース・アドボカシーと、子育て家庭全般が抱える問題を解決しようとするクラス・アドボカシーがあります。この 2 つは表裏一体として関連しています。地域に子育て支援拠点がないために、孤立した育児を強いられているケースを考えてみましょう。この場合、ケース・アドボカシーとしては、戸別訪問や出前（出張）による子育て支援サービスの提供によるエンパワメントがまず考えられるでしょう。それと同時にクラス・アドボカシーは、地域に新たに子育てひろばを開設するか、あるいは住民がつどう場を子育て家庭が利用しやすいように工夫して開放できるように地域社会や自治体に働きかけていくことが考えられるでしょう。このように個別ニーズに対応するための支援活動から地域や施策の改善まで展開できることが、アドボカシーの利点として考えられるのです。

②ソーシャルアクション

　地域の子育て家庭支援におけるソーシャルアクションは、子育て支援施策を含む児童家庭福祉の制度やサービスの改善、新たな制度の創設などを目指して国や自治体に働きかける活動を指します。その活動は、議会や行政機関に対して施策の改善や新たな設計を働きかけるとともに、企業、民間団体を巻き込み社会全体にも働きかける社会的な運動となります。

　より身近なソーシャルアクションとしては、市民（住民）運動や当事者、支援団体や専門職が一体となって行政に働きかけながら、地域における子育て支援の向上を図るところにあります。近年では、**全国ひろば連絡協議会や全国子育て支援センター連絡協議会**[*]などの団体が、地域子育て支援拠点事業や利用者支援事業の質の向上などを目指し、研修会、大会あるいは支援者や当事者へのアンケート調査を活用しながら、政府、自治体に活発な働きかけを行っています。

　近年では、ITの発展からSNSなどを活用し当事者や支援者の運動を広げたり、統計手法を用いて客観的で説得力のある主張を導くなどの活動を行うことで、ソーシャルアクションの対象である自治体や企業団体の理解が得られやすくなっています。

4.　地域の子育て家庭への支援の展望

1　子育てをめぐる包括的支援体制

　地域の子育てを支える活動として、13の事業を中心にさまざまな活動が展開されていることはすでに紹介したとおりです。しかし、13事業のすべてが当事者に知れ渡り活用が十分にされているとはいえないのが現状です。地域で実施されている活動が子育て家庭に理解されるためには、地域子育て支援拠点などがワンストップ型の支援を積極的に進める必要があります。

　ワンストップ型を進めることで、保護者は拠点に行けばすべての情報を得ることができるようになります。ワンストップ型では行政の窓口や専門機関を紹介するだけではなく、拠点に職員や専門職が出向くように関係者と連携をとり、支援員は行政や専門機関に積極的につなぐ役割を果たすことを目指します。そうすることで保護者は、何度も同じ説明を繰り返す必要がなくなります。支援者が連携をとることで、保護者は相談がしやすくなるなど負担感を減らした状態で支援を受けることができる

✚ 用語解説
全国ひろば連絡協議会、全国子育て支援センター連絡協議会
子育てひろばを運営している団体・個人に対して、全国的なネットワークを組織し、子育てひろばの趣旨・役割などを確認しながら、情報の共有、相互交流を行うとともに、調査研究、研修などの事業を行い、子育てひろばなど地域子育て支援の質の確保と向上に寄与することを目的として2007年に設立されたNPO法人。

ようになります。一方、ワンストップ型は、関係機関との連携や専門性をもった役割分担ができていなければ、地域の機関や団体がもつ特性が生かせないことにもなります。

　近年、利用者支援事業が定着しはじめ、基本型、特定型、母子保健型が整備されることで妊娠期から就学期まで子どもの成長をみながら一貫した支援が受けられる体制がつくられようとしています。一方では、包括という名のもとに母子保健、発達支援（療育事業）、子育て支援、虐待予防といったあらゆる相談窓口や事業が一本化することで専門職の役割分担があいまいになり連携がとりにくくなり、地域の機関団体の特徴が生かせなくなる事態が起きかねません。ネットワークやコーディネートといったメゾレベルの機能を強化できるように、自治体ごとに支援コーディネーターの質の向上を目的とした養成研修の開催などが期待されます。

2 地域共生社会

　人口減少が進むなか、子育て家庭への支援だけが地域の課題ではありません。障害児・者、高齢者もそれぞれがつどえる場所やつどう人々が少なくなっている現状があります。地域子育て支援拠点を常設していても、地区の子育て家庭は数件で、必然的に数名の利用者は同じ顔ぶれになっている地域が徐々にではありますが増えつつあります。

　これらの社会変動に対応するために、国は「地域共生社会」ビジョンを提案し、自治体での取り組みを推奨しています（図表13−2）。これは、子ども、子育て、障害、高齢といった分野の縦割りをなくし、新たな地域包括支援体制を構築していこうというものです。児童、障害、高齢それぞれのニーズに対応する支援サービスを提供するとともに、施設や拠点の運営を一本化するなどし、地域を基盤とした交流ができるしくみがつくられることになります。

　具体的には、地域における子ども・子育て支援事業は提供しつつ、拠点を利用できる対象を、子育て家庭、障害児・障害者家庭、高齢者に拡大し、それぞれが交流できるような活動を取り入れていきます。そこでの交流により、子どもは、高齢者や障害者とふれあう機会ができ、人間的な成長発達が育まれることが期待されます。高齢者、障害者も相互に交流し、子どもや子育て家庭と交流することで生活の質（QOL）の向上が期待されます。

　新たな支援体制を構築するためには、各分野の専門職を確保し人材を養成すると同時に、それぞれの専門性を生かした多様性をもった支援を

図表13-2　地域共生社会のビジョン

～新たな時代に対応した福祉の提供ビジョン～

4つの改革

新しい地域包括支援体制

〔包括的な相談支援システム〕

1 包括的な相談から見立て、支援調整の組み立て＋資源開発

高齢者　障害者　子ども　＋　引きこもり　障害のある困窮者　若年認知症　難病患者・がん患者　など

○地域により
・ワンストップ型
・連携強化型
による対応
○地域をフィールドに、保健福祉と雇用や農業、教育など 異分野とも連携

誰もがそのニーズに合った支援を受けられる地域づくり

2 高齢、障害、児童等への総合的な支援の提供

○ 多世代交流・多機能型の福祉拠点の整備推進
・ 運営ノウハウの共有
・ 規制緩和の検討 等
○ 1を通じた総合的な支援の提供

サービス提供のほか地域づくりの拠点としても活用

背景・課題

①福祉ニーズの多様化・複雑化

複合的な課題を有する場合や分野横断的な対応等に課題

〔制度ごとのサービス提供〕

介護サービス　障害福祉サービス　子育て支援

高齢者　障害者　高齢者

②高齢化の中で人口減少が進行

地域の実情に応じた体制整備や人材確保が課題

新しい支援体制を支える環境の整備

4 総合的な人材の育成・確保

○ 1を可能とするコーディネート人材の育成
○ 福祉分野横断的な研修の実施
○ 人材の移動促進 等

3 効果的・効率的なサービス提供のための生産性向上

○先進的な技術等を用いたサービス提供手法の効率化
○業務の流れの見直しなど効率的なサービスの促進
○人材の機能分化など良質で効果的なサービスの促進 等

地域住民の参画と協働により、誰もが支え合う共生社会の実現

出典：厚生労働省「新しい支援体制を考える環境の整備概要説明資料」2015年

行う必要があります。たとえば、保育士や子育て支援員といった児童を対象とする専門職が子どもや親とともに高齢者や障害者に遊びや活動を提供することは、高齢者から伝承遊びを学ぶ機会になるなど、双方のQOLを高めるというメリットになるでしょう。

　また地域住民の参画と参加がなければ地域共生社会は実現しません。地域社会の規模に応じて、専門職やコーディネーターが住民と一体となって地域共生社会の協働体制を構築し、誰もが助け合える生活環境を創設していくことが期待されています。

演 習 課 題

①自分の住む自治体や地域の子育てに関する課題を調べてみましょう。
また、課題を調べるときの情報の集め方なども考えてみましょう。
　(1)　自治体の刊行物を手に入れてみましょう。
　(2)　自治体のホームページから情報を集めてみましょう。
　(3)　スマートフォンで、自治体や子育てに関係している団体などの
　　　アプリを調べてみましょう。

②自分の住む自治体の子育て支援の施策、地域子ども・子育て支援事業
の計画を調べてみましょう。
　(1)　自治体が予測する出生率・出生数の変化を調べてみましょう。
　(2)　保育所などの施設の数について今後の増減を調べてみましょう。
　(3)　自治体の子育て支援事業の課題を調べてみましょう。

③地域子育て支援拠点事業や利用者支援事業が行われている施設(場所)
を確認し、専門員の役割について調べてみましょう。
　(1)　自治体のホームページやスマートフォンのアプリから調べてみ
　　　ましょう。
　(2)　施設の情報は集めやすかったでしょうか。保護者の立場から情
　　　報提供のあり方について考えてみましょう。
　(3)　専門員に話を聞かせてもらえないか考えてみましょう。

要保護児童およびその家庭への支援

このレッスンでは、要保護児童とその家庭への支援の視点と技法を学びます。要保護児童の家庭は養育に課題を抱えている場合が多く、通所・入所施設や専門機関による支援が必要となります。子どもの最善の利益を守るため、子どもとともにその家庭を支援する基本的な姿勢も含めて理解を深めます。

1. 要保護児童とその家庭への視点

1 要保護児童とは

①法律による定義

　要保護児童とは、「保護者のない児童又は保護者に監護させることが不適当であると認められる児童」（「児童福祉法」第6条の3第8項）を指します。前者には遺棄や家出などが、後者には被虐待や非行などが含まれます。また、「保護者の著しい無理解や無関心のため放任されている児童」（ネグレクト）も対象に含まれます。類似した用語で要支援児童があります。

　要支援児童とは、保護者の養育を支援することが特に必要と認められる児童であって要保護児童に当たらない児童をいいます（「児童福祉法」第6条の3第5項）。親が育児不安を抱えていたり養育の知識が不十分なため、不適切な養育環境に置かれている児童を指します。「児童福祉法」の条文によれば、要保護児童は軽度から重度に分類され、虐待やネグレクトの程度が重度と判断されるケースは、一時保護所を含む入所施設を利用しながら子どもとその家庭を支援することになります。

②保育等の場面をとおした理解

　保育等での要保護児童について考えてみましょう。遺棄された児童の多くは乳児院等の入所型施設に入所することになります。親が反省や後悔をしている場合には、**児童相談所**[*]の指導を受けることを条件に自宅に帰して親子の様子を経過観察することもまれにあります。親に育児手技がともなわない場合は、保育所利用を勧奨します。

　家出のなかには徘徊する児童も含まれます。夜間・昼間を問わず子どもだけで近隣を徘徊し、近所の家に勝手に入り込んで食べ物を荒らす子どももいます。この場合は養育環境の不適切さを疑い、児童相談所や市

✚ 用語解説
児童相談所
要保護児童とその家庭に専門的に介入する。一時保護、施設入所、家庭への立ち入り調査は、「児童福祉法」に基づいて児童相談所に勤務する職員（児童福祉司）に付与されている権限である。

町村の**家庭児童相談室**✳などによる保護者への指導が必要となります。

　被虐待児童の場合は、アザやけがなどの傷が発見された場合だけでなく、保護者からの暴言や無視、年齢に適した養育がなされていない、医療を適切に受けていないなど、ネグレクトも視野に入れて子どもを観察します。また**性化行動**✳がみられる場合などは性的虐待を疑います。

　非行は就学後に多くみられますが、他者への暴力や破壊的行為、万引きといった非行を疑わせる行為をする児童は就学前にも少数ですが存在します。要保護児童は、児童相談所や要保護児童対策地域協議会で検証が行われ、被虐待やネグレクトの程度により児童養護施設などに入所し家庭から離れた環境でケアを受けるか、家庭から保育所等の施設に通いながら支援を受けるのかが決定されます。

③要保護児童と家庭への支援

　図表14-1は虐待の程度とその対応内容、そして児童相談所と市区町村の役割を示したものです。これによると、育児不安などを訴える虐待ローリスクと育児負担感や子どもにイライラするといった虐待ハイリスクは予防的な支援の対象となり、保育所、地域の子育て支援施設、市町村保健センター（母子保健相談）等の市区町村の専門機関に照会され援助が提供されます。

　一方、実際に虐待が発生している場合は、その程度に応じて軽度から

図表14-1 虐待の重症度等と対応内容および児童相談所と市区町村の役割

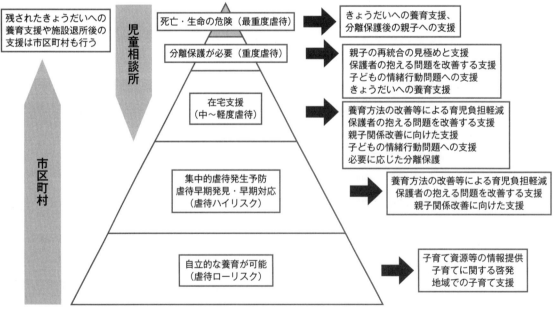

出典：厚生労働省「子ども虐待対応の手引き（平成25年8月 改正版）」2013年

最重度に分類されます。親子の関係や養育環境に問題を抱えており暴力や暴言が比較的軽微な場合は軽度、暴力・暴言や放任が繰り返される場合は中度、アザが残るような暴力は重度、生命の危険のある場合は最重度と4段階になります。軽度から中度の虐待はその程度や頻度によりますが、在宅支援を中心に行います。ときには子どもの特性や養育環境を把握するために一時保護所を使用する場合などもあります。いずれにしても各分類の線引きは難しく、子どもが受けた被害や虐待に対する親の認識と反省の程度によって異なります。

2 要保護児童が増加する社会的背景

　少子化によって子どもの数は減少しているにもかかわらず、支援が必要な子どもとその家庭の数は増加しています。なぜでしょうか。考えられる理由の一つは社会の変化です。子どもの育ちと子育てをめぐる社会の変化とはすぐに起こるものではなく、長い期間を経て現れます。子育てが難しくなったのは現在の親からではありません。1970年代には、**コインロッカーベビー事件***が起こっています。当時の都市部では子育てがすでに困難な状況になり始めていました。戦後わが国は核家族化が進み、専業主婦になる母親が多く、育児は母親の責任といった母親規範の風潮が強くなっていました。地域の支えも弱くなり、孤立した親はそのストレスを子どもに向けざるを得ない状況でした。現代社会ではプライバシーが尊重されるようになり、都市部では隣近所が親しく行き来する光景はほとんどみられなくなりました。それにともない、子育て世帯を地域で支える習慣も衰退しました。

　現在の子育て世帯を取り巻く環境は、よい状態にあるとはいえません。平均給与は低下し、就労環境は悪く、過労などによる親の精神的なストレスも高くなっています。経済的な困窮やそれにともなう不安が、子育てに直接に影響を及ぼすことは想像にかたくありません。また離婚や未婚によるひとり親世帯が増えています。ひとり親の就労条件はさらに悪く、母子世帯の平均年収は243万円程度で、経済的に苦しい生活を強いられています（父子世帯の平均年収は420万円）[1]。

　要保護児童、要支援児童とその家庭の増加は、地域からの孤立、経済的貧困、ひとり親など長期に及ぶ社会的な変化などが要因となっていることを理解しなければなりません。

3 要保護児童とその家庭の特徴

　さまざまな生活困難を抱えている家庭では、親も子どももストレスに

✚ 用語解説
コインロッカーベビー事件
鉄道駅などに設置されているコインロッカーに新生児が遺棄された捨て子事件。1973年前後に日本国内で同時多発的に発生し、社会問題となった。高度経済成長を遂げた日本のしかも都市部で起きたことに衝撃が走った。

▶ 出典
†1　厚生労働省「平成28年度全国ひとり親世帯等調査」2017年

さらされることになります。自分の言うことを子どもに聞かせようと親はやっきになり、結果として支配的な育児が繰り広げられます。親から支配され欲求が満たされない子どもは問題行動を顕著にし、それを押さえ込もうとして親の支配はさらに激しくなるか、まったく子育てに手をかけない放任状態に陥ってしまいます。

①子どもの特徴

反応性愛着障害*（愛着障害）として多動、過敏、衝動性、協調性のなさ、自尊感情の弱さといった状態像を現します。愛着障害は、親との安定した愛着が形成されないために他者との信頼関係がとりにくくなり、問題行動を起こすことでしか人とのつながりをもつことができない状態像を指します。

親子関係だけでなく支援者との関係でも、「怒り・怒られる」といった悪循環の関係に陥ることがあります。支配的な環境に置かれた子どもは、大人に怒られて支配されるよりも先に相手を怒らせて支配しようとします。大人を怒らせるのは子どもの意図によるもので操作的であり、怒られるよりも不安や脅威が少ないと感じるためですが、結果的に相手からひどいしうちを受けることになります。

「怒り・怒られる」関係のなかでも、保育士が粘り強く安定的に関わろうとすることによって子どもは徐々に保育士を怒らせることをやめ、自分がどうしてほしいのか欲求や要求をだせるようになっていきます。

②家庭の特徴

先にあげた生活困難のほかに、家庭内ではコミュニケーションが希薄になっています。一方通行的な会話や、お互いの言い分をとおすだけの会話が多く、家庭内の会話などをとおして応答的で受容的な関係が形成されません。親子や夫婦が支え合う関係が弱いため家庭内でストレスを抱え病気にもなりやすく、うつなどの精神的疾患を抱えることも珍しくはありません。子ども時代に安定した**愛着***関係のなかで過ごすことができておらず、子どもへの関わり方を体験的に獲得できていない親も少なくありません。また、親族や地域から孤立している家庭も多く、助け合う体験が乏しいため、困っていても支援者に助けを求めることができません。

保育所を利用していても親の警戒心が強く、保育士に話そうとしない、顔を合わさない、一方的な話に終始するなど打ち解けたコミュニケーションがとりにくい傾向にあります。生活リズムが不安定なため、決まった時間に登園するのが難しい場合もあります。しかし、保育所内の保育者や職員から声をかけられ、受容的で共感的な関わりが継続するこ

---

* **用語解説**

反応性愛着障害
（Reactive Attachment Disorder：RAD）
発達障害の臨床像と状態が類似しており、鑑別診断が難しい子どもが多くなっている。特徴として、困っているが助けを求めようとしない、衝動的・攻撃的、孤立、自尊感情が低い、人の嫌がることをする、二者関係がつくりにくいなどがあげられる。

* **用語解説**

愛着（アタッチメント）
ボウルビィ（Bowlby, J.）が提唱した、子どもと養育者の情緒的交流のこと。特に、子どもが不安や危機を感じた際に、特定の養育者との間で、情緒的な安定を取り戻す行為を指す。愛着は他者、自己、社会を信頼する力を育むと考えられている。

とで心を開くようになり、徐々に生活の困りごとなどを話し始めるように
なる親もいます。

2. 要保護児童とその家庭への支援： 通所型施設を活用した支援（家庭養護）

1 通所型施設を活用した支援

　保育所を利用する家庭の生活背景はさまざまです。子ども・子育て新
制度では、新たに「保育の必要性の認定」が拡大しました。保育所利用
については、保護者の就労、妊娠・出産、疾病や障害、親族の介護・看
護、災害復旧に加え、求職活動、就学、虐待やDV等、その他市町村が
定める事由となりました。特に虐待やDVは要保護児童とその家庭に該
当します。保育所を利用する家庭とは別に、家庭での虐待や不適切な養
育が疑われる場合は、「児童福祉法」第25条の8、第26条と「児童虐
待の防止等に関する法律」第8条で保育所の利用が推奨されています。

　「児童福祉法」第25条の8、第26条では要保護児童への対応につい
て規定がされています。要保護児童が発見され通告を受けた福祉事務所
（長）および児童相談所（長）は、保育の利用が適当と認められれば保
育の実施を市町村長に通知することになっています。つまり、保育所利
用が必要と認められた要保護（要支援）児童に対して市町村（福祉事務
所、家庭児童相談室）は保育の利用勧奨が法的にできるということです。

　「児童福祉法」の条文には、保育所を利用することによって、市町村
が親子を分離せずに支援をする責務が記されています[2]。虐待が疑われ
る要保護児童とその家庭に対して市町村は、子どもの安全と保護者の安
定が図られるように市町村保健センター、医療機関などの専門機関と
ネットワークを緊密に図りながら支援する責務があります。

▶出典
†2　「児童福祉法」第25
条の8

　都道府県の設置する福祉事務所の長は、**第25条第1項の規**
定による通告又は前条第2項第2号若しくは次条第1項第4号
の規定による送致を受けた児童及び相談に応じた児童、その保
護者又は妊産婦について、必要があると認めたときは、次の各
号のいずれかの措置を採らなければならない。
　三　保育の利用等（助産の実施、母子保護の実施又は保育の
利用若しくは第24条第5項の規定による措置をいう。以下同
じ。）が適当であると認める者は、これをそれぞれその保育の

◆補足
第25条第1項の規定に
よる通告
要保護児童の発見と通告

前条第2項第2号若し
くは次条第1項第4号
の規定
福祉事務所への要保護児童
の送致など

利用等に係る都道府県又は市町村の長に報告し、又は通知すること。

2 保育の専門性を活用した支援

　保育所は子どもが日中の多くの時間を過ごす場所です。要保護児童の安全を保障し、保護者と協力して子どもの成長と発達を促すことができます。そのためには子どもと保護者との関係のつくり方、保育環境を生かした子どもの支援を考える必要があります。

①保育者との関係（愛着の形成）

参照
波長合わせ
→レッスン15

　要保護児童の場合、親との間に愛着関係が築けていないことも少なくなく、保育士との関係にもその影響が現れることがあります。愛着関係を回復するには、子どもを不安にさせないように安定した関わりや、**波長合わせ**、保育士の感情管理が大切です。安定した関わりとは、毎朝同じ保育士が顔を合わせてあいさつをするとともに、出会うすべての保育者と職員があいさつを心がけます。そのことによって子どもも親も、保育所という環境への安全感や保育者への安心感をもつようになります。

　親との波長合わせは、親が話したいことをしっかりと聞きとめることです。保育士から親へのお願いや子どものことを伝えようとして保育士からの話が多くなることは避けるべきです。話を聞いてもらえるという親の安心感は、やがて保育者への信頼感につながっていきます。

②保育環境を生かした支援

　保育士は、子どもが保育所内で安心できる場所を自由に探索することを見守ります。子どもは、保育室や園庭以外に倉庫の裏側や職員室の前などが落ち着けると感じるかもしれません。保育室のコーナーや隅を好む子どももいるでしょう。愛着が不安定な子どもは、不安や恐れに敏感なため、子どもが安心できる場所をその子どもの居場所として認めていきます。

③保育内容の工夫

　元来子どもは好きなことには興味や関心をもちます。要保護児童は、苦手なことは断固拒否する、大人の言うことに合わせる（目標修正）のが苦手といった特徴があります。好きなことを存分にするという経験も乏しいため自尊感情も育っていないことが多く、可能な範囲で子どもの好きなことができるように見守る姿勢が大切です。

3 関係機関との連携による支援

　要保護児童とその家庭を支援するためには、関係する専門機関との連携が不可欠になります。児童の発達検査や親の精神的サポート、家事などのサポートが提供されることで養育環境が改善される場合もあります。保育所は、ケースについて市区町村と連絡を密にとる必要があります。

①関係機関を把握する

　市区町村の役所、担当課・係、市町村保健センター、病院、児童発達支援センターなどの**療育施設**は、日常的に専門的な機能（役割）、場所、担当者の名前などを把握しておく必要があります。可能な限り担当者と言葉を交わしておくなどして顔見知りになっておくことで、連携がとりやすくなるでしょう。市外から通園する要保護児童がいる場合は、その家庭の住所地の関係機関と連携する必要があります。

②連携の視点

　連携とは、保育所と連携先の機関との役割分担を明確にしたうえで協働することです。保育所は何について責任をもつのか、連携先に発揮してもらう専門機能（役割）は何かをあらかじめ具体的にしておきます。逆に保育所も、連携先から期待される役割を具体的に把握しておくべきでしょう。

　保育所は、関係機関から「（要保護児童が）保育所に通っていれば安心」だから「よろしくお願いします」と依頼されることがあります。要保護児童として市役所が保育所の利用勧奨をした場合でも、「見守りをよろしくお願いします」と抽象的な役割を期待されることが少なくありません。連携は、保育所と関係機関の守備範囲を明らかにすることで成り立ちます。

③要保護児童対策地域協議会

　要保護児童対策地域協議会（以下、要対協）は、市区町村などに設置され、関係機関で要保護児童とその家庭の支援を検討する協議会です。代表者会議（年1〜2回程度）、実務者会議（1〜2か月に1回程度）、そして個別ケース検討会議（適宜）の三層になっており、全体のケース管理（重症度の判定とケースの方針確認など）を実務者会議で行い、ケース検討を個別ケース検討会議でそれぞれ行います。要対協の構成メンバーは、市区町村の主幹事務局（家庭児童相談室、保健センター、教育委員会など）、担当課・係、児童相談所、市町村保健センター、教育委員会、医療機関などからなります。

　保育等を利用する要保護児童のケースは、要対協で方針が決定されることが多くあります。保育所は可能な限り個別ケース検討会議に参加し、

◆補足
療育施設
これまで障害児通園施設は、知的障害児・難聴児・肢体不自由児・視覚障害児と障害種別に分かれていた。しかし、「グレーゾーンの支援」「地域における支援」の難しさがあり、2012年の「児童福祉法」改正より療育施設は児童発達支援センターと児童発達支援事業に再編された。

199

親子の様子について情報を共有し、保育所の役割について確認するのが望ましいといえます。

---

3. 要保護児童とその家庭への支援：入所型施設を活用した支援（社会的養護）

1 児童養護施設・乳児院について

①概要

　児童養護施設、乳児院は、子どもが親（家庭）から離れて生活をする施設です。したがって保育者は、親や家庭に代わって子どもの命を守り、愛着を形成し発達と成長を促すという重要な役割を担っているといえます。また近年は、「新しい社会的養育ビジョン」が示されたことにより、**里親**による養育が積極的に行われようとしています。施設・里親ともに、**家族再統合***を視野に入れた保護者支援を行います。

　入所型施設と通所型施設では、親との関係、親と施設との関係が大きく異なります。通所型施設では休日を除くほぼ毎日、親との接点があります。ところが入所型施設では月に一度、数か月に一度、ケースによっては年に1回接触の機会があるかないかということもあります。

②子どもの入所期間

　厚生労働省が実施した「児童養護施設入所児童等調査の結果」（2013年2月1日現在）によると、入所児童の状況は図表14-2のようになります。

　子どもが入所型施設で生活する期間は、児童養護施設の場合1年未満が4,637人、1年以上2年未満が4,042人、2年以上3年未満が3,415

◆補足

里親
養育里親、専門里親、養子縁組里親、親族里親がある。

✚用語解説

家族再統合
（family reunification）
完全な家庭復帰だけでなく、その家族にとって望ましい家族形態をつくることを意味する。定期的な外泊や面会などで、家族の絆を維持することも含む。児童相談所が入所後の経過や親子交流の様子を確認し、また家庭環境をアセスメントしながら再統合を検討する。

図表14-2 児童養護施設・乳児院の児童の状況

	児童総数	平均年齢	入所時の平均年齢	平均在所期間
児童養護施設	29,979 人	11.2 歳	6.2 歳	4.9 年
乳児院	3,147 人	1.2 歳	0.3 歳	1.2 年

出典：厚生労働省「児童養護施設入所児童等調査の結果」2015年をもとに作成

図表14-3 施設に入所している児童と保護者の交流

（人）

		月1回以上	年2～11回	年1回（ぐらい）
児童養護施設	面会	1,404	4,717	807
	帰省	3,160	9,906	689
乳児院	面会	881	732	90
	帰省	418	160	9

出典：図表14-2と同じ

人、3年以上4年未満が2,748人、5年以上6年未満が2,166人、6年以上12年未満が8,143人、12年以上が2,105人です。乳児院では1年未満が1,649人、1年以上2年未満が910人、2年以上3年未満が427人、3年以上4年未満が113人となっています。

　児童養護施設の場合、入所後1年未満に退所する子どもが16%ほどいるものの、6年以上施設で過ごす子どもが約34%います。長期に入所している子どもの場合、保護者との交流に難しさを抱えていることが想像できます。

③親子の交流

　施設に入所している児童と保護者との交流の状況を図表14-3に示します。

　児童養護施設の場合、月に1回以上親に会えている子どもが約20%（乳児院は52%）いるものの、年に数回しか親と会えていない子どもも多く、これは親を支援する機会が少ないことを意味します。面会などの交流が少なくても、子どもにとって親はかけがえのない存在です。親と会えることを心待ちにし、親と生活することを夢にがんばっている子どもも大勢います。保育士と指導員は、**面会交流**の機会に、施設での子どもの生活の様子や成長を伝え、親が子どもの成長に関心をもち**再統合**に備えられるように接していきます。楽しみにしていた面会交流の場面でも、なかなか親に自分の気持ちを伝えることができない子どももいます。その場合は、保育者が子どもの思いの代弁者になって、親の子ども理解が進むように仲介的な役割を担います。

　面会のほかに、一緒に外出することや、家に戻り宿泊（**外泊**）をすることは、子どもにとって貴重な機会となります。保育士は、児童相談所と相談をしながら外出や外泊を計画します。外出は、親によっては子どもと離れている引け目から子どもに過剰に関わり、子どもが疲れ果ててしまうということがあります。モノを買い与え、外食を繰り返すといった行為もあります。外泊の場合、親は、子どもとどのような会話をしたり遊びをすればよいのかわからないまま気をつかってしまい、「せっかくしてあげているのに」と子どもの疲れた様子にイライラしてしまうこともあります。

　子どもと親の交流の機会から、親子の様子を観察し、その後の支援に生かすことは保育者には重要な役割となります。親と子どもの面会が必ずしも双方のメリットになるとは限りません。子どもと親の立場の両方を意識し、相手の立場になって考える必要があります。親と子のどちらか一方が会いたがっているからといって、強引に会わせることは望まし

◆補足

面会交流
原則的に児童相談所と情報を共有しながら進めていく。特に虐待などの重篤なケースについては、児童相談所が面会交流の可否や頻度を判断する。

再統合
家族再統合のこと。子どもと家族が再びともに暮らすようになること。

外泊
週末外泊。年末年始の季節外泊は1週間程度になる場合もある。あらかじめ決められた期間を過ごし、約束した日時に施設に戻ることが求められる。

くありません。また、子どもが親に会いたがっていても、親との面会が子どもの成長や発達にとって不利益を生じないか、子どもが健全に成長する権利を侵害することにならないのか、慎重な判断が必要になります。面会をすることのメリット、デメリットを職員で検討しなければなりません。

④親の特徴

入所型施設に子どもを預ける親の事情はさまざまです。身体的・精神的な不調、医療機関や福祉施設などへの入院や入所、犯罪等による収監、虐待や不適切な養育、養育の放棄、子育ての難しさ、DVから親が一時避難し子どもと離れるなどさまざまです。

1）親自身の疾患や障害

うつや統合失調症、アルコールや薬物等の依存症、知的障害等で病院や施設に長期入院（入所）している親は、定期的な面会が容易ではありません。長期の入院や入所の場合、希望すれば子どもは面会に行くことは可能です。しかし、親の状態、病院や施設の雰囲気が子どもに与える影響を考える必要があります。厚生労働省の調査によると、父または母の精神疾患等を理由とした施設入所数は、児童養護施設で3,697人（12.3%）、乳児院で699人（22.2%）となっています[3]。

2）不適切な関わり・虐待（ネグレクトを含む）

近年、入所型児童福祉施設には虐待を受けた子どもたちが多く入所しています。厚生労働省の集計によると、虐待やネグレクト（放任）を理由として児童養護施設に入所している児童は9,826人（放任：4,415人、虐待：5,411人）で33%を占めています。入所児童のうち、虐待を受けた経験のある児童は児童養護施設で1万7,850人で59.5%（乳児院では1,117人で35.5%）となっていて、親と子どもの関係をつくり直すことの難しさが増しています[4]。虐待の場合は、児童相談所や家庭裁判所から許可がだされるまでは帰省、面会、手紙や電話のやりとりが禁止されているケースもあり、保育者もそういった情報を共有しておく必要があります。

⑤事例

1）乳児院

出生直後から乳幼児期は人間の発達で最も重要な時期になります。したがって、乳児院の在籍期間は比較的短い傾向にありますが、保育者をはじめとする職員の役割は重要となります。親に代わって愛着対象になると同時に、面会や外泊をしながら早期の家庭復帰を目指した家族調整を進めます。子どもにとって環境が頻繁に変化することはできる限り避

▶出典

†3　厚生労働省「児童養護施設入所児童等調査の結果（平成25年2月1日現在）」2015年

▶出典

†4　†3と同じ

けなければなりません。保育者は、子どもの発達への影響を考えながら家族再統合を慎重に進めます。また、親の側に出産前（出産後も含め）から育てる意思がない場合には、**特別養子縁組**[*]を視野に入れた里親委託も積極的に行われます。

インシデント①　乳児院での面会交流を支える

　母親は18歳、父親は20歳。Aちゃんは2人にとってはじめての子どもでした。母親は一時的なイライラでAちゃんに手をあげたことを反省していますが、両親ともに児童養護施設で育ったため、子どもは自分たちの手で育てたいという思いが強く、早く家に返してほしいと思っています。

　母親は、アルバイトの都合をつけて1～2週に1回は面会に来ています。母親は、「よく泣いて、ミルクを飲まないからどうしたらよいのかわからなかった」「私のこと怖いと思っているのかな？」と保育者に不安を訴えました。それでもAちゃんが母親を見て笑ったり、喃語を話したりするとうれしそうな表情になります。

　父親は仕事の都合もあり、月に1～2回程度母親と一緒に面会に来ます。母親は、父親と一緒のときのほうが表情も穏やかです。父母でミルクを与え、おむつの交換を母親が行いますが、父親は横になって見ていることがあります。保育士が、「お父さん抱っこしてあげてね」と促すと、しっかり首を支えながら抱っこができます。Aちゃんがお父さんの顔を見ていると、「俺の顔がおもしろいのかな？」と笑顔もみせました。

　その後母親は、4か月健診に職員と同行し「発達が遅れていたら私の責任かな」と不安を訴えましたが、保育士がその気持ちを受け止めるとともに、健診では発達の遅れを指摘されることもなかったため、「施設でちゃんとみてもらっているんやな」と安心していました。

　面会の際の保育士の役割は、子どもの成長と発達をていねいに伝えること、育児手技を教え見本を見せること、子どもとの間に情緒的な交流が生まれているかなどを見守り、観察することです。抱っこやスキンシップ、年齢に応じた親子遊びなど親子の交流を促進させながら、親が子どもをかわいいと思えるような交流がもてているかどうかも観察します。

❋ 用語解説

特別養子縁組

経済的な事情や虐待などを理由に、生みの親のもとで暮らせない子どもと、血縁のない夫婦が法的な親子になる制度。生みの親との法的な関係が消え、戸籍上も育ての夫婦の実の子どもと同じ扱いになる点などで通常の養子縁組と異なる。原則として6歳未満の子について、子の利益のために特に必要があると認められる場合など一定の要件のもとに、家庭裁判所の審判により成立する。民法改正により1988年（昭和63）から認められた。現在6歳未満という年齢の上限をあげる必要性が議論されている。

2）児童養護施設

児童養護施設の子どもの入所期間は長期に及ぶ傾向があります。長期化の背景には、親の心身の不安定さや生活状況が安定しないことなどがありますが、保護者によっては子どもの小・中・高校卒業を一つの区切りとして引き取りを希望する場合もあります。

インシデント②　児童養護施設での面会交流を支える

Bさんは、小3男児Cくんと小1女児Dちゃん2人の母親です。Dちゃんが生まれると同時にBさんは、子ども2人の育児ができなくなってしまい、Cくんを保育園、Dちゃんを自宅に置いたまま一晩行方不明となったため、2人の子どもは乳児院に入所となりました。その後6年が経過し、子どもたちは児童養護施設に**措置変更**＊されました。Bさんは、仕事も生活も安定したため、CくんとDちゃんを早く家庭に引き取りたいと希望するようになりました。

施設の家庭支援専門相談員（FSW）と児童相談所は、Bさんが夜間の仕事を昼間にシフトしたこと、施設の近くに転居を予定し、子どもを迎える準備を積極的に行っていることなどを評価し、退所に向けた面会、外泊を始めることにしました。

Bさんと2人の子どもは、月2回程度の週末外泊を始めました。当初子どもたちは母親との外泊を楽しみにし、外泊時も落ち着いてBさんの言うことを聞いていたようです。しかし3回目の外泊の頃から、外泊から戻ってきたBさんが「子どものわがままに疲れた」と子育てのつらさを保育士に吐露するようになりました。Dちゃんが母親べったりになり、それを見ている兄のCくんがDちゃんに暴力をふるうようになったらしく、イライラしたBさんは「『やっぱりあんたは施設に戻れ』と、きつい言葉を言ってしまった」と力なくつぶやきました。保育士は、「2人ともお母さんのことが大好きだから取り合いになるんですね。2人同時に甘えてくるときには、Cくんからかまってあげる（優しくする）ほうが、CくんがDちゃんに対して優しくなれるかもしれませんね」とアドバイスをしました。そして、「お母さんが3人で生活したいという思いは、きっと通じるはずですよ」とBさんの気持ちを受け止めました。

面会交流から外泊になると、子どもは親と過ごす時間が長くなり、面会や外出とは異なるさまざまな反応をみせるようになります。これまでの寂しさを穴埋めするように親を独占しようとしたり、わがままを言っ

✱ 用語解説

措置変更

社会的養護において、子どもの生活する場所を児童相談所の判断で変更すること。

てかまってもらおうとしたり、親をわざと怒らせるような試し行動をする場合もあります。そのため、外泊後の親へのフォローは大切になります。

　インシデントをとおして、入所型児童福祉施設の子ども家庭支援の特徴を学んできました。最後に、施設に子どもを預けている親の心情を簡単に整理します。

⑥親の心情

1）子どもへの負い目

　子どもがいながら、自分で育てていない、家に子どもがいないという現実に向き合うと、子どもへの負い目だけでなく、自分の親、きょうだい、親戚に対する疎外感も大きくなります。こういった負い目や疎外感から、子どもと面会をしても、自分を嫌っている、睨んでいると思い込んでしまい、子どもとうまく関係が結べなくなることがあります。負い目から自責の念を強めてしまうとうつ的な症状がでる場合もあります。

2）施設に対する拒否的態度

　児童相談所や施設に子どもを取り上げられたと思っている親は少なくありません。施設での子どもの成長を認めることができず、面会交流などの際の子どもの様子から、「施設のせいで自分の子どもが悪くなった」と訴える場合もあります。親の拒否的、反抗的な態度は、親の負い目や子どもと生活ができるようになるかといった不安を背景としています。

3）親自身の疾患や障害

　精神疾患や発達、知的な障害をもつ親も少なくありません。親自身が自分の障害を受け入れられず、コミュニケーションのとりづらさや衝動性を抱えたまま苦しんでいる場合があります。職員に対して挑発的な態度や拒否的な態度をとる親のなかには、自身のつらさから生じるストレスに対処ができず、他人に責任転嫁してしまうために、頼るべき人から見放されてしまうという悪循環を繰り返す人もいます。

　こういった親の抱えている困難さを理解しながらも、入所型施設の保育士は、施設としてできることとできないこと、施設の役割と親に期待することを明確にして、親に繰り返し伝えることが必要になります。その場合、親の特性によって、親に理解しやすい伝え方を工夫するなど職員同士で親のイメージを共有し、職員がもつ一人ひとりの子ども像をある程度一致させ、子どもの成長や親を思う心情を保護者に伝えるとよいでしょう。

　入所型児童福祉施設を利用する親が、現実に向かう力（現実検討力、現実吟味力）を高めるためにも、保育士の支えが必要となるのです。

▶出典
†5　厚生労働省「児童
養護施設入所児童等調査」
2015年

✴用語解説
ファミリーホーム
児童養護施設、里親制度と
並ぶ新しい児童養護のかた
ちとして2009年4月に制
度化された。親となる養育
者を3人以上置いて運営
することが条件である。一
般の住宅で開設できる。預
かる子の定員は5人か6
人で、養育里親が同時に預
かれる人数（4人）より
多く、職業として運営でき
るよう人件費をまかなえる
費用を行政が支払う。

▶出典
†6　全国母子生活支援
施設協議会「平成28年度
全国母子生活支援施設実態
調査報告書」2017年

▶出典
†7　全国母子生活支援
施設協議会「平成22年度
全国母子生活支援施設協議
会事業報告」2011年

⑦今後の課題

　児童福祉施設に関する調査†5によると、入所児童の「今後の見通し」について、「保護者のもとへ復帰」という回答は児童養護施設で27.8%、乳児院で23.4%という結果でした。これは、4人に3人は家庭に戻ることが難しいと考えられていることを示しています。この子どもたちは現在の施設での生活を継続する、**ファミリーホーム***など小規模の家庭的養護施設に措置変更をするなどが考えられます。年少児童の場合は、里親家庭へ委託、措置変更される流れも増えています。入所型児童福祉施設での子ども家庭支援の対象は第一に親であることは間違いないですが、支援の連続性を意識しつつ、ファミリーホームや里親家庭との連携や、そのなかでの子ども家庭支援のあり方について考える必要があるでしょう。

2　母子生活支援施設について

①母子生活支援施設の概要

　母子生活支援施設は、「母と子が共に生活をしながら、共に支援を受けることができる唯一の児童福祉施設†6」で、安心と安全の家族生活が保障されるとともに、子どもの成長と子育ての支援が図られる場所であるということができます。また2004（平成16）年からは「退所した者について相談及びその他の援助を行うことを目的とする」ことが施設機能として加えられ、アフターケア事業として退所利用者にまで支援の対象が拡大されるようになりました。

　施設数は232（2016［平成28］年）で、定員規模は1施設に20〜29世帯が最も多く、次いで15〜19世帯、10〜14世帯となっています。比較的中・小規模の施設形態をとりながら、母親と子どもが抱えている個別課題に専門的な支援を行うことになります。児童数は子ども1人の世帯が多いものの、3〜4人いる世帯も1割以上を占めています。母親への自立支援と同時に、子どもの年齢に応じた複数の生活支援と自立支援が必要になっていることがわかります。

②入所者

　母子生活支援施設協議会の調査によると、入所している母親は30代が多く、母子となった理由として離婚、未婚などが多くなっています†7。学歴では高卒・中卒が多く、無職者は低学歴が多くなっています。母親の8割程度は就労していますが、パート就労が半数を占め、常勤は3割程度にとどまっています。収入は給与収入、生活保護費、児童扶養手当が主となっており、別れた夫からの養育費を得ているのは1割程度

です。世帯年収は200万円未満が6割を超え、9割以上が300万円未満です。母親の6割近くは体調不良を抱えており、通院を余儀なくされています。また母親の3割近くは親が離婚しており、子ども期に家庭内でけんかや暴力が絶えず、経済的な困窮を経験しています。世代を超えて家族困難が継承されている母子が一定数利用していることが想像できます。

③支援の内容

　母子の安心・安全を図り、自立に向けた生活支援を行うために、施設ではさまざまな取り組みが行われています。子どもへの支援は、高齢児童には生活に必要な知識や技術（金銭管理、諸手続き、家事全般など）の伝達、遊びや行事の提供といった「放課後支援」、学校との連携、奨学金制度の活用指導といった「学習支援」と「進学・就職支援」、年少児童には発達特性や被虐待児、障害児など個別のニーズに対応する「個別療育（保育）支援」があります。

　母親への支援は、衣食住の生活スキル向上や健康管理といった「家庭生活支援」、子育て全般の相談や助言、保育所、学校、児童相談所などと連携しながら行う「子育て支援」、施設職員や利用者、関係機関職員などと行う「対人関係支援」、就労の斡旋、資格取得や求人開拓といった「就労支援」などがあります。このうち「子育て支援」は、病児保育や日祝日の預かり、面接などの就職（資格取得）活動中の保育、仕事で帰宅が遅くなるときの子どもの送迎、学童保育といった、仕事で留守にする間の子育ての支援などが母親から求められています。また保育者には、子どものしつけなどについて助言がほしいといった声も聞かれます。

　母子に共通する支援としては、早朝、夜間、休日、病気時の「補完保育」、親族などを含む「家族関係への支援」があります。近年増加傾向にあるDV被害に対する支援として、保護命令等の情報提供、法的手続きへの同行、心理的ケアといった「DV被害からの回復支援」といった内容も含まれます。

　以上のように、母子生活支援施設における子ども家庭支援は、生活、子育て、就労、学習、そして心理教育など多岐にわたることが理解できます。

▌3▐　入所型障害児施設について

　まず、入所型障害児施設の概要を理解しましょう。入所型の障害児施設は従来障害種別ごとに分かれていましたが、重複する障害に対応することを目的として、2012（平成24）年の「児童福祉法」の一部改正にと

もない「医療型障害児入所施設」と「福祉型障害児入所施設」に一元化されました。

①医療型障害児入所施設の概要

医療型障害児入所施設は、従来の第1種自閉症児施設、肢体不自由児施設、重症心身障害児施設が一元化された施設です。

・医療型障害児入所施設での療育の特徴

施設利用の対象となるのは、知的障害（発達障害）、精神の障害、肢体不自由、重症心身障害などをともない、医療的な治療を必要とする児童と重症心身障害児です。重症児には「生命」と「健康」の維持が最重要課題となります。つまり療育では、生命を「守る立場」と「育てる立場」を統合する支援として「健康増進」が実践で取り組まれるようになっています。

「健康増進」とは、看護を含む医療的なケアと療育を結びつける考え方です。支援の内容は、褥瘡予防の体位変換、乾布まさつ、マッサージ、姿勢変換、日光浴、散歩、栄養摂取への配慮など多様です。森は、ワロンの発達論をもとに療育実践について次のように整理しています[8]。①重症児の生命を守り、強める取り組みであること、②豊かな表情活動（笑顔）を育てる取り組みであること、③その表情活動は人間的交流を成り立たせる重要な役割を有していること。

②福祉型障害児入所施設

福祉型障害児入所施設は、従来の知的障害児施設、盲ろうあ児施設、肢体不自由児施設が一元化されたものです。重度・重複障害児や被虐待児への対応について、地域での自立生活へ移行するための支援など専門機能の強化が目指されています。

・福祉型障害児入所施設での療育の特徴

施設利用の対象は、知的障害、発達障害を含む精神的な障害、身体に障害のある児童（肢体不自由児、盲児、ろうあ児など）です。特別支援学校の高等部を卒業した年長児を受け入れる場合もあります。利用している子どもの割合では、知的障害が比較的多く、そのなかでも近年は被虐待（ネグレクトを含む）児童が増えており、虐待の影響でPTSDや解離性障害などの精神障害を併存させているケースも増加の傾向にあります。知的障害や精神障害を抱えている親もおり、親を巻き込んだ支援には心理職の配置など高い専門性が期待されています。

支援の内容は、日常生活能力の維持・向上のための訓練（自立生活に必要な知識や技能の付与）、学習支援、コミュニケーションの支援、社会活動参加支援（レクリエーションなど）、食事・排泄・入浴などの介

▶出典
†8　森博俊『障害児教育実践体系第3巻重症心身障害児』労働旬報社、1984年

護を行うことなどです。

演習課題

①要保護児童対策地域協議会と児童相談所の役割の違いについて調べて
　みましょう。
・根拠となる「児童福祉法」ついて調べてみましょう。
・それぞれの役割や専門性について調べてみましょう。
②要保護児童を在宅で支援するための方法について調べてみましょう。
　子どもと家庭を支援する関係機関は子どもの年齢によって異なります。
年齢に応じた関係機関との連携のあり方や課題について考えてみましょ
う。
　（ア）乳児期　　（イ）幼児期　　（ウ）学童期（小学生）
　（エ）思春期（中学生以降、18歳未満）
③入所型児童福祉施設を 1 つ選び、次のことについて調べてみましょう。
・対象となる児童（および家庭）、支援の内容（日常生活、専門的支援）、
　職員の専門性（日常の役割や業務、資格など）について調べてみましょ
　う。
・調べた入所型児童福祉施設の課題についてまとめてみましょう。

子ども家庭支援に関する現状と課題

このレッスンでは、子育て家庭を取り巻くさまざまな現状と課題を取り上げ、保育施設等における支援の考え方や方法、保育士の役割について理解を深めます。子育て家庭の貧困、子育て家庭の病理（子ども虐待、親の精神疾患など）など、養育困難の理解と保育者がすべき支援について考えます。

1. 子育て家庭を取り巻く現状と課題

1 家族の多様化をめぐる現状と課題

①家族形態の変容

近年、**伝統的といわれる家族形態***は減少し、非伝統的な家族形態が増加しています。子どものいる世帯のなかでひとり親の占める割合は、母子のみの世帯は82.1万（6.8％）で1988（昭和63）年の55.4万（3.4％）から5割増に、父子のみの世帯は9.1万（0.8％）で同じく1988年の10万（0.6％）から横ばい状態です。また、1988～2011（平成23）年におけるひとり親（母子）世帯になった理由の割合の推移で、「離婚」が62.3％から80.8％に、「未婚」が3.6％から7.8％に増加しています[†1]。この結果からもわかるように、両親がそろっているのが当たり前という伝統的な価値観が変容していることを、保育士は認識しておく必要があります。

また性的マイノリティの権利が社会のなかで高まり、まだ多くはありませんが同性カップルが養育里親となり里子を受け入れたり、体外受精で授かった子どもを育てているケースもあります。保育士は、子どもの成長・発達にとって重要なのは家族の形態ではなく養育の質であることを十分に認識し、保育の専門性を最大限に発揮する必要性が高まっています。

②多文化の子育て（外国籍の子育て家庭の増加）

日本で出産や子育てを経験する「外国籍住民」が増え、子育ての現場が変わりつつあります。地域では、国際交流局や保健所などが外国人向けの子育ての会を開催したり、日本語ボランティア教室のなかには、子育て中の学習者のために、保育のサービスを行う団体も増えています。保育所・認定こども園でも外国人を親にもつ子どもの保育は増え続けて

✺ 用語解説
伝統的家族形態
日本では大家族制、家父長制を前提とした家族制度（相互の扶養義務など）が、江戸時代から昭和の戦後まで存在した。「伝統的」の解釈は多様だが、本書では夫婦（両親）がそろった家族を伝統的、それ以外を非伝統的とよぶ。

▶ 出典
†1 厚生労働省「ひとり親家庭等の現状について」2015年

おり、保育所巡回に通訳を雇用している自治体もあります。

　「保育所保育指針」第4章2（2）「保護者の状況に配慮した個別の支援」では、「外国籍家庭など、特別な配慮を必要とする家庭への個別支援」が明記されています。これまでわが国では「郷に入らば郷に従え」という言葉のとおり、外国籍家庭が日本の子育て方法や保育所の方針に合わせるべきという指導をしてきました。しかし、多文化共生の理念のもと、現在では生まれ育った国の子育ての考え方や方法を尊重するという方向性に転換されています。保育所では、宗教や食文化の違いを受け入れて除去食を提供する、言語もボランティアを活用するなどして対応する、服装、持ち物などもそれぞれの文化に応じて受け入れる姿勢を積極的に示しています。今後、人口減少が進むわが国では外国人の雇用が増えることは確実です。また、グローバル化が進むなかでは産業や教育研究の分野でも人材交流が盛んになり、外国籍家庭の受け入れは加速するでしょう。保育所は、多文化共生の理念を理解し、まずそれぞれの国の養育の考え方を尊重したうえで、自園の保育について理解を促す姿勢をもたなければなりません。

③経済状況の理解（子育て家庭の貧困）

　レッスン1でもふれているように、日本の貧困の現状は改善の兆しがみえにくい状態です。子どもの相対的貧困率は16.3％（2012［平成24］年）から13.9％（2015［平成27］年）に下がりましたが、これは国民の等価可処分所得中央値の5割を示す貧困ラインが下がったためで、子育て世代の経済的困窮は改善されているとはいえません。母子家庭の半数が貧困ラインを下回っている現状は変わらず、子どもの育ちを支える必要があります。

1）貧困が子育て家庭に与える影響

　貧困は、経済的な困窮だけでなく、子どもの養育に関する展望と将来設計への影響をもたらします。これを、**ライフチャンス***と**ライフチョイス***の剝奪といいます。貧困により、遊びや学業、将来の進路の選択肢が限られてきてしまうのです。幼児期・学齢期は服装や持ち物、遊びやおもちゃといったことに制限を受けるため友だちとの付き合いが乏しくなり、人間関係の広がりがせまくなります。つまり物質的剝奪状態から社会的剝奪状態が進み、結果的に子どもの自尊感情が高まらず、思春期以降の社会性にも影響を及ぼし社会的排除の状況がつくられてしまいます。

2）子どもの特徴

　保育の場面での子どもの様子は、「おとなしく」「目立たない」といっ

➕補足

子育て世帯の所得
労働政策研究・研修機構の調査（2012）によれば、ふたり親世帯と父子世帯の平均世帯年収は、それぞれ625.8万円、549.9万円である。一方、母子世帯の平均年収は293.7万円で、全体の42.2%は年収300万円未満となっている。また、世帯の実際の生活水準をより正確に捉えている「等価所得」でみると、ふたり親世帯297.7万円、父子世帯282.1万円、母子世帯は、156.5万円となっている。

✖用語解説

ライフチャンス
人生で進路などの選択ができる機会。貧困の場合、人生の選択肢がないか限定される。

ライフチョイス
選択の機会で選択肢が多くある状態。貧困の場合、選択肢が存在しない状態に陥る。

211

た特徴がみられます。住居に困り着る服がないといった絶対的貧困ではありませんから、保育のなかで貧困の状態は「見えにくい」不可視化の状態になります。不可視化は、体調が悪くても訴えない、困っていることがあっても我慢することを覚えSOSをだせないというように、本人の成長発達にも影響を及ぼしかねません。小学校での話ですが、子どもの視力が極端に悪いことに誰も気づかなかったというようなことは少なからずあります。保育者が家庭の経済状況まで踏み込むことは難しいですが、家庭訪問などをとおして家庭の様子を確認することはできます。保育所では、持ち物がそろわないというようなことで社会的剥奪を受けないように、保育をとおして自尊感情を育てるように心がける必要があります。

2 ▷ 子育て家庭の病理

　保育者は、虐待や保護者の精神疾患など病理的な側面を注視する必要があります。その理由として、レッスン14でもふれたように不適切な養育が疑われる家庭、すなわち子育て困難家庭に対して、都道府県や市区町村は保育所の利用を積極的に促す背景があり、それにともない養育困難家庭の保育所利用が増加することが予想されるためです。

①乳幼児期の虐待

　図表15－1は市区町村で対応した虐待を受けた子どもの年齢構成を示したグラフです。これを見ると、虐待を受けている子どものうち0歳から学齢前児童の占める割合が、2008（平成20）年から2016（平成28）年までおおむね50％で推移していることがわかります。乳幼児期の虐待は、子どもの生命、発達に大きなダメージを与えることがわかっています。特に0歳児の虐待は死に直結することが多く、たとえ死を免れたとしても幼児期の身体的虐待は体や心に大きなダメージを残します。将来的に身体・知的な障害を負うことになったり、反応性愛着障害や発達障害の兆候を示す場合もあります。

　児童相談所が行うすべての虐待対応のうち一時保護に至る割合は16.5％で、施設入所は4.0％となっています[2]。つまり、児童相談所が対応した虐待のケースの大多数で家庭での養育が継続されており、これらの家庭に対して、保育所や子育て支援施設を活用した支援が要請されることになります。しかし、虐待や養育困難を抱えている家庭は相談することに親和性が乏しいために、ギリギリまでSOSを発信することができません。どのように地域の支援機関につなぎ、支援を継続させていくかが大きな課題となります。

▶出典
†2　厚生労働省「第12回新たな社会的養育のあり方に関する検討会資料」2017年

図表 15 - 1　虐待を受けた子どもの年齢構成の推移

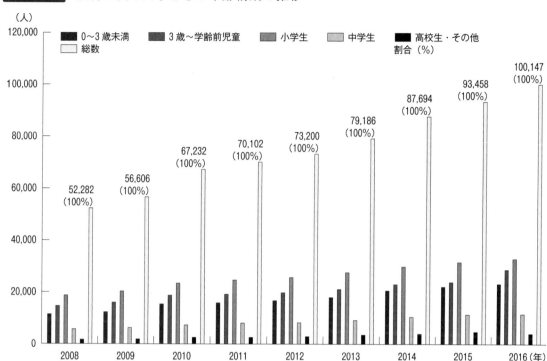

出典：厚生労働省・社会保障審議会児童部会社会的養育専門委員会市町村・都道府県における子ども家庭相談支援体制の強化に向けたワーキンググループ（第4回）「市町村・都道府県における子ども家庭相談支援体制の整備に関する取組み状況について」2018年をもとに作成

②虐待による死亡

　虐待によって死亡に至った事例の検証結果によると、2016（平成28）年4月から2017（平成29）年3月までの1年間に虐待により死亡した子どもは77人（心中28人含む）となっています†3。死亡した子どもの年齢は、0歳が32人（65.3％）と最も多く、虐待の種類は、身体的虐待が27人（55.1％）、ネグレクトが19人（38.8％）となっています。主たる加害者（心中以外）は、「実母」が30人（61.2％）と最も多く、加害の動機（心中以外複数回答）としては、「不明」を除き「保護を怠ったことによる死亡」が8人（16.3％）と最も多く、次いで「子どもの存在の拒否・否定」「依存系以外に起因した精神症状による行為（妄想などによる）」が6人（12.2％）です。妊娠期・周産期の問題（複数回答）として、「予期しない妊娠・計画していない妊娠」が24人（49.0％）と最多となっています。養育者（実母）の心理的・精神的問題等では「育児不安」が14例（28.6％）と最も多く、次いで「養育能力の低さ」が10例（20.4％）です。

　養育能力の低さとは、子どもの成長発達を促すために必要な関わり（授乳や食事、清潔の保持、情緒的な要求への応答、子どもの体調変化

▶ 出典

†3　社会保障審議会児童部会児童虐待等要保護事例の検証に関する専門委員会「子ども虐待による死亡事例等の検証結果等について（第14次報告）」2018年

の把握、安全面への配慮など）が適切にできない場合などをいいます。
死亡事例のうち 3 例が保育所を利用中の子どもでした。**子育て世代包
括支援センターを中心とした予期しない妊娠へのサポート体制の構築が
急がれます**。また、育児手技などの関わりができない保護者も増えてい
るため、保育所や子育て支援施設、利用者支援事業等によるきめ細やか
な**支援***が必要となってきます。

2. 保育施設における子育て家庭への支援のあり方

1 貧困家庭などの子どもの不利益への支援

　貧困を見える状態にする必要性は先に述べたとおりです。では、可視
化されたあとの対応はどのようにすべきでしょうか。

①子どもへの援助

　持ち物がそろいにくい、朝食を食べていない、衛生が保たれていない
といった子どもの状態は、貧困だけでなく保護者の養育態度によるとこ
ろが大きいかもしれません。しかし背景がさまざまであっても、子ども
が受けている不利益は同じです。保育者は、子どもの発達が不利益に
よって阻害されないように**援助***を考える必要があります。持ち物がそ
ろわないのであればモノを貸す、朝食に代わるものを与える、シャワー
を浴びさせるなど具体的な援助を考えます。

②保護者への対応

　子どもへの具体的な援助は、子どもに不利益をもたらすような保護者
の養育態度を助長する「甘やかし」のように感じる保育者がいても不思
議ではありません。保育者の子どもへの具体的な援助によって保護者の
本来の力を弱めてしまっては逆効果になります。物理的な援助は、それ
による子どもの自尊感情を下げないようにする、援助をとおして保護者
にやるべきことを伝えるなどのコミュニケーションを活性化させる（ア
サーション）などの効果について確認し、対応を一貫させるようにしま
す。

③園内での方針の統一

　保育所や子育て支援施設で貧困を可視化させるためには、子育て家庭
の個別事情をていねいに理解しながら、子どもの被る不利益を可能な限
り減らすことを園内共通の目的にする必要があります。援助が特に必要
ではない家庭が、必要なものを忘れても貸してもらえる、昼食以外にも
食べさせてもらえるといった依存がでる場合は、保護者への対応も園内

で統一して考えておかなければなりません。対応として心がけるのは、個別性を重んじて個々の家庭にていねいな説明を繰り返し、そのことをとおして信頼関係をつくるということです。

2 不適切な養育（虐待）が疑われる家庭への支援

ここでは、保育所だからこそ気づくことができる不適切な養育のサインと、保育を活用した支援のあり方について考えます。

①不適切な養育に気づく

1）子どもの様子

日中の生活では、けがや不衛生さのほかに過食、午睡での極度の甘えや緊張、危険をともなう行為の繰り返し、うつろな表情、虫歯の放置などがあげられます。人間関係では、攻撃的な行動や一人遊びの多さ、また保育者に対しての試し行動や赤ちゃん返り、抱かれることを拒む、独占する、訂正されることを嫌がるなどがあげられます。

2）保護者の様子

養育態度では、欠席の多さや子どもへの怒りが激しい、きょうだいで差別がある、子どもの抱き方がぎこちない、予防接種を受けさせていない、アルコール依存などがあげられます。養育環境では、DVや連絡がとりにくい、家族以外の人の出入りがある（内縁関係）、転居が多い、途中入所で情報に乏しいなどがあげられます。

3）アセスメントシートの活用

一つひとつのサインだけでは不適切な養育や虐待に気づきにくい場合もありますが、子どもや保護者の様子から気づいた場合には**アセスメントシート**を活用し、気づいた点を客観的な指標で評価します。アセスメントシートは2名以上の保育士で作成するようにして、情報の共有を行いながら虐待の深刻度を評価できるようにします。その後の園内会議や管理職との協議にもアセスメントシートを活用することで、印象や思い込みではなく事実に基づいた評価ができるようになります。

②気になる点を保護者と共有する

1）子どもの育てにくさの理解

虐待が疑われるような不適切な関わりをする保護者のなかには、子どもの育てにくさを感じている人がいます。そして、子どもの特徴を理解していないために、しつけや行動の矯正が厳しくなるという悪循環を繰り返しています。同様に、子どもの発達のなかで示す行動について誤った解釈をしている場合があります。

保護者は、乳児期や幼児期などさまざまな場面で育てにくさを抱きま

◆補足
アセスメントシート
さまざまなシートが活用されている。子どもや保護者の状態をチェックするシートは厚生労働省や自治体が作成している。また保育所向けには、NPO法人ちゃいるどネット大阪が「子どもを守るアセスメントシート」を作成している。情報を記入する方式は、レッスン11を参照。

す。乳児期は、視線が合わない、抱っこをしても泣きやまない、気持ちの交流が感じられないときなどです。幼児初期になると、イヤイヤ期にみられるような「子どもの反抗的な態度」に感情的になることがあります。こういった育てにくさを保護者が告げたときは、保育者は保護者の心情を受け止めつつ、子どもの発達を説明し気持ちを代弁することが大切です。子どもの育ちの弱さや偏りを感じる場合には、ケース会議などを開き保育所内で共通理解をもちます。そのうえで保護者への伝え方などを担任、主任、所長などで協議します。

2）虐待の可能性を疑う

　子どもは家庭で受けている影響を保育のさまざまな場面で表します。適切に養育をされていないと、自立や生活のためのスキルが身についていなかったり、身についていたことができなくなってしまうことがあります。

　生活スキル、人間関係、言動などから不適切な養育が疑われる場合には、そのことをしっかりと保護者に伝えます。保育所として大切なのは、保護者を非難し指導することではありません。子どもの様子を伝え理解を促すことです。そのためには時間も必要です。子どもの状態が悪化していないかというアンテナを張りながら（観察と情報収集）、わかりやすい表現を使って伝えることが必要です。

③児童相談所・福祉事務所に通告する：通告したことを保護者に伝える

　虐待は匿名通報も認められているので、保育所が虐待の疑いを通告したことを伏せておくことも可能です。保護者との関係が悪化することを怖れて、通告したことを保護者に伝えない場合も多くあります。しかし、通告したことを保護者に話すのは虐待から子どもを守るだけでなく、保護者を加害者にしないためにも必要なことです。「あなたと子どもを守るために通告をしました」「専門の機関と一緒にあなたと子どもを支えるために通告をしました」と、保護者と子どものために行ったことをしっかりと伝えます。

　児童相談所や福祉事務所等は、誰から通告を受けたのかを保護者に伝える義務はありません。しかし、通告者を特定しないままに家庭や保育所を訪問すると、保護者はかえって警戒心を強めます。その結果、信頼関係を構築しにくくなります。「保育所と一緒に、お子さんとご家庭を支えていきたいのです」と保護者に伝え、専門職と保育所が一緒に子どもと保護者に向き合っていく姿勢を示すことが大切です。それにより家庭、専門職、保育所の協働関係ができるのです。

　明らかに虐待が疑われるわけではないが気になったり、心配で対応を

相談したい場合は、通告ではなく相談や情報提供という方法があります。子どもと保護者の様子を情報として提供し対応を相談する場合も、保護者にその旨を伝えるようにします。

3　養育困難を抱える家庭への支援：園を安心・安全の基地に

①朝夕のパターン化した対応

朝夕同じ保育士が対応するのは園によっては難しい場合がありますが、不安定な保護者はさまざまな背景から人を信頼する力が弱くなっていると考えられ、安定した関係で朝夕に対応することで保護者は安心します。

②全職員の対応と見守り

担任だけでなく園全体の職員から「○○さん、おはようございます」と声をかけられることで、子どもと保護者は見守られているという安心感がでてきます。不安定な保護者は、担任を信頼できるようになっても、ほかの保育士に対し「目が合ったのに声をかけてくれなかった」「無視された」と不信感をもつ傾向があります。全職員による安定した見守りや対応を心がけましょう。

③波長合わせ

保護者や子どもの興味や関心に保育者が合わせて話をすることです。保育士が保護者の関心のあるところに話の焦点を合わせていくことで、保護者や子どもは受け入れられた、承認されたという感覚が身につくようになり、少しずつ協調性をもった話し合いができるようになると考えられます。

④自尊感情の高まり

他者の役に立ったり、感謝されるような体験をすることで、保護者の自尊感情が高まることがあります。ある園の事例を紹介します。

インシデント　親に役割を担ってもらう

　朝早くから保育所に来て、苦情を言う母親がいました。精神疾患を患っているようで、所長が事務所でお茶をだすなど懸命に対応していました。そういうなかで、「お母さん、ちょっと手伝ってくれますか」と片づけの手伝いをお願いするようになりました。そのうち「○○ちゃんのお母さんがきれいにしてくれているよ。ありがとうと言おうね」と、担任が子どもに教えるようになると、母親の表情も変わり、自分から園庭の掃除をするようになりました。数年後には母親は介護系の資格まで取得したということでした。

　このように、保護者がまわりから感謝されるような“仕掛け”を園内でつくっていくことが大事になります。

⑤保育士の振り返り

　保護者を支援する際に、「なぜあのお母さんは子どものことがわからないの！」と、保育士が保護者に怒りや不安を感じることがあるかもしれません。振り返りは、保育士が不穏な感情を抱いたときに、「なぜ自分は腹を立てているのだろう」と自分に問いかけることをいいます。傷つきやすく、子育てがうまくいっていないと思っている保護者は、保育士にどう思われているのか敏感になっています。保育士が顔ではにこにこしていても、心のなかでは「あのお母さん、何とかならないかな」と思っていると、それは相手に伝わります。保育士が自分の思いを振り返ることでアクティブ・リスニングやアサーションが進み、保護者と穏やかな関係が築けるようになります。

　4　子どもの育ちに課題をもつ家庭への支援

　近年、発達障害のある子どもが入所することが増えています。保育士は、保護者に子どもの障害を理解し療育にも行ってほしいと思うこともあるでしょう。保護者にとって「子どもの障害を受容する」とはどういうことでしょうか。

　子どもが 1 ～ 2 歳くらいになると「気づき」と「比較」が始まり、保護者は「うちの子、ほかの子とちょっと違うみたい」と漠然とした不安がでてきます。子どもの行動によって保護者の交友関係が妨げられたりもします。そのとき、保護者の内面でどういうことが起こるか考えてみましょう。保護者は思い描いていた「子ども像」「育児像」、また自分の人生設計が崩れる不安や恐怖と戦い始めます。そして、その崩壊を防ぎたいために「違い」を小さく見積ろうとして、その理由探しをしますが、その理由探しを保育士が否定すると、保護者はなす術をなくします。理由探しに寄り添うことは保育者の役割の一つです。親戚などから「あなたのせいじゃないの」と言われるつらさや、「（もしかしたら）治るんじゃないか」「療育に行くべきか」という揺れが、保護者には絶えずあります。葛藤を乗り越えて親としてがんばっていこうと思えるようになるには、安心して自分の気持ちを開示できる場所が必要であり、保育士による理解と支えが重要となります。

3.　チームワークと連携

　これまでのレッスンで紹介したように、子育て家庭支援は市区町村や地域レベルでの体制が整備されてきています。保育所は、子育て世代包括支援センター（利用者支援事業母子保健型）や要保護児童対策地域協議会などとの連携が欠かせなくなっています。保育所を含めた関係部局、機関、団体、専門職そして住民がチームとなって子ども家庭への支援を展開していくことが期待されています。そのために保育所は、チームとチームワークを理解し、保育所の役割分担を明確にしながら関係機関と連動することが求められます。

1　保育チームワーク

①チームとは何か

　チームとは一つの集合体です。チームであるということは、「チームのメンバーとして個々人が認証されている」「活動に明確な目標がある」「活動の対象が存在している」ということです。チームを野球でたとえるならば、バントのうまい選手、長距離打者、守備の名手などがいて、それぞれの能力と選手の関係性のなかで力が高まるのがチームです。全員が4番打者では、関係性のなかでチームとしての力が高まるかは疑問です。

　保育所内では、全体としての教職員チーム、学年団、テーマ班などさまざまなチームが存在するでしょう。養育困難家庭を支援する際には所長、主任、担任などがチーム体制を組むことがありますし、園内の全職員がチームとして活動することもあります。園内でチームが機能するためには、活動の目標を確認し、対象となる養育困難家庭への関わりについて共通理解をもち、メンバーの役割分担を具体的に話し合っておく必要があります。また、園外で関係機関や専門職とチームを組むこともあります。要保護児童対策地域協議会では個別ケース検討会議が開催されますが、出席者はチームのメンバーとなります。園内、園外のそれぞれのチームと保育所・保育者のチームにおける役割を常に確認しなければなりません。

　園内チームは、養育困難家庭と向き合う際の所長、主任、担任、加配保育士の役割のほかに、早出遅出保育者の役割、栄養士、看護職の役割を明確にします。園外チームは、保健師、市区町村関係部局、児童相談所、家庭児童相談室の職員といったメンバーがそれぞれの役割を理解してい

るかが重要となります。園内でも園外でも、チームでお互いを尊重し合わなければチームワークは崩れます。ふだんからのコミュニケーションもチームワークの重要な要素になります。

　チームの最終的な目標は、そのチームに保護者が参加できるようになることです。チームの意思決定を専門職だけで行うのではなく、当事者が意見を述べ、意思決定の場に参加できることが重要になります。外国では、チームの会議に保護者もしくは保護者の代弁者も参加して、一緒に話し合いをしているところもあります。しかし、日本では、そこまでいくのには、まだまだ時間がかかります。

②チームの限界

　チームで活動をする際に、チームの限界をどこに置いておくかが大事です。限界になったら、保育所内で抱え込まずにほかのチームに対応を依頼しなければいけません。地域で見守るようなチームのなかで子どもの安全を保障することに限界を感じることがあれば、児童相談所を中心としたチームに対応を委ねる決断をすることも大切です。

　保育者は、子どものために最後まで保育を提供することを使命としていますが、園内での対応の限界をどのように設定するかは難しいところです。たとえば、子どもが1週間登園しなくなったので保護者に電話をすると、「朝起きられません」「明日は行きます」などの返事が繰り返されたり、自宅を訪問しても居留守を使われるなど、1週間子どもの様子が確認できないような場面の対応を考える必要があります。養育困難の状況によって対応は違いますが、安否が確認できないのであれば園内チームの限界であり、会えないままに保育で対応しようとするのではなく、園外を含めたチームに委ねる必要があります。

③チームワークを育む留意点

1）できるだけ相手から話を引きだす

　相談事をするときや、チームワークをよくしていきたいときは、自分のほうから相手に電話をしたり会いに行くようにします。自分の話は短めにして、「このケースについてどのようなことを把握されていますか」「ご存知のことがあったら教えていただきたいのですが」と質問をして、できるだけ相手に話をしてもらうように働きかけていくことが大切です。

　相手の話を聞きながら、見立てが一緒のところと違うところを頭のなかで整理していきます。見立てが違っている場合は、難しいですが、見たての違うところを同じ土壌にしていくということをしないといけません。「どんなところを難しいと考えていますか？　どんなふうに把握されていますか？」などと尋ね、違いを含めて見立てを共有し、子どもと

家庭像を一致させることを目指します。見立ての違いをそのままにせず、それぞれの役割と子どもと家族への関わり方を確認するというコミュニケーション（アクティブ・リスニングとアサーション）を意識することが重要です。

2）決めつけや偏見をもち込まない

　一般的に考えたらとか、こういう場合は保護者に問題があるというような偏ったものの見方、思い込みは極力避けるようにします。「子どもを虐待する親は虐待を受けていた」といったステレオタイプな考え方ではなく、一つひとつのケースについて関係機関から情報を収集し、専門的な見地から意見を出し合い、支援方法を検討していくというスタイルをチームとして堅持します。

3）相互理解を目指す

　自分たちが信じていることが、チームのほかのメンバーに理解されないのではないかという考えはもたないことです。そのように思い込むと、「わかってくれないのだから」と、自分の考えていることをオープンにしない、ノン・アサーティブな状態になります。アサーションをやめてしまい、結果として同じチーム内で不信感を募らせることになりかねません。反対に、自分たちがどのように感じ、何を考えているかチーム内ですでにわかっていると思うあまり、自分たちの考え方を相手に伝達しようとしないということもノン・アサーティブに含まれます。チーム内ではコミュニケーション（アクティブ・リスニングとアサーション）を常に意識し、相互理解に努めましょう。

4）チーム内の葛藤を調整する（コンフリクト・マネージメント）

　チームでは個々人の考えが主張され、ときにはぶつかり合うような場面に遭遇します。このような葛藤場面は、奨励されるものであって回避されるものではありません。葛藤場面を調整する場合は、感情的にならずに論理的に話すことを心がけます。相手を批判するのではなく、相手と自分の考え方の違う部分を説明します。双方の一致点と不一致点を明らかにしつつ意見の共有を図ります。しかし、すべてを一致させるのが難しい場合もあります。その場合は、納得はしていないが相手の意見を優先させるという立場を取ることもあります。

　チームの意見の違いを肯定的に認識する力も必要になります。それぞれの専門職の強みや長所を評価し、専門性を尊重する姿勢を保つこともチームの機能を高めるために必要です。チームの誰もが、保護者や子どもを支えるために活動をしている専門職だという認識をもって臨むことです。

4. 市区町村における子育て家庭支援の方向性：子ども家庭総合支援拠点

1 子ども家庭総合支援拠点の目的

　2017（平成29）年の「児童福祉法」の改正を受けて、国は市区町村に対し子ども家庭総合支援拠点の創設を呼びかけています（図表15-2）。これは「市区町村は、子どもが心身ともに健やかに育成されるよう、基礎的な地方公共団体として、子ども及び妊産婦の福祉に関し、必要な実情の把握に努め、情報の提供を行い、家庭その他からの相談に応じ、調査及び指導を行うとともに、その他の必要な支援に係る業務を適切に行わなければならない[†4]」と明確化されたものです。虐待などの不適切な養育を行う家庭への支援の多くは在宅支援となっており、事態の悪化を未然に防ぐ意味でも市区町村が身近な場所で子どもとその保護者に寄り添いながら継続的な支援を行うことを目的としています。

　市区町村は、子育て家庭への相談全般から通所、訪問などによる継続的なソーシャルワーク業務までを行う必要があり、専門職を配置した総合的な支援拠点の設置が求められています。

2 子ども家庭総合支援拠点の機能

　子ども家庭総合支援拠点では、家庭環境（親子、夫婦、きょうだい関係、経済的状況）、保護者の心身の状態、子どもの特性といった養育環境全般について実情の把握に努め、支援の対象となる家庭に適切な情報を提供できるようにします。子育て一般に関する相談から養育困難な状況や児童虐待などに関する相談まで全般に応じます。さらに適切に相談ニーズを把握したカウンセリングなどの支援を行いつつ、市区町村の子ども・子育て支援施策事業を十分に活用し、母子保健や障害児施策の事業の活用を図ることが求められています。

　要支援児童および要保護児童などへの支援としては、安全確認・危機対応も視野に入れて、調査やアセスメント、支援計画の作成などを要保護児童対策地域協議会と連携しながら行うとされています。また必要に応じて関係機関と調整をしつつ在宅支援サービス（養育訪問支援、ショートステイ、保育所、一時預かり、ファミリー・サポート・センター事業など）、生活困窮者施策、ひとり親支援施策などのサービスの活用を行います。利用しやすい社会資源として民間団体なども活動しながら、効果的な在宅支援を目指すこととなっています。

▶出典

†4　厚生労働省「市区町村子ども家庭総合支援拠点運営指針（案）」2017年

図表 15-2 市区町村における児童等に対する必要な支援を行う体制の関係整理

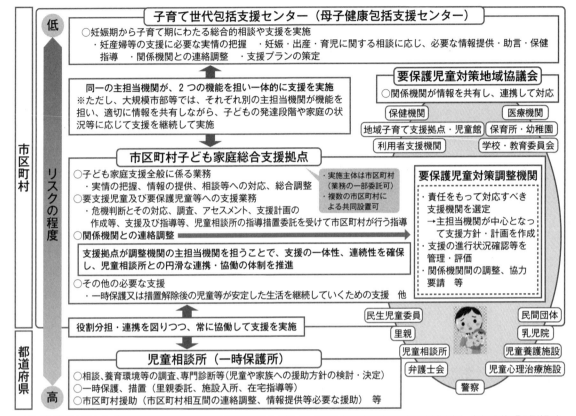

※子育て世代包括支援センターや市区町村子ども家庭総合支援拠点の設置に当たっては、同一機関が2つの機能を担うなどの設置方法を含め、各市区町村の母子保健及び子ども家庭相談の体制や実情に応じて検討すること。
出典：厚生労働省子ども家庭局「市町村・都道府県における子ども家庭総合支援体制の整備に関する取組状況について」2018年

3 ▶ 子ども家庭総合支援拠点の課題

　子ども家庭総合支援拠点は、子育て家庭に対する在宅支援の方向性を示しています。

　子ども家庭総合支援拠点は、養育上の困難を早めに発見し支援につなげるための健全な支援を提供することを主眼にしなければなりません。要支援児童および要保護児童への支援を中心的に行うことに異論はありません。しかし要支援児童および要保護児童が現れるということは、市区町村の子ども・子育て支援施策の欠陥が現れていることにほかなりません。声が上げられない保護者や家庭の実情を把握できず、支援の手が差し延べられなかった結果としてそういった養育困難家庭がつくりだされたと考えるべきでしょう。

　子育ては保護者だけが行うものという考え方を地域社会のレベルで改め、地域に存在するすべての専門機関と専門職、地域住民が子育て家庭

に手を差し延べることができるような体制を整備することが求められています。

　図表15 - 3 は、大阪府寝屋川市の子ども家庭総合支援拠点の概念図です。中心にある子ども家庭総合支援拠点を取り巻くすべての関係専門機関、関係課、専門職、住民代表は包括的な支援体制をつくり、そのなかでチームワークをとりながら未然防止・早期発見に努めることが示されています。

　非伝統的家族、外国籍家庭、ひとり親家庭、生活困窮家庭、子どもの発達に課題を抱える家庭など多様な家庭は、ますます増え続けることが予測されます。地域住民と関係機関、専門職が一体となり、子育て家庭にいち早く手を差し延べることができるような体制づくりが、今後期待されます。

図表 15 - 3　子ども家庭総合支援拠点の概念図

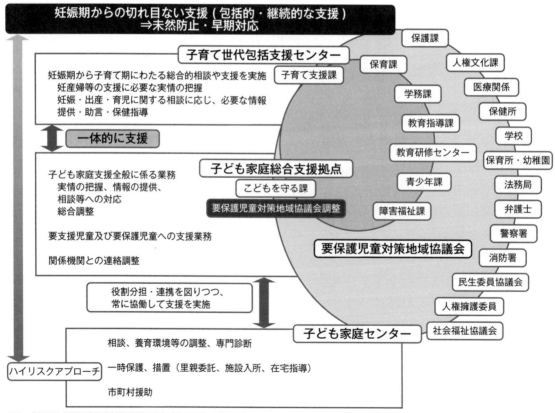

出典：「寝屋川市要保護児童対策地域協議会（平成30年度第1回）資料」2018年

演 習 課 題

①あなたの地域にある子育て世代包括支援センターの役割について調べ
てみましょう。

　・センターの立地条件は利用しやすい場所でしょうか。

　・センターの業務について調べてみましょう（健診ほか）。

　・センターで働く職員の専門性を調べてみましょう。

②養育困難を抱える家庭を保育所で支援する場合のさまざまなケースを
想定しながら、連携をとる関係機関について考えてみましょう。

　・非伝統的家族、外国籍家庭、ひとり親家庭、生活困窮家庭など、家
庭の実情に対応できる関係機関を調べてみましょう。

③②で考えた連携する関係機関の役割、特徴、専門性について調べてみ
ましょう。

　・あなたが住む自治体の専門機関について調べてみましょう。

　・保育所と連携する際の課題について考えてみましょう。

参考文献……………………………………………………………………………

レッスン11

　倉石哲也・伊藤嘉余子監修、倉石哲也・大竹智編著　『相談援助』　ミネルヴァ書房
　　2017年

　土田美世子　『保育ソーシャルワーク支援論』　明石書店　2012年

レッスン12

　岩間伸之　『対人援助のための相談面接技法——逐語で学ぶ21の技法』　中央法規出版
　　2008年

　大嶋恭二・金子恵美編著『保育相談支援』　建帛社　2011年

　柏女霊峰・橋本真紀編著　『保育相談支援（第2版）』　ミネルヴァ書房　2016年

　バイステック，F. P.／尾崎新ほか訳　『ケースワークの原則——援助関係を形成する
　　技法』誠信書房　1998年

　平木典子　『アサーショントレーニング——さわやかな〈自己表現〉のために』金子
　　書房　1993年

レッスン13

　大藤ゆき『児やらい——産育の民俗』　岩崎美術社　1967年

レッスン14

　倉石哲也　『保育現場における虐待対応マニュアル』　中央法規出版　2018年

　倉石哲也・鶴宏史編著　『保育ソーシャルワーク』　ミネルヴァ書房　2018年

　厚生労働省雇用均等・児童家庭局総務課　「子ども虐待対応の手引き（平成25年8
　　月改訂版）」（https://www.mhlw.go.jp/seisakunitsuite/bunya/kodomo/kodomo_
　　kosodate/dv/dl/120502_11.pdf#search 2019年9月1日確認）

レッスン15

　厚生労働省「［市区町村子ども家庭総合支援拠点］運営指針（案）」（https://www.
　　mhlw.go.jp/file/06-Seisakujouhou-11900000-Koyoukintoujidoukateikyoku/
　　0000151778.pdf#search 2019年9月1日確認）

　寝屋川市「寝屋川市子ども家庭総合支援拠点資料」（http://www.city.neyagawa.osaka.

jp/ikkrwebBrowse/material/files/group/102/kaigisiryou03.pdf#search 2019年 9 月
1 日確認）

おすすめの 1 冊

佐々木正美　『はじまりは愛着から──人を信じ、自分を信じる子どもに』　福音館書店
2017年

　　子どもが大人へと成長していくときに最も大切にされなければならないことの一つが愛着
　　形成である。生きていくうえでさまざまな困難に出会うが、それを克服する力は愛着形成
　　がベースとなる。サブタイトルにあるように、子どもが「人と自分を信じる力」を獲得で
　　きるようにするために、大人ができることは何かを考える入門書としておすすめする。

今後の子ども家庭支援を見据えた保育士の専門性

　レッスン11〜15は子ども家庭支援における保育士の役割について、さまざまな分野から学びました。

　これからの子ども家庭支援は、子どもの育ちと家庭の変容の流れのなかで、実に多様になります。支援に対する保育士の考え方や実践（子どもや保護者への関わり）も、柔軟性と多様性が求められることになるでしょう。柔軟性とは、家庭の状況に保育士が合わせるということです。多様性とは、子育てのさまざまなスタイルに対応できるような考えをもつことです。さらに、子ども家庭支援を保育士が積極的に実践するためには、寛容性が求められるともいえるでしょう。

　子育ての第一の責任は親にあることは揺るぎがありません。一方で、すでに学んだように子どもとうまく関わることができず、子育てに行き詰まりを感じる子育て家庭が多く存在するのも事実です。子ども家庭支援における保育士は、親の子育ての状況に応じて専門性を発揮することが期待されています。子育て家庭は、保育所や地域子育て支援拠点など、さまざまな施設を利用するようになっています。利用の方法は、家庭の置かれた状況によってさまざまです。安定した子育てができる家庭と、要支援・要保護の家庭では必要な支援は大きく異なります。

　保育所のみに焦点化した場合でも、実に多様な子どもとその保護者が利用するようになっています。子どものケアに加え、保護者支援のために関係機関を積極的に活用することが求められるようになりました。

　多様で複雑なニーズに対応するために、保育士には多くの役割が期待されるようになります。そのなかでも基本にしなければならない専門性は、「子どもと保護者へのケア」と「保育所内でのチームワーク意識」でしょう。さまざまな家庭で（あるいは施設で）生活する子どもたちの愛着が育つために、保育士は安定したケアを提供することが求められます。そして、子どもと保護者への対応をめぐっては情報を共有し、意思の統一した対応を図ります。関係機関とのやりとりでは、保育所でできることとできないことを明確にすることも必要になります。

　子ども家庭支援における保育士は、新しい視点をもった役割と専門性が期待されています。

さくいん

監修者

倉石哲也（くらいし てつや）　武庫川女子大学 教授

伊藤嘉余子（いとう かよこ）　大阪府立大学 教授

執筆者紹介（執筆順、＊は編著者）

倉石哲也＊（くらいし てつや）
担当：はじめに、レッスン12〜15、第4章コラム
武庫川女子大学 教授
主著：『保育現場の子ども虐待対応マニュアル──予
　　　防から発見・通告・支援のシステムづくり』
　　　中央法規出版　2018年
　　　『家族 ソーシャルワーク』　ミネルヴァ書房
　　　2004年

大竹　智＊（おおたけ さとる）
担当：レッスン1、レッスン2、第1章章末事例
立正大学 教授
主著：『保育と社会的養護原理（第2版）』（編集）　み
　　　らい　2017年
　　　『社会福祉援助技術（保育士養成テキスト2）』
　　　（編著）　ミネルヴァ書房　2008年

寺村ゆかの（てらむら ゆかの）
担当：レッスン3、レッスン7、レッスン9、レッスン11
神戸大学大学院 教育研究補佐員
主著：『子育て支援（MINERVAはじめて学ぶ保育
　　　12）』（共著）　ミネルヴァ書房　2018年
　　　『子育て支援の理論と実践（MINERVA保育実
　　　践学講座16）』（共著）　ミネルヴァ書房　2013年

鈴木敏彦（すずき としひこ）
担当：レッスン4第1節、レッスン8、第2章コラム
和泉短期大学 教授
主著：『新 世界の社会福祉 第1巻 イギリス／アイル
　　　ランド』（共著）　旬報社　2019年
　　　「障害者差別とソーシャルワークの課題」
　　　『ソーシャルワーク研究』第44巻第3号　相川
　　　書房　2018年

矢野由佳子（やの ゆかこ）
担当：レッスン4第2、3節、レッスン5
和泉短期大学 准教授
主著：『保育の心理学（シリーズ・知のゆりかご）』（共
　　　著）　みらい　2019年
　　　『子ども家庭支援の心理学』（共著）　みらい
　　　2019年

横川剛毅（よこかわ ごうき）
担当：レッスン6
和泉短期大学 教授
主著：『知的障害援助専門員養成通信テキスト2016』
　　　（共著）　日本知的障害者福祉協会　2016年
　　　『演習・保育と相談援助（第2版）』（共著）　み
　　　らい　2014年

伊藤　篤（いとう あつし）
担当：レッスン10、第3章コラム
甲南女子大学 教授
主著：『子ども学がひらく子どもの未来』（共著）　北
　　　大路書房　2019年
　　　『子育て支援（MINERVAはじめて学ぶ保育
　　　12）』（編著）　ミネルヴァ書房　2018年

編集協力：株式会社桂樹社グループ
装画：後藤美月
本文デザイン：中田聡美

MINERVA はじめて学ぶ子どもの福祉④

子ども家庭支援

| 2020 年 2 月 10 日　初版第 1 刷発行 | 〈検印省略〉 |
| 2021 年 11 月 30 日　初版第 2 刷発行 | |

定価はカバーに
表示しています

監 修 者	倉石	石藤	哲嘉	也余子
	伊藤		哲	也
編 著 者	倉石	石竹	哲	也智
	大			
発 行 者	杉田		啓	三
印 刷 者	坂本		喜	杏

発行所　株式会社　ミネルヴァ書房

607-8494　京都市山科区日ノ岡堤谷町 1
電話代表　(075) 581 - 5191
振替口座　01020 - 0 - 8076

© 倉石・大竹ほか, 2020　　冨山房インターナショナル・新生製本

ISBN978-4-623-07929-2

Printed in Japan

倉石哲也/伊藤嘉余子 監修

MINERVAはじめて学ぶ子どもの福祉

全12巻／Ｂ5判／美装カバー

（定価のないものは続刊）

ミネルヴァ書房

https://www.minervashobo.co.jp/